传播前沿

——博士后研究成果文集

（2020～2021）

山东省广播电视局 编

山东大学出版社
SHANDONG UNIVERSITY PRESS
·济南·

图书在版编目(CIP)数据

传播前沿:博士后研究成果文集.2020—2021/山东省广播电视局编.—济南:山东大学出版社,2023.9
ISBN 978-7-5607-7882-2

Ⅰ.①传… Ⅱ.①山… Ⅲ.①广播电视-中国-2020-2021-文集 Ⅳ.①G229.2-53

中国国家版本馆 CIP 数据核字(2023)第 138796 号

责任编辑 陈佳意
封面设计 王秋忆

传播前沿

CHUANBO QIANYAN

——博士后研究成果文集

出版发行 山东大学出版社
社　　址 山东省济南市山大南路 20 号
邮政编码 250100
发行热线 (0531)88363008
经　　销 新华书店
印　　刷 济南乾丰云印刷科技有限公司
规　　格 720 毫米×1000 毫米 1/16
　　　　 16.5 印张 288 千字
版　　次 2023 年 9 月第 1 版
印　　次 2023 年 9 月第 1 次印刷
定　　价 67.00 元

目 录

上 篇
融媒体构建及发展趋势研究
——以山东卫视等为例

韩诚

下　篇
县级融媒体中心与县域公共服务研究
——基于网络的视角

高存玲

上　篇

融媒体构建及发展趋势研究

——以山东卫视等为例

韩　诚

博士后:韩诚

韩诚,山东省广播电视总台博士后科研工作站与复旦大学新闻传播学博士后流动站联合培养博士后,天津师范大学新闻传播学院讲师,在《电视研究》《当代电视》《青年记者》《理论导刊》等刊物发表多篇论文,主持博士后科学基金面上资助项目、教育部人文社会科学研究青年基金项目,研究方向为网络传播、媒体融合。

绪 论

融媒体的构建及发展并非简单的传播渠道更替，而是包括传播者、传播内容、媒介渠道、受众、传播效果在内的传播模式的全方位变革。本章将概述我国媒体融合发展历程，梳理“媒介融合”“融媒体”等概念，探讨媒体融合发展的相关政策影响，进而考察广电媒体融合发展的特色与路径。

第一节 研究背景：媒体融合向纵深发展

习近平总书记指出，“推动媒体融合发展，是要做大做强主流舆论，巩固全党全国人民团结奋斗的共同思想基础”，并强调全面把握媒体融合发展的趋势和规律，推动媒体融合向纵深发展。[①] 随着互联网技术的快速发展，我国媒体已由初期的形式融合、内容融合，进入以体制、机制融合为主要特征的纵深发展阶段，由单体融合、小范围融合向整体融合、大范围融合转变，从中央级、省级媒体的融合逐步推广至县级融媒体中心建设，从相加进入相融的纵深发展阶段。

一、媒体融合发展历程

对于我国媒体融合发展历程，学者们从不同的视角进行阶段划分。支庭荣等将 2014 年视为媒体融合元年，此后分为三个阶段：2014 年至 2016 年为报（台）网融合的融合 1.0 阶段，2017 年至 2018 年为移动优先的融合 2.0 阶段，2019 年之后为多点突破期的融合 3.0 阶段。[②] 胡正荣等按照融媒体发

① 习近平.加快推动媒体融合发展 构建全媒体传播格局[J].求是，2019(6)：4-8.

② 支庭荣，汪金刚.中国媒体融合发展的成就、动能、挑战与趋势[J].南方传媒研究，2019(2)：4-34.

展脉络，划分为三个阶段：2014 年之前的自主探索阶段，2014 年至 2019 年的全面推进阶段，2019 年之后的加速建设阶段。① 廖祥忠将其划分为 2001 年至 2007 年的媒体融合期、2008 年至今的融合媒体期以及未来的智能媒体期，其中融合媒体期又分为分庭抗礼期、主动互融期、实质融合期三个阶段。② 管洪借鉴“工业 4.0”的概念，将 2018 年之后的以大数据智能化为引领的，全域、开放、协作、共享的媒体融合新阶段称为“媒体融合 4.0 阶段”。③

综合以上对媒体融合阶段的划分，可以看到学者们主要是从政策、技术、市场三方面入手，这也是影响融媒体构建与发展最重要的三个因素。朱天等提出媒介形态的变化受到政治压力、社会和技术革新等因素影响，呈现出肇始于技术创新，加速于制度创新，深化于市场创新，最终表现为产品创新的逻辑特征。④ 因此，有必要从政策、技术、市场等维度进行融媒体融合的深度分析。

二、媒体融合发展的影响因素

媒体融合发展受到诸多因素影响，其中政策、技术、市场是三个最重要的因素，分别起到驱动力、导向标和试金石的作用。近十年来影响媒体融合的主要时间节点如下：

首先，政策维度的时间节点主要有 6 个：一是 2014 年 8 月 18 日，中央全面深化改革领导小组会议通过《关于推动传统媒体和新兴媒体融合发展的指导意见》，提出推动传统媒体和新兴媒体融合发展⑤，拉开了我国媒体融合的序幕。二是 2016 年 2 月 19 日，习近平在党的新闻舆论工作座谈会上提出“推动融合发展，主动借助新媒体传播优势”，并指出要“优化战略布局，着力打造具有较强国际影响的外宣旗舰媒体”。⑥ 三是 2017 年 5 月，《国家“十三五”时期文化发展改革规划纲要》发布，提出扶持重点主流媒体创新思路，推

① 胡正荣，李荃.走向智慧全媒体生态：媒体融合的历史沿革和未来展望[J].新闻与写作，2019(5)：5-11.

② 廖祥忠.从媒体融合到融合媒体：电视人的抉择与进路[J].现代传播，2020(1)：1-7.

③ 管洪.大数据智能化引领下的媒体深度融合[J].新闻战线，2018(15)：5-8.

④ 朱天，彭泌溢.试论媒介融合中的“加减之道”——时代华纳与美国在线“世纪婚姻”终结对我国“三网融合”的启示[J].新闻记者，2011(7)：61-65.

⑤ 新华社.推动传统媒体和新兴媒体融合发展指导意见审议通过[EB/OL].(2014-08-21)[2022-11-06].http://culture.people.com.cn/n/2014/0821/c172318-25511854.html.

⑥ 习近平在党的新闻舆论工作座谈会上强调：坚持正确方向创新方法手段 提高新闻舆论传播力引导力[N].人民日报，2016-02-20(1).

动融合发展尽快从相“加”迈向相“融”，形成新型传播模式。[①] 四是2018年8月21日，习近平在全国宣传思想工作会议上提出“扎实抓好县级融媒体中心建设，更好引导群众、服务群众”[②]。五是2019年1月25日，习近平在政治局关于全媒体时代和媒体融合发展集体学习中提出“加快推动媒体融合发展，构建全媒体传播格局”[③]。六是2020年9月，中共中央办公厅、国务院办公厅印发了《关于加快推进媒体深度融合发展的意见》，提出建立以内容建设为根本、先进技术为支撑、创新管理为保障的全媒体传播体系。[④] 随后“十四五”规划也提出“推进媒体深度融合，实施全媒体传播工程，做强新型主流媒体，建强用好县级融媒体中心”[⑤]。

政策引导是我国媒体融合发展的风向标。推动传统媒体与新兴媒体融合发展，是意识形态工作的要求，也是做大做强主流舆论场的必经之路。国家对媒体融合发展高度重视，自2014年出台了系列支持媒体融合发展的政策，在新技术应用、行业发展规划、优势平台打造等方面给予支持和帮扶，并从行业资格、网络安全、舆论引导等层面对传统媒体和新兴媒体进行规范。良好的媒体融合政策为融媒体构建指明发展方向，提升了主流媒体的舆论引导能力，同时也纠正了融合过程中出现的网络谣言、内容低俗等不良现象，有助于营造清朗的网络空间。

其次，技术维度的时间节点主要有5个：一是2009年10月，南方周末率先推出基于IOS系统的移动客户端，随后烟台日报传媒集团、中国新华新闻电视网等媒体纷纷跟进。二是2012年8月，字节跳动旗下的今日头条上线，通过算法推荐技术打造信息聚合平台，《人民日报》的“人民号”借鉴这一技术，并加入主流媒体价值权重的“党媒算法”，进一步优化算法推荐功能。三是2014年10月，人民日报社启动“中央厨房”项目建设，此后新华社、中央电视台等国家级媒体纷纷跟进，“中央厨房”被视为主流媒体融合发展的龙头工程。四是2018年12月，新华社的“智能大脑·MAGIC”，在世界杯期间生产了近4万条短视频，开启了“智能＋大数据＋图文画”的智能化视听报道新形式。五是2019年6月，工信部为中国广电等运营商颁发5G商用牌照，

① 中办国办印发《国家“十三五”时期文化发展改革规划纲要》[N].人民日报，2017-05-08(1).

② 习近平在全国宣传思想工作会议上强调：举旗帜聚民心育新人兴文化展形象 更好完成新形势下宣传思想工作使命任务[N].人民日报，2018-08-23(1).

③ 习近平.加快推动媒体融合发展 构建全媒体传播格局[J].求是，2019(6)：4-8.

④ 中办国办印发《意见》：加快推进媒体深度融合发展[N].人民日报，2020-09-27(1).

⑤ 中共中央关于制定国民经济和社会发展第十四个五年规划和二〇三五年远景目标的建议[N].人民日报，2020-11-04(1).

我国5G技术正式进入商用阶段。同年,中央广播电视总台启动“5G+4K/8K+AI”发展战略,并在多个活动中探索“慢直播”。至2022年9月,我国已开通5G基站222万个,5G移动电话用户达5.1亿户,约占用户总数的三成。①

新技术应用是媒体融合发展的驱动力。媒体行业的发展离不开技术支持,特别是5G、人工智能、大数据、物联网等新技术应用,给媒体生态格局带来巨大影响。在5G技术支持下,4K/8K高清视频传输变得轻而易举,AR、VR等沉浸式体验成为新的新闻报道形式。掌握核心技术是媒体融合的基础,意味着主流媒体必须获得技术优势才能推动融合发展顺利进行。

最后,市场维度的时间节点主要有5个:一是2011年1月,上海广播电视台旗下的“百视通”启动资产重组并借壳上海广电信息产业股份有限公司上市,成为国内首家在A股上市的广电新媒体公司。二是2014年4月,湖南广播电视台推出“芒果TV”并采取独播战略,成为仅次于优酷、爱奇艺、腾讯视频的网络视频平台,并在2017年开始盈利,对湖南卫视的版权付费进行反哺。三是2018年3月,依据《深化党和国家机构改革方案》,中央电视台、中央人民广播电台、中国国际广播电台合并组建中央广播电视总台,实践“台网并重、先网后台、移动优先”理念,尝试国家级广播电视媒体的整合。同年,天津在天津日报报业集团、今晚传媒集团、天津广播电视台基础上组建海河传媒中心,实现省级层面的不同类型媒体的融合。四是2018年7月,长沙广播电视台成立中广天择传媒MCN。MCN(Multi-Channel Network)译为“多频道网络”,又称“视频网红经纪公司”或“视频自媒体联盟”,是介于视频创作者、平台与广告主的中介平台。随后,成都广播电视台、湖南广播电视台、山东广播电视台等广电集团也纷纷布局MCN领域,构建从内容生产到分发、变现的全产业布局,探索短视频、直播等领域的发展机会。五是2020年4月,央视新闻举办“谢谢你为湖北拼单”公益带货直播,累计观看人次1.22亿、销售产品4014万元,随后又有湖南卫视《出手吧,兄弟》、山东卫视《家乡好物》等公益直播节目推出,探索直播带货与电视节目的结合。

市场化运营是媒体融合发展的试金石。学者郭全中预测,在我国经济从粗放型的高速发展转向高质量发展过程中,作为新兴产业的传媒产业增速将会远超整体经济增速,预计保持在8%以上,到“十四五”末期的传媒产业市场规模总量将比2020年增长50%左右。② 传统媒体的融合发展不仅需

① 刘坤.截至9月末,全国已建成5G基站222万个[N].光明日报,2022-10-28(4).

② 郭全中.新兴传媒产业关键影响因素研究[J].中国出版,2020(16):15-21.

要技术和政策支持，还必须经得起市场的考验。受路径依赖和思维惯性影响，传统媒体的融合探索主要是在业务层面进行，忽视了经济支撑的革新，很多尝试均是“赔钱赚吆喝”的探索。① 市场需求对主流媒体的融合发展提出要求，市场应作为融媒体构建的资源配置手段，让广播电视媒体在与商业平台的竞争中，进一步探索集团化、产业化的发展途径，推动跨地域、跨平台、跨行业的资源整合，改造新闻生产流程、信息发布渠道，通过改革不断增强主流媒体的影响力、传播力，提升其在市场竞争中的综合竞争力。

三、融媒体构建及发展的研究意义

传统媒体与新兴媒体融合发展是我国媒体发展的必然趋势，对融媒体构建及发展进行研究具有重要意义。以山东卫视等平台为例进行分析，一是因为山东地区高度重视媒体融合发展，政府部门对山东广播电视台的新闻宣传工作高度重视。二是山东地区具有地域文化特色，经济发达、传统文化底蕴深厚，山东广播电视台、大众报业集团均有较强的影响力，为融媒体构建打下良好基础。三是山东广播电视台在融媒体建设方面独具特色，在2016 年成立融媒体资讯中心，2017 年启用“中央厨房”和“畅媒”系统，推出“闪电新闻”客户端并搭建内容平台“闪电号”，2019 年上线闪电视频智能剪辑机器人、闪电新闻 AI 主播等，并推出 MCN 平台 Lightning TV 布局短视频、直播等领域。在中国广视索福瑞媒介研究（CSM）发布“2019 年上半年省级电视台电视新闻媒体融合传播指数”中，“闪电新闻”在省级媒体中排名第3，仅次于看看新闻和触电新闻。② 在人民网研究院发布的《2019 年电视融合传播指数报告》中，山东电视台在省级电视台中同样排名第 3，排在湖南电视台和浙江电视台之后。③ 在广电总局关于融媒体的评选中，“闪电新闻”入选“2019 年度全国广播电视媒体融合成长项目名单”，山东广电县级融媒体中心省级技术平台入选“2019 年度全国广播电视媒体融合典型案例名单”④，山

---

① 李彪.未来媒体视域下媒体融合空间转向与产业重构[J].编辑之友，2018(3)：40-44.

② 牛梦笛.省级台新闻融合拉开差距 短视频赛道竞争持续升温[EB/OL].(2019-09-05)[2022-11-06].http://news.gmw.cn/2019-09/05/content_33138961.htm.

③ 人民网.《2019 年电视融合传播指数报告》发布 央视融合传播力遥遥领先[R/OL].(2020-04-23)[2022-11-06].http://media.people.com.cn/GB/n1/2020/0430/c120837-31693832.html.

④ 国家广播电视总局办公厅.国家广电总局办公厅关于公布 2019 年度全国广播电视媒体融合先导单位、典型案例、成长项目征集评选结果的通知[EB/OL].(2020-03-18)[2022-11-06].http://www.nrta.gov.cn/art/2020/3/18/art_113_50386.html.

东广电"五智融合"案例入选"2020年度全国广播电视媒体融合典型案例"①，融媒体问政节目《问政山东》获得"2020第十届中国视频节目年度掌声节目"。在"TV地标"(2021)中国电视和网络视听综合实力大型调研成果中，山东广播电视台电视新闻频道获"年度优秀省级地面频道"，"闪电新闻"客户端获"年度优秀广电新媒体客户端"，《了不起的山东人》获"年度优秀融媒体平台节目"。② 在国家高度重视、山东省大力发展融媒体背景下，以山东卫视为例进行融媒体构建研究，在理论和实践层面均有重要意义。

在理论研究层面，一是深化媒介融合理论，通过分析不同类型的融合模式，综合新闻传播学、社会学、政治学等学科理论，完善对"媒介融合"的概念、特征描述，扩展媒介融合相关理论。二是推动广电融媒体研究，从辨析融媒体概念入手，从技术、内容、经营、服务、机制等角度，分析广电媒体在融媒体构建过程中的特点，为广电融媒体平台构建提供理论支持。三是开展区域视角下融媒体研究，综合山东地区经济发展、社会文化环境等因素，探讨区域视角下融媒体构建的特点与面临的问题，为山东卫视等平台进一步融合发展提供理论依据。四是加强网络治理研究，通过分析媒介融合对我国政治传播形态的影响，考察网络舆论引导特点，并以"闪电新闻"为例分析新媒体平台开展舆论引导的方法和手段，探讨融媒体在网络治理方面的作用。五是分析视听传播生态变化，考察在5G、人工智能等技术影响下的视听传播生态格局演变，分析广播电视、网络视听等行业融合发展的趋势与特点。

在实践应用层面，一是分析融媒体构建模式，以山东卫视、"闪电新闻"等为例，与中央及其他省级媒体进行横向比较，探讨不同类型、模式、区域融媒体构建的异同与特点。二是进行融媒体中心与"中央厨房"实践研究，以山东电视台融媒体中心及"中央厨房"建设为例，与同类型媒体的"中央厨房"进行比较，分析技术融合发展的规律以及广播电视媒体"中央厨房"运行过程中出现的问题及对策。三是开展电视端与移动端比较研究，对山东卫视的电视端与移动端建设情况进行比较，探讨"小屏"带动"大屏"发展的可行性，分析广播电视媒体进一步深化融合、实现多屏联动的发展策略。四是

① 国家广播电视总局办公厅.国家广电总局办公厅关于公布2020年度全国广播电视媒体融合先导单位、典型案例、成长项目征集评选结果的通知[EB/OL].(2020-12-18)[2022-11-06]http://www.nrta.gov.cn/art/2020/12/18/art_113_54326.html.

② 李翔睿，焦蕾."TV地标(2021)"获奖名单公布 山东广播电视台斩获五项大奖[EB/OL].(2021-12-26)[2022-11-06].http://k.sina.com.cn/article_7517400647_1c0126e47059025q92.html.

分析山东广电在MCN领域发展趋势,重点考察Lightning TV在“网红”孵化、直播带货、多元化变现等领域的探索。五是推动山东卫视融媒体构建,从区域研究角度分析山东地区受众特点与喜好,为提高山东卫视融媒体受众占有率提供策略和建议,加速山东卫视等平台的融媒体构建与发展进程。

第二节 研究问题的提出

本研究依照“文献梳理—理论分析—数据库建设—现状研究—典型案例分析—建议策略”的研究思路,先建设融媒体构建与发展资料数据库,对照央视频、芒果TV、澎湃、长江云等广电融合案例,分析国内融媒体构建的主要途径,进而分析山东广电融媒体发展现状与趋势,并从政策、技术、市场、生态等角度,探讨山东卫视融媒体构建与发展策略。具体的研究技术路线如图0-1所示。

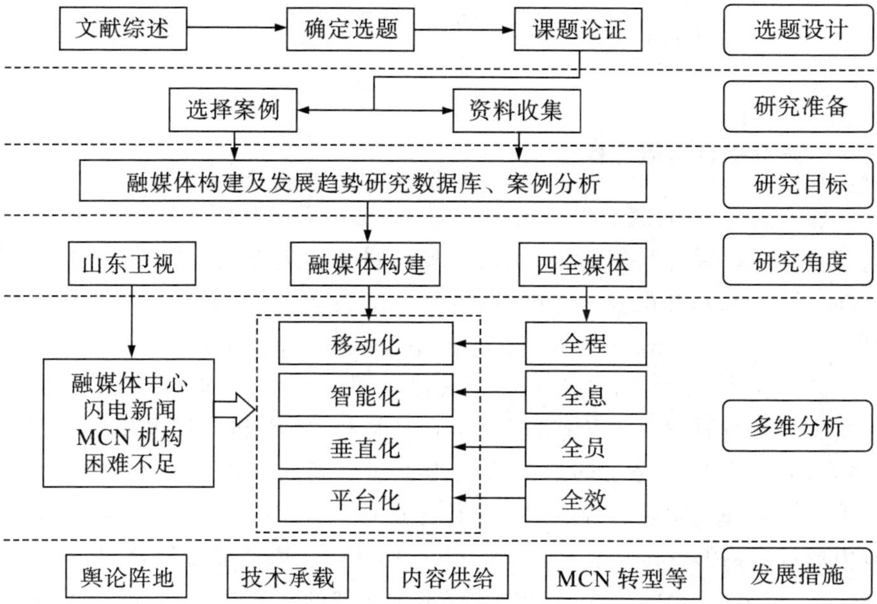

图0-1 研究技术路线

本研究将紧密围绕融媒体构建与发展过程中出现的实际问题与困难,从以下6个方面展开分析:

(1)关注新媒体技术发展趋势,分析5G、人工智能等技术的影响,重点考察广电5G网络建设情况以及4K/8K、中央厨房、技术中台等技术在广电融媒体构建中的应用。

(2)关注媒体融合的难点问题,从技术、政策、体制、平台等维度进行分析,探索广电融媒体构建与发展的障碍与困难以及破解融合瓶颈的途径与手段。

(3)关注国内融媒体发展情况,对比中央广播电视总台、湖南卫视、东方卫视等融合案例,讨论国内广播电视媒体融合发展的不同途径。

(4)关注平台型媒体建设策略,以“闪电号”为例分析搭建平台型媒体的可能性,考察“闪电号”在算法推荐、个性化传播中的实际效果以及未来发展的改进措施。

(5)关注广电MCN机构建设情况,分析Lightning TV发展现状与趋势以及在短视频、直播带货、网红孵化等领域的成长空间。

(6)关注视听传播生态演变,探讨新技术、新政策影响下的视听传播生态的发展趋势,以及构建良好视听传播生态的途径与方法。

第三节　研究文献综述

一、媒介融合等概念梳理

“媒介融合”一词译自“media convergence”,又译为“媒体融合”或“媒介整合”。其中,“融合”(convergence)的概念最早出现在1977年的戴维·法伯(David Farber)和保罗·巴冉(Paul Baran)发表的论文《计算和通信系统的聚合》(The convergence of computing and telecommunication systems)中。1978年,美国学者尼古拉斯·尼葛洛庞蒂(Nicholas Negroponte)将“融合”概念从科技研究引入传播领域,描述计算机、印刷和广播电影三者之间的融合,并指出三者交叉的地带将成为未来创新的方向与爆发点。① 1983年,美国麻省理工学院教授伊契尔·德·索勒·普尔(Ithiel de Sola Pool)在《自由的技术》(*Technologies of Freedom*)中提到“传播形态聚合”(the convergence of modes)的概念,提出“数码电子科技的发展是导致历来泾渭分明的传播形态聚合的原因”,各种媒介呈现出多功能一体化的发展趋势。② 此

① 宋昭勋.新闻传播学中Convergence一词溯源及内涵[J].现代传播,2006(1):51-53.

② DE SOLA POOL I. Technologies of freedom [M].Cambridge, MA: Harvard University Press,1983:23.

后，杰伊·博尔特(Jay Bolter)和理查德·克鲁辛(Richard Grusin)、里奇·戈登(Rich Gordon)、亨利·詹金斯(Henry Jenkins)、阿图尔·卢格迈尔(Artur Lugmayr)、塞吉欧·斯帕维欧(Sergio Sparviero)等人从不同的角度定义"媒体融合"概念。

我国较早提出"媒体融合"的是专栏撰稿人陆群，他在1998年发表《媒体融合——未来传播的大趋势》中提出，"媒体互动、融合、个性化服务、参与，网络信息才有出口"[①]。2005年，中国人民大学教授蔡雯在美国进行富布莱特项目研究时引入"融合媒介"(convergence media)与"融合新闻"(convergence journalism)两个概念，其中"融合媒介"源自美国新闻学会媒介研究中心主任安德鲁·纳齐森(Andrew Nachison)的定义，是"印刷的、音频的、视频的、互动性数字媒体组织之间的战略的、操作的、文化的联盟"[②]，并进行补充，"在数字技术与网络传播推动下，各类型媒介通过新介质真正实现汇聚和融合"[③]。

对于"媒介融合"的概念，童兵等主编的《新闻传播学大辞典》中定义为"在数字技术和网络技术等推动下实现的，内容、渠道、终端、组织等不同层面相互渗透和相互交融的过程"[④]。宋建武认为，"媒体融合的过程，实际上是持续发展的互联网技术及其应用迫使传统媒体从过去单一的传播渠道、内容和方式向平台化方向发展的过程"[⑤]。彭兰提出，媒介融合的基本层面是业务形态的融合，趋势是内容的多媒体化[⑥]，并认为传统媒体向新媒体转型以及新老媒体的融合过程中，文化性障碍是关键障碍之一。[⑦] 张蓝姗比较了不同的概念界定，认为"媒介融合是动态的，是一种媒介形态边界不断模糊的过程和趋势"，并提出"媒介融合并不存在一种终极的形态"。[⑧]

在"媒介融合"概念之外，"跨媒体""全媒体""云媒体""大媒体""融媒体""新型主流媒体"等概念也有较多使用。"跨媒体"的概念提出较早，最初

---

① 陆群.媒体融合——未来传播的大趋势[J].中国青年科技，1998(7)：31-32.

② 蔡雯.新闻传播的变化融合了什么——从美国新闻传播的变化谈起[J].中国记者，2005(9)：70-72.

③ 蔡雯.媒介融合前景下的新闻传播变革——试论"融合新闻"及其挑战[J].国际新闻界，2006(5)：31-35.

④ 童兵，陈绚.新闻传播学大辞典[M].北京：中国大百科全书出版社，2014：378.

⑤ 高海珍."中国的媒体融合在全球处于领先地位"——专访中国人民大学新闻学院教授宋建武[J].新闻与写作，2016(2)：67-70.

⑥ 彭兰.媒介融合时代的合与分[J].中国记者，2007(2)：87-88.

⑦ 彭兰.文化隔阂：新老媒体融合中的关键障碍[J].国际新闻界，2015(12)：125-139.

⑧ 张蓝姗.媒介融合　电视＋互联网的跨界与转型[M].北京：清华大学出版社，2019：3.

被视为电台、电视台与报纸联合办节目。① 王学成等将其定义为依赖于不同传播介质、拥有不同结构属性的媒体(包括平面媒体、立体媒体和网络媒体)之间,实现优势互补、资源整合、协同发展,扩大规模效应、提升市场覆盖率,所采用的一种合作传播模式。②

“全媒体”(omnimedia)最早由美国玛莎·斯图尔特生活全媒体家政公司(Martha Stewart Living Omnimedia)提出,该公司于1999年上市,经营杂志、图书、报纸、电视、广播、网站等多种媒体,强调通过“全媒体”传播服务和产品。③ “全媒体”在我国也是由业界提出,北大方正电子有限公司在2006年提出“报业全媒体”战略,烟台日报报业集团在2008年组建全媒体新闻中心。彭兰进一步提出“全媒体化”概念,即“运用所有媒体手段和平台来构建大的报道体系”。④

“云媒体”由麦肯锡恩机构在云计算概念基础上提出,是指“能够起到宣传推广作用的媒体资源的集合”,其核心特征是“聚合”。⑤ 朱婕等认为,“云媒体”可以做到内容无限传播、信息传递形式多样,并注重受众的主体地位与权利,可针对用户个性化需求进行细分。⑥ “大媒体”(Mega Media)由美国学者凯文·曼尼(Kevin Maney)在《大媒体潮》中提出。他认为,“没有一个恰当的词汇可以涵盖横跨通信、信息、计算机和娱乐产业的所有发生的激动人心的一切”,因此将其称为“大媒体”,描述传媒业不分领域全面竞争的现象。⑦

“融媒体”的概念使用更为广泛,庄勇将“融媒体”定义为“充分利用互联网这个载体,把广播、电视、报纸这些既有共同点,又存在互补性的不同媒体,在人力、内容、宣传等方面进行全面整合,实现‘资源通融、内容兼容、宣传互融、利益共融’的新型媒体”⑧。栾轶玫认为,“‘融媒体’的概念已经涵盖了‘全媒体’的题中应有之义”,并且“注重各个介质之间的‘融’”。⑨ 此外,

① 蒙乃康.办看得见的电台——珠江经济台的户外活动及跨媒体合作[J].中国广播电视学刊,1997(7):49-50.

② 王学成,来丰.论跨媒体联合[J].新闻大学,2002(1):63-65.

③ 王庚年.全媒体技术发展研究[M].北京:中国国际广播出版社,2013:3.

④ 彭兰.媒介融合方向下的四个关键变革[J].青年记者,2009(6):22-24.

⑤ 童清艳.新闻实务:内容策划与媒体设计[M].上海:上海人民出版社,2013:95.

⑥ 朱婕,王希华.全媒体时代“云”编辑助广电编辑系统转型[J].今传媒,2014(8):118-120.

⑦ 傅玉辉.大媒体产业:从媒介融合到产业融合——中美电信业和传媒业关系研究[M].北京:中国广播电视出版社,2008:48.

⑧ 庄勇.从“融媒体”中寻求生机[J].视听界,2009(2):35-38.

⑨ 栾轶玫.建议用“融媒体”代替“全媒体”[N].光明日报,2014-12-27(10).

“新型主流媒体”被视为新兴技术与主流媒体特质融合的产物，是新媒体中的主流媒体、主流媒体中的新媒体①，兼具新兴媒体和主流媒体的功能与属性。②

目前，“媒介融合”“跨媒体”“全媒体”“云媒体”“大媒体”“融媒体”“新型主流媒体”等概念均有较多使用，其中“媒介融合”强调不同媒介之间的融合状态，常常作为一种背景描述当前媒体融合发展的程度。“跨媒体”较为关注不同类型的媒体机构的合作。“全媒体”从媒体机构的角度出发，突出媒体类型的全面多元。“大媒体”强调传媒产业之间的竞争现象。“云媒体”从云计算的角度关注聚合作用。“融媒体”更加强调不同类型媒体的融合，是对传统媒体与新媒体融合发展的趋势以及媒体机构融合转型的表述。通过对不同概念的比较，本研究在宏观的背景描述中采用“媒介融合”的表述，在微观应用中使用“融媒体”概念，对山东卫视等平台的融媒体构建与发展展开研究。

二、媒介融合政策与研究

2014 年 8 月，中央全面深化改革领导小组会议通过《关于推动传统媒体和新兴媒体融合发展的指导意见》，提出推动传统媒体和新兴媒体融合发展，要遵循新闻传播规律和新兴媒体发展规律，强化互联网思维，坚持传统媒体和新兴媒体优势互补、一体发展，坚持先进技术支撑、内容建设为根本，推动传统媒体和新兴媒体在内容、渠道、平台、经营、管理等方面的深度融合，着力打造一批形态多样、手段先进、具有竞争力的新型主流媒体，建成几家拥有强大实力和传播力、公信力、影响力的新型媒体集团，形成立体多样、融合发展的现代传播体系。③ 2019 年 1 月，习近平在政治局关于全媒体时代和媒体融合发展集体学习中提到“四全”媒体的概念，即“全程媒体、全息媒体、全员媒体、全效媒体”，强调“信息无处不在、无所不及、无人不用，导致舆论生态、媒体格局、传播方式发生深刻变化，新闻舆论工作面临新的挑战”，要求深刻认识全媒体时代的挑战和机遇，全面把握媒体融合发展的趋势和规律，推动媒体融合向纵深发展。④ 各地也出台了具体的媒体融合政策，如

① 杨晓强.论媒体融合时代新型主流媒体的内涵、价值与构建[J].江淮论坛，2015(6)：174-177.

② 谭天，林籽舟.新型主流媒体的界定、构成与实现[J].新闻爱好者，2015(7)：23-26.

③ 新华社.推动传统媒体和新兴媒体融合发展指导意见审议通过[EB/OL].(2014-08-21)[2022-11-06].http://culture.people.com.cn/n/2014/0821/c172318-25511854.html.

④ 习近平.加快推动媒体融合发展 构建全媒体传播格局[J].求是，2019(6)：4-8.

山东广电局出台《山东省广播电视媒体融合发展三年行动计划(2021～2023年)》,提出重点实施加强新型主流媒体建设、加强内容建设与服务供给、深化体制改革和管理创新等任务。①

近年来的媒介融合研究主要包括融合政策、融合路径、融合困难、全媒体传播体系、媒介化视角分析等方面。一是对融合政策进行分析。童兵分析了习近平关于媒体融合发展论述的要义,梳理回顾媒体融合发展战略提出的目标、路径、步骤、成绩及问题,对认识媒体融合发展的意义、培育媒体融合发展的文化基因、打造推进媒体融合发展的哲学社会科学理论根底等问题进行分析。② 林如鹏等分析习近平关于媒体融合发展的系列重要讲话,系统阐述了融合发展的政治逻辑、技术逻辑与市场逻辑以及习近平关于媒体创新思想的新发展。③ 二是分析媒体融合的路径与策略。彭兰提出移动化、社交化、智能化是传统媒体转型的路径,融合需要理解媒体之间、媒体与用户间、产业之间等边界的消融及关系变化。④ 孟建、黄艳认为,实施媒体融合应从网络媒体与文明进步、媒介发展的转型与嬗变、跨界媒体融合发展与现代传播体系建构三方面展开,并认为随着媒介环境的变化与演进,网络媒体将释放出更多的媒介优势。⑤ 三是考察主流媒体融合发展遭遇的困境及对策。陈力丹认为,用互联网思维推进媒介融合,应是"内容生产＋产品形态＋渠道占有"的"一体",并认为传统媒体短板在于缺乏技术积累,不能自行掌握技术发展的趋势。⑥ 四是对全媒体传播体系进行研究。朱春阳总结全媒体传播体系的特点是"全世界在观看、人人都有麦克风、24 小时在线",并基于"四力媒体""四全媒体"价值坐标提出新型主流媒体传播效果评价体系的创新路径。⑦ 支庭荣认为,全媒体传播体系不是单一的内容或介质体系,在宏观层面是通过更深更广更贴近的服务创新实现具有浓郁公益色彩

① 山东广电局出台《山东省广播电视媒体融合发展三年行动计划(2021～2023 年)》[ER/OL].(2021-07-29)[2022-11-06].http://www.nrta.gov.cn/art/2021/7/29/art_3556_57647.html.

② 童兵.习近平关于媒体融合发展论述的要义及实施进程[J].当代传播,2020(2):4-10.

③ 林如鹏,汤景泰.政治逻辑、技术逻辑与市场逻辑:论习近平的媒体融合发展思想[J].新闻与传播研究,2016(11):5-15.

④ 彭兰.移动化、社交化、智能化:传统媒体转型的三大路径[J]新闻界,2018(1):35-41.

⑤ 孟建,黄艳.媒体融合发展与现代社会进步——对我国大力实施"媒体融合战略"的若干思考[J]新闻爱好者,2014(12):21-25.

⑥ 陈力丹.用互联网思维推进媒介融合[J].当代传播,2014(6):1.

⑦ 朱春阳.全媒体视野下新型主流媒体传播效果评价的创新路径[J].新闻界,2019(12):11-16.

的价值传播体系。[①] 五是从媒介化视角分析传统媒体的融合进程。胡翼青等批评了竞合框架思维导致大众传媒“轻视文本质量，重视技术分发”的现象，认为应用媒介化视角分析媒介融合问题，在新的媒介环境中重新建构自己的角色定位，注重专业内容的制作生产。[②] 在现有的融媒体研究中，对技术、政策、产业、对策的研究较为丰富，对具体的媒体平台建设、移动终端发展等关注较多，但在受众分析、效果研究、文化研究等方面关注较少，需要进行更为多元的分析与探索。

三、广播电视媒体融合发展研究

广播电视媒体融合发展的研究，最初聚焦于国家在2010年推动的“三网融合”，讨论电信网、广播电视网与互联网的融合。栾轶玫关注“中国广电媒体的融合化生存”的问题，从内容生产、运营模式等角度展开分析。[③] 王虎从内容、广告、受众资源整合与品牌合力角度分析新旧媒体整合策略。[④] 陈鹏分析三网融合背景下的电视内容产业升级战略，建议融合发展从平台、内容、市场等方面进行拓展。[⑤] 俞虹等认为，平台化是电视媒体融合发展的应对之道，并从构建、运营、支撑平台三个角度阐述电视媒体的平台化策略。[⑥]

2016年7月，国家新闻出版广电总局印发《关于进一步加快广播电视媒体与新兴媒体融合发展的意见》，推动广播电视媒体转型升级，提升广播电视媒体在网络空间的传播力、影响力、公信力和舆论引导能力。曾祥敏等从体制机制、组织渠道、生产方式、产品等维度分析融合发展路径。[⑦] 高红波认为，中国电视的媒体融合转型应该与电视公共服务功能相链接，体现在内容融合、渠道融合、终端融合、技术融合等各个方面。[⑧] 在实务研究中，各省级广播电视媒体的融合发展受到关注，在广播电视媒体融合案例研究方面，有学者分别以上海文广、湖南卫视、广东广电、湖南广电等机构为例，从新技术

---

① 支庭荣.全媒体传播体系的全息透视：系统建构、功能耦合与目标优化[J].西北师大学报（社会科学版），2019(6)：32-39.

② 胡翼青，李璟.“第四堵墙”媒介化视角下的传统媒体媒介融合进程[J].新闻界，2020(4)：57-64.

③ 栾轶玫.广电媒体的融合化生存[J].视听界，2010(2)：34-37.

④ 王虎.三网融合下新旧媒体的整合策略[J].现代视听，2010(7)：16-20.

⑤ 陈鹏.三网融合背景下电视内容产业升级战略[J].电视研究，2011(1)：17-20.

⑥ 俞虹，马骏.突围与融合——传统电视媒体平台化发展策略研究[J]中国广播电视学刊，2015(2)：17-20.

⑦ 曾祥敏，齐歌夷.我国广电媒体融合发展路径探究[J].电视研究，2016(6)：7-10.

⑧ 高红波.融合转型与公共服务：“互联网＋”视域下中国电视改革前瞻[J].声屏世界，2017(9)：5-7.

应用、媒体转型、融合发展等角度进行分析。

2018 年 9 月,国家广播电视总局设立媒体融合发展司,推进广播电视与新媒体新技术新业态创新融合发展,承担广播电视视频点播业务审批等工作。同年,各级广电媒体进行融合改革,中央电视台、中央人民广播电台、中国国际电台合并为中央广播电视总台,天津、辽宁、河南等地也开展了建设区域“融媒体中心”的探索,将同一区域的电视、广播、报纸等不同类型媒体进行合并,组建省级传媒集团。2019 年 8 月,国家广播电视总局发布《关于推动广播电视和网络视听产业高质量发展的意见》,提出通过放宽市场准入条件,搭建体现广电特色的投融资平台,建立企业主体和金融机构的供需对接机制等形式,完善视听行业市场体系。①

2018 年 8 月,习近平同志在全国宣传思想工作会议上指出,要扎实抓好县级融媒体中心建设,更好引导群众、服务群众,媒体融合工作重点从中央深入到地方,从中央级、省级媒体延伸到基层媒体,成为广电媒体融合发展的重要机遇。2019 年 1 月,中共中央宣传部、国家广播电视总局发布了由山东广播电视台等机构参与起草的《县级融媒体中心建设规范》与《县级融媒体中心省级技术平台规范要求》,对县级融媒体中心的总体架构、功能要求、基础设施、关键技术指标等提出要求。依托广播电视媒体开展县级融媒体中心建设已有初步研究。朱春阳等对比了“单兵扩散”与“云端共联”两种建设模式,分析广播电视媒体在县级融媒体中心建设的不足。② 魏莹分析了“智慧广电”对县级融媒体中心建设的意义,考察不同建设模式中“智慧广电”的参与思路。③

四、山东媒体融合发展研究

在发达的经济和深厚的文化底蕴支持下,山东广播电视台、大众报业集团等山东媒体在业界具有较强的影响力。2011 年 6 月,山东人民广播电台、山东电视台和山东有线电视中心合并组建山东广播电视台,以“体制集团化、管理企业化、技术融合化”为目标,加快推动广播电视媒体改革和转型升级步伐。山东广电的发展受到研究者关注。吉保邦等梳理了山东广播电视

① 国家广播电视总局.关于推动广播电视和网络视听产业高质量发展的意见[EB/OL].(2019-08-19)[2022-11-06].http://www.nrta.gov.cn/art/2019/8/19/art_113_47132.html.

② 朱春阳,曾培伦.“单兵扩散”与“云端共联”:县级融媒体中心建设的基本路径比较分析[J].新闻与写作,2018(12):25-31.

③ 魏莹.智慧广电参与县级融媒体中心建设的思路与模式[J].传媒,2019(17):61-63.

事业改革发展历史，从把握导向、改革创新等角度分析广播电视发展规律。[①] 高红波分析山东电视产业创新发展的三个构想，建议从平台转型、终端定制、活动营销等方面开展。[②] 于英波等以山东网络广播电视台为例，从创立主体、整合优质资源等角度分析广电融合发展路径。[③] 郭全中从体制、新媒体、跨界、资本和用户等方面，分析山东广播电视台的转型思路。[④] 李晓娟从供给侧结构性改革角度分析山东卫视发展策略，提出差异化竞争、强化节目收视矩阵等策略。[⑤]

在融媒体构建实践中，山东广播电视台推出系列举措。2016 年年底，整合电视新闻中心、公共频道、齐鲁网等成立融媒体资讯中心。2017 年 1 月，"闪电新闻"客户端上线，并推出"闪电号"作为全省内容整合平台。2017 年 8 月，山东广播电视台"中央厨房"启用，通过全终端媒体流程管理工具"畅媒"系统打通广播、电视、报纸、网络各部门。2019 年，推出 MCN 平台 Lightning TV，布局短视频、直播等领域，并推出融媒体新产品"闪电智库"。2020 年，积极参与抗击新冠肺炎疫情报道，将公共频道的定位转型为新闻频道，推动与"闪电新闻"的大小屏联动。

山东广播电视台在媒体融合领域的系列举措引发关注。慕玲从资源通融、宣传互融等角度，分析"中央厨房"与"闪电新闻"的发展情况。[⑥] 杨震分析融媒体背景下山东广电在思维理念、商业模式等方面的发展策略。[⑦] 张津从"中央厨房"建设、客户端打造、与腾讯视频合作等角度分析山东卫视在媒介融合背景下的突围之路。[⑧] 王筱从山东广电传媒集团媒体营销环境分析入手，分析山东广电传媒集团从相"加"到相"融"阶段，稳步推进媒体融合等

---

① 吉保邦，李德泉，许翠兰.山东广播电视改革发展的历史思考[J].现代视听，2009(11)：6-12.

② 高红波.媒体融合时代山东电视产业创新发展的三个构想[J].现代视听，2015(9)：6-10.

③ 于英波，王伟杰.广播电视与新媒体融合发展分析——以山东网络广播电视台发展为例[J].现代视听，2014(9)：69-71.

④ 郭全中.山东广播电视台转型五箭齐发[J].传媒，2016(1)：30-31.

⑤ 李晓娟.供给侧结构性改革背景下山东卫视的发展[J].青年记者，2017(32)：59-60.

⑥ 慕玲."四个融合"打造新闻舆论新高地——山东广播电视台媒体融合探索与思考[J].青年记者，2017(36)：72-74.

⑦ 杨震.融媒体背景下山东广电产业发展策略研究[D/OL].济南：山东师范大学，2018：1[2022-11-06]. https://kns.cnki.net/kcms2/article/abstract?v=3uoqIhG8C475KOm_zrgu4lQARvep2SAk-6BvX81hrs37AaEFpExs0GUJ-I-5Ya964VzYFsA4XHejAbMNTSCwyxw2ui1gBYvh&uniplatform=NZKPT.

⑧ 张津.媒介融合背景下山东卫视的突围之路探索[J].电视指南，2018(8)：155.

方面的成效和业绩。[①] 唐瑞峰以山东广电"两会"报道为例,分析融媒体背景下直播、H5、VR 等新技术应用。[②] 杨帅以《问政山东》为例,分析媒介融合背景下电视问政类节目的发展问题。[③] 贺晓菲以山东广电在客户端、短视频、MCN 等领域的探索为例,分析广播电视媒体的短视频进阶之路。[④] 张楚晨等分析山东广播电视台在抗击新冠肺炎疫情报道中,通过融媒矩阵快速传递权威声音,引导主流舆论的种种举措。[⑤]

第四节 研究框架与研究方法

本研究主要以"问题、探究、策略、措施"为顺序,根据我国融媒体发展的现状提出问题,结合山东卫视等案例进行多元化的分析,进而提出融媒体发展的策略与措施。

一、研究框架与内容

绪论部分包括研究背景、研究问题的提出、文献综述、研究框架、研究方法以及具体的实施方案。全篇按照从宏观到微观、从发展战略到执行措施的逻辑结构,对山东卫视等平台的融媒体构建及发展趋势进行全面分析。

第一章关注广电融媒体的发展现状,包括广电融媒体的内涵,国内外广电融媒体的发展现状,5G 前景下的视听传播生态演变情况以及广电融媒体所处的困境和原因分析。

第二章分析山东卫视的融媒体发展现状,包括"两微一抖"账号、"闪电新闻"客户端、融媒体资讯中心机构设置等情况,分析山东卫视的比较优势和竞争优势,以及思维转换不到位、内容生产不足、缺乏专业人才、体制改革

---

① 王筱.互联网时代山东广电传媒集团媒体整合营销策略研究[D/OL].济南:山东大学,2018:12[2022-11-06]. https://kns. cnki. net/kcms2/article/abstract? v = 3uoqIhG8C475KOm _ zrgu4lQARvep2SAkZIGkvqfmUZglMdu7fCR48 _ RS0uzHZP4dc-uI725SAL29Kct5xw18B2vXsVDN92qC&uniplatform=NZKPT.

② 唐瑞峰.山东广电:黑科技跑出智媒加速度 融媒体塑造"两会"强磁场[J].电视指南,2019(7):46-49.

③ 杨帅.媒介融合背景下电视问政类节目的养成——以《问政山东》为例[J].传媒论坛,2020(8):30.

④ 贺晓菲.广电媒体的短视频进阶之路——以山东广播电视台为例[J].现代视听,2019(12):21-23.

⑤ 张楚晨,高昌洁,郝娟.战"疫"报道中的融媒矩阵传播——以山东广播电视台为例[J].现代视听,2020(2):29-31.

滞后、广电行业内卷化、同地区媒体竞争等问题，并对其开展SWOT分析，从优势、劣势、机会、威胁等角度提出融合发展策略。

第三章结合SWOT分析策略，从宏观层面研究山东卫视融媒体发展战略，包括移动化、智能化、平台化、垂直化等战略，推动"山东卫视＋闪电新闻"的双核驱动发展战略，在新闻生产流程中全面应用智能化技术，推动广电媒体主导的技术、内容平台建设，以及在垂直领域的多元化发展。

第四章从微观层面提出山东卫视等平台融合发展的具体措施，包括建设主流舆论阵地、增强技术承载能力、打造多元传播矩阵、提升内容供给能力、深化县级融媒体中心建设、推动MCN模式转型等措施。

二、研究方法与实施方案

本篇主要采用四类研究方法：一是文献分析法，通过对媒介融合、融媒体构建相关文献的搜集、筛选、整理，获得充足的文献内容，为研究山东卫视融媒体构建与发展的影响因素打好基础。二是个案分析法，对山东卫视新闻频道和"闪电新闻"客户端开展个案分析，考察在"两会"等重大活动报道中的特色，并以"闪电号"为例分析省级融媒体平台对区域内资讯的整合效果。三是比较研究法，将山东卫视与中央及其他地方媒体进行比较，考察山东卫视融媒体构建的特色与不足，借鉴成功案例推动山东卫视等平台进一步深度融合；四是深度访谈法，通过对山东卫视、"闪电新闻"客户端相关的工作人员进行深度访谈，获得媒体融合发展的具体措施、改革效果等内容。在多种研究方法基础上，综合新闻传播学、信息管理学等学科理论，探讨山东卫视融媒体构建现状，分析5G等新技术影响以及融合发展策略与措施。

在运用上述研究方法的基础上，本研究将采取"四步走"的实施方案：首先，建设融媒体资料数据库。通过网络信息梳理、实地调研、文献分析、用户调查、行业调查、行业访谈等方法，全面收集整理山东卫视在微博、微信、抖音等平台的公共账号信息，汇总齐鲁网、"闪电新闻"客户端等平台建设数据，以及山东广电"中央厨房"运行情况，建设融媒体研究资料数据库。其次，分析山东卫视融合传播效果。通过问卷调查、深度访谈等方法，探究山东卫视的融合传播基本情况，并参照人民网研究院发布的中国媒体融合传播指数，分析山东卫视相关媒体平台融合传播效果，从平台渗透、技术应用、内容互动、受众反馈等角度分析不同平台的融合发展现状。再次，开展融媒体平台比较研究。将山东卫视与中央广播电视总台、人民日报，省级的湖南卫视、东方卫视、江苏卫视，以及山东省内的大众报业集团进行横向比较，分析山东卫视在融媒体构建过程中的特点和不足。最后,开展融媒体构建综合分析。分析山东卫视在“中央厨房”建设、移动客户端开发、支持县级融媒体中心搭建、MCN平台建设等领域的探索情况,探究广电、报业、网络等不同类型媒体集团在全媒体传播体系中的作用,分析山东卫视融媒体构建途径与发展趋势。

第一章　广播电视融媒体发展现状

随着移动互联网的快速发展和智能设备的普及应用，当前的受众已进入永久在线、永久连接的状态，受众不再是在特定时间和空间内使用媒介，而是呈现出一种连续不断的新媒介使用状态。[①] 面对网络媒体冲击，广播电视并没有消亡或被替代，而是以网络视频、沉浸式视听等新形式，在用户永久在线、永久连接的状态中提供内容资讯，逐步与互联网平台融为一体。

第一节　广播电视融媒体概念与内涵

在“三网融合”、传统媒体和新兴媒体融合发展、构建全媒体传播格局系列政策推动下，5G、人工智能等新技术加速视听传播生态格局演变，通过接纳互联网思维、内部组织架构调整、改造新闻生产流程、开展跨行业跨地域融合等形式，广播电视媒体逐步转型为新型融合传播平台。

一、广播电视融媒体概念

广播电视媒体与数字技术融合始于“三网融合”。1996 年，美国通过《电信法案》，通过刺激行业竞争推动电信网与广电网融合。2006 年，日本出台邮政改革方案，明确传媒业数字化、融合化发展方向。[②] 2010 年，我国开始实质性推动“三网融合”，打破广播电视媒体在内容输送、电信公司在宽带运营领域的垄断，明确了两个行业互相进入准则。“三网融合”在推动广播电视

① 周葆华.永久在线、永久连接：移动互联网时代的生活方式及其影响因素[J].新闻大学，2020(3)：84-106.

② 张蓝姗.媒介融合　电视＋互联网的跨界与转型[M].北京：清华大学出版社，2019：11.

媒体进行跨行业融合的同时,也带来竞争压力。栾轶玫分析中国广播电视媒体的融合化生存情况,认为在“三网融合”背景下,广播电视媒体不仅丧失内容牌照独家控制权,还要面对传播渠道、业务模式、服务意识等问题,需要开展自我革新与挑战。①

针对我国广播电视媒体发展现状,学者从融合途径、融合进程、平台建设等角度进行分析。曾祥敏等认为,规模较小的广播电视媒体应分阶段循序渐进,大型广播电视集团可以调动资源,进行从上至下的换血式改革。②林小勇认为,广播电视媒体融合已经从相加转向相融的加速阶段,应通过业务流程再造、重塑组织架构、重构与用户的关系连接等形式促进广播电视媒体转型升级发展。③ 广播电视媒体“四级办台”导致广播电视行业在不同级别、不同区域存在发展不均衡现象以及经营模式单一、人才不断流失、体制机制改革滞后等问题,这使广电媒体融合的复杂性远超其他媒体,其改革所面临的压力和阻力也是最大的。

随着网络视听平台崛起,媒体的视听属性引发更多关注,“电视”的概念被重新界定。在讨论“什么是电视”时,周逵提出,《现代汉语词典》中对“电视”的定义已经过时,进而引入“视听新媒体”概念。他认为技术性变化是从对既有概念内涵与外延边界的突破开始,电视的概念正在被颠覆重构。④ 视听行业的快速发展使网络视频传播成为主流,卢迪等认为,未来信息传播将更多以视频为表达方式,视频传播相关的行业和范围将扩大。⑤ 高宪春提出构建“大视听”新媒体的建议,认为广播电视媒体应在新视听格局中发挥视听优势,适应视听互联性,以互联共营思维构建全新视听媒体。⑥ 随着与数字技术、网络技术的融合,广播电视的概念与内涵被不断延伸,扩展为以视听内容为主的新型媒体。

广播电视融媒体的概念可以从多个维度进行解读:狭义的广播电视融媒体可以理解为广播电视媒体数字技术与网络技术融合下演化出的新平台、新渠道,广义的广播电视融媒体则是广播电视媒体在互联网技术驱动

① 栾轶玫.广电媒体的融合化生存[J].视听界,2010(2):34-37.

② 曾祥敏,齐歌夷.我国广电媒体融合发展路径探究[J].电视研究,2016(6):7-10.

③ 林小勇.当前广播电视媒体融合发展现状与趋势[J].中国电视,2020(1):62-66.

④ 周逵.融合与重构　中国广电媒体发展新道路[M].北京:中国传媒大学出版社,2017:2-4.

⑤ 卢迪,邱子欣.新闻“移动化”与直播“常态化”:5G技术推动新闻与直播深度融合[J].现代传播,2020(4):6-10.

⑥ 高宪春.构建“大视听”新媒体——论媒体融合背景下广电媒体发展着力点[J].电视研究,2017(11):41-44.

下，在内容、渠道、终端、组织等层面与其他媒体的相互渗透与交融，逐渐呈现出的视听传播新形态。本篇不仅关注广电融媒体的工具属性，也关注广电融媒体在全媒体传播格局下的新形态与发展趋势，将从宏观的角度考察广播电视媒体向视听传播新媒体的转变与发展，并以山东卫视等平台为例进行微观层面的个案分析，提出媒体融合发展策略与改进措施。

二、广播电视融媒体分析维度

分析广播电视融媒体的内涵，需要从传播渠道、数字技术、产业模式、思维理念等维度进行分析，探讨广播电视媒体在不同层面的融合趋势与特点，分析未来发展的途径与策略。

一是广电媒体在数字技术层面的融合应用。5G、人工智能、物联网等数字化技术的快速发展，对广电媒体的内容生产、信息推送、效果分析产生全方位的影响。广播电视融媒体技术是一系列技术的总称，既包括提升内容生产效率的 5G、人工智能等技术，也有高清视频等领域的 4K/8K 技术以及沉浸式视听领域的 VR(虚拟现实)、AR(增强现实)、MR(混合现实)等技术。其中，5G 技术是推动广电媒体融合发展的核心技术，凭借超高速率、超低时延、超大链接能力等特点为新闻采编工作赋能，使“5G＋”活动直播、“5G＋VR”沉浸式报道、“5G＋AR”采访眼镜、“5G＋”全息采访、“5G＋AI”声像分析等应用成为可能，全面提升用户视听体验。

二是广播电视媒体在传播渠道层面的融合发展。传统的广播电视终端仅有收音机与电视机，互联网带来了电脑、手机等多元化的智能终端设备。广播电视媒体多渠道传播模式中以“中央厨房”为核心，利用“中央厨房”推动新闻生产的“一次采集、多种生成、多元传播”，在为商业平台媒体公众号提供内容的同时，也积极开展自主可控的融媒体平台建设，如新闻资讯、短视频移动客户端；同时布局 MCN 领域，拓展视听内容生产，建立类似“今日头条”的信息内容聚合平台，吸引各级政府部门、组织机构、自媒体在主流媒体平台上发布信息，形成立体多元的融合传播矩阵。

三是广播电视媒体在产业模式层面的融合升级。广播电视融媒体发展不仅是传统媒体与新型媒体之间的融合，也是对传统的传媒产业模式的彻底颠覆。传媒与互联网、科技、金融、制造业等之间进行跨行业的深度融合，逐步突破平台、地域、体制等层面的束缚。在国家推进新型基础设施建设的背景下，广播电视媒体应积极参与 5G 网络、人工智能等领域。进一步推动“TMT 产业融合”，即科技(Technology)、媒体(Media)与电信(Telecom)行业之间的融合。“TMT 产业融合”被视为主流媒体融合发展的新趋势，如国际上的苹果公司、谷歌公司向传媒业进军，国内以“BAT”(百度、阿里、腾讯)为代表的互联网公司积极投身媒体领域，中央广播电视总台与中国电信、中国移动、华为公司等合作共建5G新媒体平台。[①] 面对传媒领域激烈的市场竞争，广播电视媒体推动融合的重点在于加速产业升级，不仅要做好新闻内容生产流程再造，搭建自主可控的信息聚合平台，更要开展新闻、娱乐、文化等内容生产与分发的全产业链布局，以适应市场需求为导向，全方位提升广电融媒体的市场竞争力。

四是广播电视媒体在思维理念层面的融合。正如马歇尔·麦克卢汉(Marshall McLuhan)所说：“技术变革不只是改变生活习惯，而且要改变思维模式和评价模式。”[②]广播电视融媒体建设是传统媒体行业逐步确立融合理念的过程，从传统的广播电视思维转向互联网思维和用户思维，顺应信息化、数字化转型的趋势。当前，互联网已经成为我国信息化发展的核心特征，与工业、商业、金融业等进行全面融合。正如2020年《政府工作报告》提出的“全面推进‘互联网＋’，打造数字经济新优势”[③]，广播电视融媒体建设也是推进互联网化的过程，从搭建新闻网站、开通“两微”账号、入驻短视频平台，到建设新闻客户端、探索MCN机构、搭建信息聚合平台，正在从简单的“＋互联网”操作转向以互联网为核心的“互联网＋”模式，形成适应以互联网为主导的思维理念。广播电视媒体受众从传统的收音机、电视机前的观众和听众，扩大到使用电脑、手机、平板电脑等终端浏览音视频的使用者以及利用VR眼镜、AR终端体验沉浸式视听的用户。受众的称谓从观众到用户，意味着融媒体传播过程中的受众已经从单一的接受者，变成信息传播的主角。广播电视融媒体需要从用户的角度思考融合发展方向，利用5G、人工智能、大数据等技术提升交互效果和用户体验，从传统的媒体机构转型为提供多元服务的视听平台。

第二节　广播电视融媒体的发展历程

从政策支持、技术应用、平台建设等角度看，广播电视融媒体发展有两个重要的时间节点：一是2014年的“推动传统媒体和新兴媒体融合发展”，二

① 林小勇.当前广播电视媒体融合发展现状与趋势[J].中国电视，2020(1)：62-66.

② 麦克卢汉.理解媒介　论人的延伸[M].何道宽，译.南京：译林出版社，2011：83-84.

③ 李克强.政府工作报告[N].人民日报，2020-05-30(1).

是2019年的“构建全媒体传播格局”。以这两个节点为分界线，广播电视融媒体发展可以分为多平台建设、融合整体布局、全媒体传播体系构建三个发展阶段，呈现出政策导向、技术驱动、高速发展、形态多样、难度提升等特点。

一、广播电视媒体多平台建设

广播电视融媒体发展的第一阶段是1996年至2013年的多平台建设时期，包括广播电视网站、移动电视、手机电视、IPTV、互联网电视、网络电视台等平台建设。1996年被视为中国传统媒体的互联网元年。[①] 广东电视台、央视国际等电视台网站先后创建，广东珠江经济广播开通网上实时广播。随后，各地电视台、电台纷纷建立官方网站，或以参与形式加入地方新闻网站建设。早期广电网站功能较为简单，主要是对频道、节目、主持人的介绍，提供留言板功能，方便观众反馈节目意见，也有少量网站采用低码流技术为用户提供音视频节目。

在建设网站的同时，广播电视媒体积极推动移动电视、手机电视等业务。1999年，鼎视传媒开始经营列车电视业务，随后厦门、上海等地也开通移动电视业务，在地铁、出租车、公交车等交通工具上提供电视服务。手机电视也是同时期的重点研发方向，主要有两种类型：一类是基于广电网络的CMMB手机电视，另一类是基于移动网络的流媒体手机电视。2007年，广电总局颁布中国移动多媒体广播行业标准CMMB，通过卫星和地面无线广播方式提供广电节目收视与信息服务。

在国家推动“三网融合”的背景下，广播电视媒体启动交互式网络电视与互联网电视的建设。交互式网络电视又称IPTV(Internet protocol television)，以宽带网络作为介质传送电视信息，将广播节目通过宽带协议向用户传递数字电视服务。2005年，上海文广获得第一张IPTV牌照，与中国电信合作在上海推出百视通IPTV业务。随着IPTV的发展与规范，逐步形成了中央与各省分级运营、分级提供内容服务的模式。[②] 中央设立IPTV播控总平台中国网络电视台(CNTV)，各省建设IPTV集成播控分平台。早期的IPTV业务增长较慢，至2011年才突破千万用户，直到2013年国务院发布“宽带中国”战略后，才随着电信运营商的重视进入高速增长阶段。至2021

① 梁晓涛.重塑电视支点[M].北京：人民出版社，2018：315.

② 国家广播电影电视总局.总局关于IPTV集成播控平台建设有关问题的通知[EB/OL].(2012-06-11)[2022-11-06].http://www.nrta.gov.cn/art/2012/6/11/art_3592_42311.html.

年年底,我国IPTV总用户数超过3亿户。①

与IPTV相比,互联网电视发展更为迅速。互联网电视又称“OTT”(over the top),是以互联网或移动互联网为传输网络,以电视机为接收终端,向用户提供视频及图文信息内容等服务的电视形态。② 互联网电视发展初期,电视机制造商与视频网站进行了较多合作,越过了管理部门对视听内容的监管,导致内容安全问题时有发生。为此,2009年,国家广播电视总局发布《关于加强以电视机为接收终端的互联网视听节目服务管理有关问题的通知》,建立了OTT准入机制,为CNTV、百视通等7家机构发放互联网电视集成牌照,为北京广电、山东广电等14家机构发放内容服务牌照。经过系列规范后,视频网站与广播电视媒体进行合作,如PPTV与华数集团、乐视网与CNTV之间探索联合运营模式,拥有牌照的广播电视媒体负责集成播控平台运营,视频网站提供内容服务,双方各自拥有部分版权内容。至2021年年底,我国OTT用户数量达到10.83亿户,互联网音频年度付费用户1.5亿,短视频上传用户超过7亿。③

随着网络带宽升级,广电媒体推动网络电视台的建设。2009年12月,倡导“参与式电视体验”的中国网络电视台(CNTV)开播,提供央视多个频道内容的直播、点播服务,探索交互式互联网电视的发展途径。随后,安徽、江苏、山东等地的省级网络电视台分批次建立。2011年,由深圳广电发起、全国城市电视台为主体的全国性广电联合平台“城市联合电视台”(CUTV)上线,探索城市电视台之间的整合运营。至2014年年底,全国有29家广电媒体获得网络广播电视台牌照,形成“中央三台”领衔、卫视强势跟进、地方电视台陆续模仿的格局。网络电视台延续了广电媒体的风格,如CNTV借助央视的公信力,在国内外重大报道中发挥重要作用;芒果TV借助湖南卫视在娱乐领域的优势,推出质量较高的自制内容;安徽网络电视台延续电视剧方面的优势,提供丰富的电视剧资源。由于视频网站建设“烧钱”的特点,以及广电媒体在内容方面偏重新闻资讯,网络电视台的内容吸引力有限,在CNTV、芒果TV之外,多数网站的影响力较小,未能给广电媒体带来实质性收益。

① 国家广播电视总局.2021年全国广播电视行业统计公报[R/OL].(2022-04-25)[2022-11-06]. http://www.nrta.gov.cn/art/2022/4/25/art_113_60195.html.

② 刘逸帆.中国互联网电视产业现状、问题与对策[J].传媒,2014(23):40-42.

③ 国家广播电视总局. 2021年全国广播电视行业统计公报[R/OL].(2022-04-25)[2022-11-06]. http://www.nrta.gov.cn/art/2022/4/25/art_113_60195.html.

二、广播电视融媒体整体布局

广播电视融媒体发展的第二阶段是2014年至2018年之间的媒体融合整体布局阶段。2014年8月，中央全面深化改革领导小组会议通过《关于推动传统媒体和新兴媒体融合发展的指导意见》，提出推动传统媒体和新兴媒体融合发展，将媒体融合发展上升至国家战略，开展媒体融合发展的整体性布局，推动不同层级的媒体探索融合发展途径。[①] 这一阶段的广播电视媒体融合探索主要包括"中央厨房"搭建、媒体机构调整、移动客户端建设、大型媒体合并、县级融媒体中心建设等，初步形成流程再造、移动优先、深入基层的广播电视融媒体布局。

"中央厨房"概念借鉴餐饮行业，是一种集媒体策划、采访、制作、播发等多种功能于一身的多媒体综合平台。[②] 2016年，人民日报社正式启用"中央厨房"，通过组建新团队、孵化融媒体工作室等形式，探索跨部门、跨行业的资源整合，推动新闻生产流程再造，在大型活动报道中发挥了巨大作用。[③] 广播电视媒体的"中央厨房"建设紧随其后，主要是推动"台、云、网、端"各项资源要素的整合共享。中央电视台建设"融合云"制作系统和大数据中心，央视网利用"融媒体云平台"提供采编播存用全流程、一站式新媒体服务。[④] 省级广播电视媒体结合自身特色探索"中央厨房"建设，上海广播电视台推动电视新闻融合媒体生产平台X-News的建设，浙江广电"中国蓝云"支持广播电视节目的媒体混合云建设，山东广播电视台通过"中央厨房"建设促进新闻生产流程升级。

与"中央厨房"建设对应的是广播电视媒体内部的机构调整。2016年6月，上海广播电视台将电视新闻中心、上海电视台外语频道、看看新闻网团队整合为融媒体中心，推出看看新闻Knews客户端，在百视通中开通新闻应用专区，探索内嵌式新媒体生产环节的组织再造。[⑤] 同年9月，山东广播电视台将电视台的新闻中心、公共频道、体育频道、国际频道与齐鲁网整合为

---

① 新华社.推动传统媒体和新兴媒体融合发展指导意见审议通过[EB/OL].(2014-08-21)[2022-11-06].http://culture.people.com.cn/n/2014/0821/c172318-25511854.html.

② 王琦.省级广电融媒体"中央厨房"模式探析[J].当代电视，2018(7)：64-66.

③ 蔡雯，邝西曦.从"中央厨房"建设看新闻编辑业务改革[J].编辑之友，2017(6)：5-9.

④ 国家新闻出版广电总局发展研究中心.中国广播电影电视发展报告(2017)[M].北京：中国广播影视出版社，2017：62.

⑤ 吕楠.融合型媒体组织的探索——以上海广播电视台融媒体中心为例[J]新闻记者，2017(6)：54-60.

融媒体中心,打破原有的条框分割与频道界限,从顶层设计上扭转了传统广播电视业务与新媒体业务不相融的问题。[①] 2017 年,浙江广播电视台启动中国蓝融媒体中心,整合浙江卫视新闻中心、浙江之声新闻中心、新蓝网新闻事业中心等部门,实现选题共享、联动策划、深度挖掘、融媒采集等操作。通过组建融媒体中心,广播电视媒体从传统电视中心制、频道制,转向以融媒体中心为核心的新型新闻内容生产模式,有效提升融合新闻生产效率。

在移动互联网快速发展的影响下,广播电视媒体纷纷推出移动客户端,主要有新闻资讯、视听娱乐、短视频三类。新闻资讯是广播电视客户端的主打内容,如中央电视台的"央视新闻"定位于看得见的新闻,提供视频新闻、头条推送、新闻图片等内容,在发布电视内容的同时,结合热点推送大量的自制内容。山东广播电视台的"闪电新闻"在首页以竖屏形式提供最新的短视频新闻,并根据用户习惯、算法机制推送相关新闻,打造"闪电号"平台,为政府、机构、自媒体等提供信息发布平台。凭借广播电视媒体在娱乐领域的优势,部分广播电视客户端以娱乐视听内容为主,如芒果 TV 依托湖南卫视的娱乐资源,在视频网站普遍亏损的情况下实现盈利。在抖音、快手等商业短视频客户端影响下,部分广播电视媒体进军短视频领域。浙江广播电视台打造短视频频道蓝媒视频,聚合浙江广电媒体资源、相关政务资源和自媒体内容。广东广播电视台的"触电传媒"成立了短视频孵化制作中心,推出大量的原创短视频。津云新媒体集团的"津抖云"客户端借鉴抖音模式,以竖屏形式聚合多种类型的短视频。

国家级、省级媒体积极推动跨平台、跨行业的媒体整合。2018 年 3 月,依据《深化党和国家机构改革方案》,中央电视台、中央人民广播电台、中国国际广播电台合并组建中央广播电视总台,突出"台网并重、先网后台、移动优先"的发展理念,提升总台的舆论监督与国际传播能力。[②] 同年 11 月,天津日报社、天津广播电视台等合并为海河传媒中心,实现天津地区的媒体机构"瘦身",内设机构从 117 个压缩至 57 个,关闭了 51 家企业,裁减安置冗员 563 人。[③] 中央广播电视总台、海河传媒中心的机构整合具有较强的示范性,浙江绍兴市、湖州市,安徽淮北市、芜湖市,广东汕头市、珠海市等多个地级

① 吕芃.推动频道精简精办　努力实现高质量发展[J/OL].综艺报,2019(21)[2022-11-06].https://baijiahao.baidu.com/s?id=1650043544700093146&wfr=spider&for=pc.

② 黄坤明出席中央广播电视总台揭牌仪式并召开座谈会强调:努力打造具有强大引领力传播力影响力的新型主流媒体[N].人民日报,2018-04-20(4).

③ 《中国记者》记者.媒体深度融合　打造传媒旗舰——访天津海河传媒中心党委书记、总裁王奕[J].中国记者,2019(4):54-57.

市,也开展"报业＋广电"的融合尝试,成立地市级的传媒中心、传媒集团或融媒体中心,探索区域内的跨行业资源整合。整合区域内的媒体机构,有助于传统媒体资源优化,避免在新媒体领域开展重复建设,但同时也存在融合困难、影响力不足等问题。

2018 年 8 月,习近平在全国宣传思想工作会议上提出"要扎实抓好县级融媒体中心建设,更好引导群众、服务群众"①。县级融媒体中心的建设主要有两种模式:一是自主建设模式,由县级政府部门牵头,依托原有的县级媒体平台搭建融媒体中心。二是合作共建模式,依托国家级、省级、市级媒体等外部平台开展建设。在共建模式中,省级广播电视媒体技术平台发挥了巨大作用,如湖北广播电视台的"长江云"、山东广播电视台的"闪电云"等平台,在省内的县级融媒体中心建设中占据了主导地位,为区域内的县级融媒体中心提供了技术、资源、内容等支持。但同时,广播电视媒体也存在技术承载能力有限、优质内容生产不足、供给与需求错位、商业运营能力不足等问题,给共建模式下的合作发展带来一定困难。

三、构建全媒体传播体系

广播电视融媒体发展的第三阶段是 2019 年至今的构建全媒体传播体系阶段。2019 年 1 月 25 日,习近平提出"加快推动媒体融合发展　构建全媒体传播格局",明确"构建全媒体传播格局"为我国媒体融合发展的指导方针。② 2020 年 6 月,中共中央通过《关于加快推进媒体深度融合发展的指导意见》(以下简称《意见》),提出加大全媒体人才培养力度,建立以内容建设为根本、先进技术为支撑、创新管理为保障的全媒体传播体系。③《意见》明确了全媒体传播体系构建的重要性以及在建设过程中要处理好内容、技术、管理三者之间的关系。在这一阶段,广播电视媒体融合发展主要包括 5G 融媒体建设、智慧广电发展、广电 MCN 转型、"云采编"模式探索等,推动广播电视媒体融合向纵深发展。

2019 年 6 月,工业和信息化部为中国广电网络股份有限公司(以下简称中国广电)等 4 家运营商颁发 5G 商用牌照。至 2022 年 9 月,我国已开通 5G

---

① 习近平在全国宣传思想工作会议上强调:举旗帜聚民心育新人兴文化展形象　更好完成新形势下宣传思想工作使命任务[N].人民日报,2018-08-23(1).

② 习近平.加快推动媒体融合发展　构建全媒体传播格局[J].求是,2019(6):4-8.

③ 习近平主持召开中央全面深化改革委员会第十四次会议强调:依靠改革应对变局开拓新局　扭住关键鼓励探索突出实效[N].人民日报,2020-07-01(1).

基站222万个,5G移动电话用户达5.1亿户。[①] 5G成为媒体融合发展的重要技术动力,中央广播电视总台在2019年春晚直播中实现了“5G＋VR”直播,在70周年国庆活动中使用“5G＋4K”超高清多视角大型直播。2020年全国“两会”采访中,“5G＋AR”采访眼镜帮助记者快速识别不同的采访对象,并获得系统提供的人物背景资料。黑龙江广播电视台在2022年推出《两会“云”访谈》专栏,采用“5G＋MR”远程交互式数字化虚拟技术,让身在哈尔滨的主持人与在京参会代表委员千里同屏。

5G、人工智能等技术推动智慧广电的建设。国家广播电视总局在《关于促进智慧广电发展的指导意见》中提出,用3～5年的时间,使广播电视在内容制作、分发传播等方面的智慧化发展协同推进,初步形成布局合理、竞争有序的智慧广电新格局。[②] 各地积极推动智慧广电建设,黑龙江启动智慧广电“1345行动计划”项目推进会,抓好新基建和智慧广电进社区、进村屯的推广。广西依托“壮美广西·智慧广电”工程,建设广西广播电视融合媒体云平台,探索“短视频、直播＋扶贫”等新型扶贫模式。福建推进“智慧广电＋公共服务”,开展“智慧广电乡村工程”试点建设工作。在智慧广电政策推动下,各级媒体积极推动智慧型媒体建设。中央广播电视总台在2019年启动“5G＋4K/8K＋AI”发展战略,成立央视频融媒体发展有限公司,推出主打“轻娱乐＋轻松态”的短视频内容的央视频客户端。

多家广播电视媒体开展MCN转型探索,长沙广播电视台的中广天择注重原创IP项目孵化;湖南娱乐的Drama TV推动广播电视主持人转型发展,重点运营母婴、美妆、娱乐等领域;山东广播电视台的Lighting TV整合省内优质内容资源,完成内容生产、内容分发、内容变现的闭环布局。广播电视MCN机构积极推动短视频生产、网红孵化、培育账号等工作,依托广播电视媒体资源优势,提升节目、主持人在网络空间的影响力,争取平台方的流量与资金支持,通过贴片广告、直播带货、内容付费等形式开展多元化的商业变现。

“云采编”依托5G、云计算等技术,辅助记者、编辑等媒体工作人员开展新闻采编活动。在突如其来的新冠肺炎疫情影响下,5G技术支持下的新闻报道“云端”操作成为常态,特别是在2020年全国“两会”报道中,“云采访”“云访谈”“云直播”等“云采编”应用层出不穷。在新闻采访环节中,5G全息

① 刘坤.截至9月末,全国已建成5G基站222万个[N].光明日报,2022-10-28(4).

② 国家广播电视总局.关于促进智慧广电发展的指导意见[EB/OL].(2018-11-16)[2022-11-06].http://www.nrta.gov.cn/art/2018/11/16/art_3713_50808.html.

异地同屏访谈将被采访者的声音、表情、动作以全息投影的形式呈现在演播间中，打造记者与采访对象隔空交流的场景，带来强烈的视觉冲击感。在新闻编辑环节中，“云采编”完善了数据上传、编辑、审核等环节，轻便的5G背包可以提供4K级别的直播视频采集，人民日报社的“智能云剪辑师”具备人物动态追踪、多方位修复视频画质等智能编辑功能，新华智云“媒体大脑3.0”通过智能技术识别有害信息，降低了审核工作的成本。“云采编”应用拓展了新闻生产的应用范围，将更多的数据、场景纳入新闻报道之中，提升新闻采编的生产效率，推动新闻生产流程再造。

随着传统媒体与新兴媒体深度融合，广播电视媒体已经进入新一轮的深度融合阶段。媒体融合发展成为各界共识，在融合的目的、目标、路径等方面达成一致，新闻业界和学界在中央意图、融合实践、成绩与不足等方面有了一致认同，已有一些成功经验和典范，媒体融合的战略目标明晰、操作和推进统一、融合劲头高昂。① 广播电视融媒体经过多平台建设、媒体融合整体布局、全媒体传播体系构建的三个阶段，在“两微一端”、视听新媒体、生产流程再造等方面成果显著，出现了中央广播电视总台、湖南广播电视台、山东广播电视台等代表性媒体，建成央视频、芒果TV、闪电新闻等平台型客户端，在抗击新冠肺炎疫情、推动复工复产中发挥了重要作用，抓住5G机遇推动有线电视网络整合与广电5G建设一体化，探索智慧广电发展与MCN机构建设。

第三节 5G前景下视听生态演变

2019年6月，工业和信息化部为中国移动、中国联通、中国电信和中国广电颁发5G商用牌照，这意味着我国5G技术正式进入商用阶段，广电网与电信网、互联网进入深度融合阶段。凭借超高速率、超低时延、超大链接能力等特点，进一步整合人工智能、大数据、云计算、物联网、虚拟现实等技术，带来网络视听流量爆发式增长，推动广播电视与网络视听行业融合，形成万物互联、万物皆媒的全新视听传播生态格局。

一、5G技术特点与影响

移动通信技术与视听传播生态关系密切，1G提供了模拟语音业务，2G

---

① 童兵.习近平关于媒体融合发展论述的要义及实施进程[J].当代传播，2020(2):4-10.

支持数字语音和低速数据业务,3G 提供多媒体数据业务,支持图文资讯在移动端传输,4G 提供各类移动宽带数据业务,助力短视频和直播行业兴起。与前几代技术相比,5G 带来全新的网络架构,支持峰值 10Gbps 以上的带宽、毫秒级时延和超高密度连接,实现网络性能新的跃升。① 5G 的革命性变化体现在"连接状态"的转变,将从传统的人际联系到万物互联,连接行为的泛化及连接方式的创新大幅改变了我们的生活与生产状态。② 媒体应用是 5G 建设的重要场景,其中在广电领域的融合创新将丰富 5G 网络应用范围,推动 5G 应用不断完善,加速视听传播生态变革。

5G 技术的超高速率、超低时延、超大链接能力等特点与视听传播效果关系密切。首先,5G 传输速率大幅度提升,速度较 4G 提升至少十倍以上。目前,我国运营商已进行多次 5G 基站测试,如在贵州联通 5G 基站、北京移动 5G 基站的测试中,单台设备下载速率分别达到了 1.8Gbps 和 2.8Gbps,甚至在珠峰大本营的 5G 基站也能够支持 1Gbps 的下载速率。这意味着在 5G 网络中,几分钟就能下载完一部大容量电影,通过移动端观看长视频将不再受流量限制。其次,5G 传输具有超低时延特点,传统的 3G 技术时延约 100 毫秒,4G 技术约 20 到 30 毫秒。③ 较长的时延限制了物联网等技术的应用,导致 AR、VR 等沉浸式视听技术效果不佳。5G 传输的时延达到毫秒量级,具体到端到端的延时约为 1 至 10 毫秒,这意味着用户在生理上无法感受到时延,将极大改善视听传播体验效果。最后,5G 网络具有超大连接能力,5G 技术下的连接数密度可达 100 万个每平方公里,有效支持海量的物联网设备接入。④ 这意味着不会因为人群密度提升降低传输速率,用户在人员密度大、使用需求高的公共场所也将获得较好的视听体验。

二、视听传播生态概念

美国学者大卫·阿什德(David L. Altheide)在《传播生态学:控制的文化范式》一书中提出"传播生态"(ecology of communication)的概念,即"信

---

① 中国信息通信研究院.5G 经济社会影响白皮书[R/OL].(2017-06)[2022-11-06].http://www.imt-2020.org.cn/zh/doc-uments/download/51.

② 严三九,刘峰.5G 背景下短视频内容生态重构探析[J]中国编辑,2020(6):9-14.

③ 林其玲.华为 6 亿美元抢滩 5G 未来时代网络时延仅 1 毫秒[EB/OL].(2014-11-27)[2022-11-06].https://caijing.chinadaily.com.cn/2014-11/27/content_18984046.htm.

④ 中国信息通信研究院.5G 经济社会影响白皮书[R/OL].(2017-06-01)[2022-11-06].http://www.imt-2020.org.cn/zh/doc-uments/download/51.

息技术的结构、组织和易近性，各种论坛、媒介和信息渠道”[①]。支庭荣从实体论角度将传播生态定义为“传播系统内部的组织、构成、冲突及其与个体、人群、社会大环境之间的互动与演化”[②]。在宏观的传播生态研究之下，还有媒介生态学、电视传播生态等概念。邵培仁认为“媒介生态系统是传播生态系统的一个子系统”，而媒介生态学是“用生态学的观点和方法探索和揭示人与媒介、社会、自然四者之间的相互关系及其发展变化的本质和规律的科学”。[③] 冯菊香等提出电视传播生态的概念，即“电视媒介与电视生态环境构成的一个相互依存与相互影响动态平衡系统”，并提出从制度、经济、文化、技术四个维度展开研究。[④]

“视听”是一个介于媒介与电视之间的概念，可以将视听传播生态定义为：视听传播系统内部的组织、构成、冲突以及视听媒介与视听环境互动中所形成的动态平衡系统。5G 技术可以在兼顾用户体验的前提下，包容新闻产品的复杂性，将表征现实的逻辑从“复制”升级为“体验”，包括通过 VR 等技术还原现实，让用户在新的空间中“目击”“体验”新闻事件，通过 AR、MR 等技术进行叠加现实，带给用户更多基于现实事物、环境的探索可能，通过大型新闻游戏、复杂的游戏化产品和基于万物互联的场景应用，实现新闻产品的复杂交互，为用户提供新闻消费的可能性。[⑤]

三、视听传播生态演变

网络视听的快速发展，正在改变着传统的视听传播生态，其中 5G 技术将是重要的影响因素。从环境演变的角度看，5G 不仅改变了人周边的环境，更是创造了一个新的环境，是整个环境围绕数字化的重构，新的媒体环境将是人、机、自然完全的交互一体。[⑥] 在视听传播领域，网络视频流量呈现爆发式增长，超高清视频产业也将快速发展，广电与互联网的竞争将推动视听领域的融合，形成全新的视听传播生态。

一是促进网络视听平台融合。在 5G 技术带来的各类应用场景中，增强型移动宽带技术较为成熟，将被迅速引入视听传播领域，直接推动网络视听

---

① 阿什德.传播生态学：控制的文化范式[M].邵志择，译.北京：华夏出版社，2003：2.

② 支庭荣.大众传播生态学[M].杭州：浙江大学出版社，2004：14.

③ 邵培仁.媒介生态学　媒介作为绿色生态的研究[M].北京：中国传媒大学出版社，2008：5-6.

④ 冯菊香，冯广圣.电视传播生态与生态传播[J].新闻爱好者，2010(21)：16-17.

⑤ 张超.5G 技术驱动下新闻生产转向与主流媒体顶层设计[J].中国出版，2020(15)：16-20.

⑥ 张晓迪.工信部杨崑：5G 时代媒体面临巨大变革[EB/OL].(2019-03-22)[2022-11-06].http://www.soft6.com/news/201903/22/351769.html.

媒体升级发展。咨询公司 Ovum 发布的《5G 如何影响媒体与娱乐经济》的报告中,预测 5G 用户的月平均流量将从 2019 年的 11.7GB 增长到 2028 年的 84.4GB,其中视频流量使用将占到 90%,而基于 5G 的移动视频收入将达到 85%的复合年增长率,对网络视听经济产生巨大影响。① 5G 技术推动网络视听流量快速增长,长视频的观看将不受流量限制,但对优质视听内容的需求更为迫切。随着 5G 技术推动视听技术发展,长视频的"优爱腾"垄断格局日趋稳定,而短视频领域的竞争将更加激烈,视频直播变得更加普及。② 5G 技术发展有望打破当前长视频、短视频划分的媒体格局,进一步引入 VR、AR 等沉浸式视听互动技术,促进不同类型的视听平台融合,形成新的网络视听平台,为广电媒体提供了发展机遇。

二是完善视听行业规则。在受众研究中,电视收视率、网站点击率与视频播放量是衡量视听内容传播效果的重要指标。但"唯流量"现象较为严重,如某些电视剧的网络播放量严重造假引发较多争议。"唯流量"意味着资本裹挟带来的垄断危机,如在短视频竞争中,资本持续注入,成为推动短视频竞争的重要变量,但同时行业发展受制于资本积累的逻辑,用户成为被销售的"商品"。③ 对此,国家广播电视总局对此进行了规范,要求"严禁任何机构和个人干扰、造假收视率(点击率)数据",并提出"建立健全节目综合评价体系"。④ 喻国明认为,在 5G 技术影响下,"平台型媒体提供的流量资源会变得越来越'廉价'",能够降低传统媒体转型中获得用户的成本。⑤ 这意味着 5G 时代的"唯流量"现象有可能得到缓解,收视率、点击率、播放量等代表流量的因素的影响力下降,而优质视听内容稀缺问题进一步凸显,提升视听内容质量、获得黏性用户变得更为重要,这将为广电行业转型发展带来机遇。

三是加速新闻生产"云采编"应用。在新闻采访环节中,"云采编"突破了时空限制,拓展了新闻生产的应用范围,将更多的数据、场景纳入新闻报道之中。在新华社的 5G 全息异地同屏访谈中,被采访者的声音、表情、动作

---

① Rob Gallagher. How 5G will transform the business of media & entertainment[EB/OL]. (2018-10-01)[2022-11-06].https://www.innovation4.cn/library/r32823.

② 黄艳.5G 融入我国视频网站发展的新探索[J].新闻爱好者,2019(1):40-42.

③ 尼罗拜尔·艾尔提,郑亮.新媒体时代短视频内容生产的特点、趋势与困境[J].中国编辑,2021(3):81-85.

④ 国家广播电视总局.关于进一步加强广播电视和网络视听文艺节目管理的通知[EB/OL]. (2018-11-09)[2022-11-06].http://www.nrta.gov.cn/art/2018/11/9/art_31_39689.html.

⑤ 喻国明.5G 时代传媒发展的机遇和要义[J].新闻与写作,2019(3):63-66.

以全息投影的形式呈现在演播间中，打造记者与采访对象隔空交流的场景，带来强烈的视觉冲击感。在新闻编辑环节，“云采编”完善了数据上传、编辑、审核等环节。轻便的5G背包可以提供4K级别的直播视频采集，在国庆阅兵、攀登珠峰等报道中提供了高质量的画面传输，提升视频采集、上传的工作效率。在内容评测、审核环节，智能技术有效缓解了人工审核的压力，中央广播电视总台的“AI云剪辑”支持镜头质量评测、穿帮镜头检测，新华智云的“媒体大脑3.0”通过智能技术识别有害信息，降低了审核工作的成本。

四是推动5G广电融媒体建设。广播电视媒体积极参与5G建设，在5G基础上探索赛事活动直播、慢直播、虚拟现实、云编辑系统等技术。中央广播电视总台推动“5G＋4K/8K＋AI”战略，与三大运营商、华为公司等合作建设5G媒体实验室，探索5G＋4K传输、5G＋VR制作、5G＋4K移动云制、5G网络家庭环境等应用。中央广播电视总台在国庆70周年庆典直播中构建节目制作、传输、播出全链路4K制播体系，在2019年春晚中实现了“5G＋VR”直播，在2020年春晚中依托5G网络进行8K信号的实时传输，并在北京冬奥会前夕开通8K的超高清频道。广播电视媒体将5G技术与移动客户端相结合，如中央广播电视总台的央视频客户端，定位于国家级5G新媒体平台，在抗击新冠肺炎疫情中开展“云监工”“云充电”，利用5G提供“两神山”医院建设慢直播，吸引了上千万的用户观看。①

五是推动超高清视频行业发展。5G技术的超高速率等特点，有助于解决高清视频数据传输的技术问题，同时超高清视频也有助于解决5G商用初期的应用匮乏问题，并为5G前期网络建设投资带来回报。2019年2月，工业和信息化部等发布《超高清视频产业发展行动计划（2019～2022年）》，提出“4K先行、兼顾8K”的技术路线，推动超高清视频产业发展。② 2019年12月，中央广播电视总台承建的超高清视音频制播呈现国家重点实验室在上海国际传媒港启动建设，将围绕超高清视音频制播系统、视音频媒体传播、视音频服务安全等关键技术进行探索。至2020年7月，国家广播电视总局已批准526个高清电视频道开播，包括471个开路高清频道、55个付费高清

---

① 本刊综合报道.央视频：从“云监工”到“云充电”，搭建5G战疫云图[J].广电时评，2020(Z2)：68-69.

② 工业和信息化部，国家广播电视总局，中央广播电视总台.关于印发《超高清视频产业发展行动计划（2019～2022年）》的通知[EB/OL].(2019-02-28)[2022-11-06].http://www.gov.cn/gongbao/content/2019/content_5419224.htm.

频道。[①] 其中央视 4K 超高清频道、杭州求索纪录频道、上海欢笑剧场频道等为 4K 超高清频道。2022 年,我国超高清视频产业总体规模超过 4 万亿元,4K 产业生态体系基本完善,8K 关键技术产品的研发和产业化取得突破,超高清节目的制作能力超过 3 万小时/年,用户数达到 2 亿。[②]

六是推动中国广播电视网络建设。获得了黄金频段 700MHz 的中国广播电视积极投身到 5G 平台建设中。2019 年,各地广播电视媒体开展 5G 试点建设:8 月,中国广电山东网络有限公司与华为公司合作建设"5G 联合创新应用实验室",探索 8K 电视节目由 5G 网络传送。9 月,中国广电首批 5G 测试基站在上海虹口足球场等区域部署。11 月,中国广电的 700MHz+4.9GHz 5G 基站在湖南长沙开通。进入 2020 年后,广播电视媒体在抗击新冠肺炎疫情行动中探索 5G 应用:1 月,中国广电 5G 应用在湖北落地,为新冠肺炎疫情防控提供直播、公共 Wi-Fi 等支持。2 月,西安市公共卫生服务中心通信项目完工,实现中国广电 5G 与其他运营商 5G 网络部署的同步覆盖。9 月,中国广电与华为合作,在北京开通首个基于 700M 频谱带宽的 5G 基站。

广电 5G 建设有助于全国有线电视网络整合工作。2020 年 2 月,中共中央宣传部印发《全国有线电视网络整合发展实施方案》,明确了全国一网整合工作安排,以中国广播电视网络有限公司牵头,联合省级有线电视网络公司、战略投资者共同组建中国广电网络股份有限公司。[③] 随后,各省成立有线电视网络整合发展领导小组及办公室,东方明珠、电广传媒、陕西广电等公司宣布出资参与组建中国广电网络股份有限公司。中国广电 5G 定位分为"新动能、新场景、新支撑",凭借覆盖广、穿透能力强的 700MHz 频谱资源,为多场景应用提供优质的服务并节省建网资本,在网络基础方面坚持"一朵云两个平台",以"广电云"基础设施平台承载 5G 核心网、全国有线电视互联互通视听融合服务平台。2020 年 9 月,中国广播电视网络有限公司(简称"中国广电")正式成立,标志着"全国一网"股份公司组建工作任务基

---

① 国家广播电视总局传媒机构管理司.广电总局传媒机构管理司积极推动播出机构高质量发展[EB/OL].(2020-07-15)[2022-11-06].http://www.nrta.gov.cn/art/2020/7/15/art_114_52121.html.

② 工业和信息化部,国家广播电视总局,中央广播电视总台.关于印发《超高清视频产业发展行动计划(2019～2022 年)》的通知[EB/OL].(2019-02-28)[2022-11-06].http://www.gov.cn/gongbao/content/2019/content_5419224.htm.

③ 国家广播电视总局.国家广电总局召开贯彻落实《全国有线电视网络整合发展实施方案》电视电话会议[EB/OL].(2020-03-02)[2022-11-06].http://www.nrta.gov.cn/art/2020/3/2/art_112_50147.html.

本完成，全国有线电视网络整合取得突破性成效。2020年10月，华为研发团队宣布基于5G 700MHz网络成功实现5G NR广播业务试验及演示。在该业务下，5G通用终端可接收相同无线资源下传输的5G广播信号，用户数量不受限制，并支持偏远地区、热点区域室内外和移动状态下的深度覆盖。经过三年多的建设，中国广电在2022年6月启动5G网络服务，开展全国范围的正式商用。

预计到2030年，我国将初步实现5G发展愿景，带动中国直接经济产出6.3万亿元，对经济增加值的直接贡献超过2.9万亿元，新增就业岗位800万个。① 此外，我国的6G研发也已经启动。在2019年11月，科学技术部、工业和信息化部、中国科学院等宣布成立“6G技术研发推进工作组和总体专家组”，启动6G技术研究布局建议与技术论证。预计到2030年，随着6G技术走向成熟，智能传播有可能超越自传播和网络传播等机制。② 在5G、6G等通信技术支持下，广电媒体将加速融合步伐，在与互联网的竞争合作中推动转型，从传统的广播电视播出机构转为视听服务平台，打造全新的视听传播生态体系。

第四节　广播电视融媒体困境及原因

在2020年热播剧《安家》中，有一段企业办活动请媒体的对话，工作人员询问：“我们这两年都是跟新媒体联合活动，传统媒体请吗？”负责人回答说：“传统媒体太可怜了，把那些没饿死的，有一个算一个，把人家请来，沾点光，吃顿好饭吧！”这段对话在网上引发热议，尽管对话内容有些夸张，却体现出传统媒体所面临的生存困境，已经到了濒临“饿死”的境地。在广播电视媒体融合发展进程中，尽管已有CNTV、芒果TV等示范性平台，但与“优爱腾”等商业视频网站相比仍有较大差距。互联网对广播电视行业的影响不仅是技术层面，而是彻底颠覆了原有传播生态，在视频网站冲击下的电视开机率持续下降，传统广告收入不断减少，广播电视人才流失问题更加严重，广播电视媒体面临生存、市场、人才、文化等层面的困境，需要全面分析广播

① 中国信息通信研究院.5G经济社会影响白皮书[R/OL].(2017-06)[2022-11-06].http://www.imt-2020.org.cn/zh/doc-uments/download/51.

② 方兴东，钟祥铭.中国媒体融合的本质、使命与道路选择——从数字传播理论看中国媒体融合的新思维[J].现代出版，2020(4)：41-47.

电视媒体的不足与劣势,寻求融合发展的突破点。

一、广播电视媒体融合困境

聚集在客厅中观看电视,曾是多数家庭成员共享时间的主要形式,电视在家庭媒体中具有绝对的优势地位。但移动互联网的快速发展,正在扰乱原先家庭系统中的各类媒介所形成的均衡关系,新的均衡状态也在逐渐形成。① 纵观人类传播史的发展历程,可以看到媒介的迭代呈加速度进行,如果没有前瞻性视野,任何社会、群体和个人都会被急速变迁的媒介环境边缘化。② 广播电视媒体的融合之路并非一帆风顺,在激烈的市场竞争中遭遇商业媒体的挑战,在内部结构调整中面临生存困境、市场困境、人才困境与文化困境。这些困难与不足,是我国广播电视媒体融合发展过程中必须面对的问题。

首先,广播电视媒体要面对影响力不足的生存困境。广播电视媒体在融合发展中最大的问题是影响力不足和渠道消解。从行业发展规模来看,我国广播电视行业在 2019 年的总收入为 0.8 万亿元,同比增长达到 16.62%。③ 而同年的大型互联网企业业务收入达到 1.2 万亿元,整体的数字经济增加值规模更是高达 35.8 万亿元,占 GDP 比重达到 36.2%。④ 从有代表性的上市公司来看,芒果超媒凭借热播的综艺节目《乘风破浪的姐姐》成为市值突破千亿元的上市公司,但其市值仅为同时期中国移动的 1/7,阿里巴巴的 1/30 以及亚马逊的 1/80。⑤ 广播电视行业的整体市场规模有限,与电信、互联网行业相比仍有较大差距,代表性企业的规模和影响力也比较小。在省级广播电视媒体之中,卫视之间的距离也逐渐拉大,有些省级卫视先行先试,巧妙利用网络平台实现优势互补,为行业转型探索了新路,有的则因固守电视、缺乏创新,开始走向衰弱。⑥

更为严重的问题是,广播电视媒体的渠道优势正在不断消解。在智能

---

① 吴文汐,喻国明.竞争还是共生:移动互联网对当前媒介格局的影响——基于媒介接触时间的研究[J].现代传播,2016(10):1-7.

② 廖祥忠.从媒体融合到融合媒体:电视人的抉择与进路[J].现代传播,2020(1):1-7.

③ 国家广播电视总局.2019 年全国广播电视行业统计公报[R/OL].(2020-07-08)[2022-11-06].http://www.nrta.gov.cn/art/2020/7/8/art_113_52026.html.

④ 中国信息通信研究院.中国数字经济发展白皮书(2020 年)[EB/OL].(2020-07)[2022-11-06].http://www.caict.ac.cn/kxyj/qwfb/bps/202007/t20200702_285535.htm.

⑤ 芒果超媒等公司的市值统计时间为 2020 年 12 月 28 日,相应市值为:芒果超媒(1207 亿元人民币),中国移动(9306 亿港元),阿里巴巴(4.67 万亿港元),亚马逊(1.59 万亿美元)。

⑥ 廖祥忠.从媒体融合到融合媒体:电视人的抉择与进路[J].现代传播,2020(1):1-7.

手机、平板电脑等移动终端冲击下，电视的客厅中心地位不再，电视日均开机率从2016年的70%下降至2019年的30%[①]，观众人均收视率时长从2015年的156分钟降至2019年的124分钟。[②] 对于传统媒体使用者而言，使用媒介是为了休闲、娱乐、放松，新闻与资讯的功能已经被大大弱化。[③] 在收视率下降、广告投放减少等因素影响下，低产、冗余的频道被关停整合，如天津广播电视台并入海河传媒中心时，主动关闭高清搏击、时代风尚等6个电视频道；上海广播电视台将娱乐频道、星尚频道合并为都市频道，将炫动卡通频道和哈哈少儿频道整合为哈哈炫动卫视；山东广播电视台关停欢乐童年、齐鲁剧场两个付费频道，并推动9个部门、频道运营主体进行精简整合。

只具备局部区域覆盖能力的市县级广电媒体，受众流失、广告减少的问题更为严重，如柳州电视台播出频道从5个减为3个，鞍山电视台播出频道从5个减为2个，全国地市级频道数量从2016年的546个降至2019年的453个。[④] 原有渠道的不断消解，让广播电视媒体陷入内容提供商的窘境，在信息集成、流动、分发等环节缺乏话语权。而在微信、今日头条、抖音等平台型媒体上，广播电视媒体的新媒体账号影响力有限，难以获得平台的流量支持，淹没在海量的UGC(用户生产内容)视频之中，难以实现新媒体领域的有效突破。

其次，广电媒体要面对收入下降的市场困境。广播电视广告收入从2010年开始增速放缓，在2014年低于GDP增幅，在2015年开始出现负增长。[⑤] 反观互联网广告收入增长迅速，在2021年的市场规模达到5500亿元。[⑥] 在互联网公司广告排行中，前四名的阿里巴巴、字节跳动、百度、腾讯

---

① 莫淑婷."消失"的电视：开机率只有30%，何以重回客厅"C位"[EB/OL].(2019-08-13)[2022-11-06].http://www.nbd.com.cn/articles/2019-08-13/1362461.html.

② 王平.2019年电视收视市场回顾[J].收视中国，2020(2)：16.

③ 喻国明，刘淼.媒介动机如何影响人们的媒介使用——基于"全民媒介使用与媒介观调查"的描述与分析[J].新闻爱好者，2020(6)：10-15.

④ 王平.新开播电视频道收视观察[J/OL].收视中国，2019(11)[2022-11-06].http://www.nbd.com.cn/articles/2019-08-13/1362461.html.

⑤ 李弋，欧阳宏生.中国电视融合发展理念的四次浪潮述评[J].当代电视，2020(6)：98-101.

⑥ 前瞻产业研究院.2022年中国互联网广告行业市场规模及竞争格局分析 搜狐广告收入持续呈现负增长[EB/OL].(2022-08-30)[2022-11-06].https://bg.qianzhan.com/report/detail/300/220830-11b90081.html.

分别达到1745亿元、1500亿元、781亿元、684亿元。① 而广电媒体在2019年广告规模为2075亿元,其中传统的广播电视广告收入仅为999亿元,同比下降了9%。实际上,在2014年网络广告收入超过电视广告后,传统的广播电视广告不断下滑,尽管央视、卫视的广告时长和花费仍有增长,但多数省级地面和城市台在持续缩减。②

尽管广播电视新媒体的广告也保持了较高的增长,但在整体的网络广告市场中份额较低,远不及视频网站的广告收入。如在2019年中,广播电视和网络视听机构通过互联网取得的新媒体广告收入为829亿元,但其中广播电视机构新媒体广告收入为194亿元,约占总数的1/4。③ 对广播电视媒体而言,转型竞争激烈的互联网行业并非易事。以布局MCN领域为例,该行业在2019年之后已经趋于饱和,头部MCN公司聚集在一线城市,组织规模、营收比例逐年提升,收益占到了整个市场六成。④ 尽管中广天泽、DramaTV等广播电视MCN取得了不错成绩,但入局较晚的广播电视MCN整体发展较为困难。

在融合发展中,广播电视媒体还要面临互联网企业“反向融合”的威胁。在2005年国务院颁布《关于非公有资本进入文化产业的若干决定》后,非公有资本可以投资参股广播电台和电视台等机构。⑤ 对传统媒体而言,扩大经营规模、进行市场化运作必将引入更多的社会资本进行融资,但同时也会导致国家股权占比稀释,对传媒集团的控制力下降。⑥ 与广播电视媒体融合发展的举步维艰相比,资本雄厚的互联网企业积极布局传媒行业,如阿里巴巴参股“第一财经”,与四川报业合作建设“封面传媒”,全资收购港媒《南华早报》,投资一系列网站平台,整合阿里影业、优酷网、阿里音乐、阿里文学等形成“阿里大文娱”布局。互联网企业的“反向融合”有助于增强其系统安全性,更好地探索确保政策合规性的资源和路径⑦,但同时也给传统媒体带来

---

① Innocent Roland.中国22大互联网公司广告收入榜:2019年全年[EB/OL].(2020-03-24)[2022-11-06].https://www.sohu.com/a/382524875_570245.

② CTR媒介动量.2018～2019年中国广告市场回顾与展望[EB/OL].(2019-03-06)[2022-11-06].https://www.sohu.com/a/299506676_152615.

③ 国家广播电视总局.2019年全国广播电视行业统计公报[R/OL].(2020-07-08)[2022-11-06].http://www.nrta.gov.cn/art/2020/7/8/art_113_52026.html.

④ 克劳锐.2019中国MCN行业发展研究白皮书(节选)[J].中国广告,2019(5):83-88.

⑤ 国务院.关于非公有资本进入文化产业的若干决定[EB/OL].(2005-08-08)[2022-11-06].http://www.gov.cn/gongbao/content/2005/content_64188.htm.

⑥ 赵睿.全媒体传播格局下新型媒体集团产业格局与建设要义[J].编辑之友,2020(4):66-71.

⑦ 周逵.反向融合:中国大陆媒体融合逻辑的另一种诠释[J].新闻记者,2019(3):45-51.

更多压力，使传统媒体难以获得融合过程中的主导权。

再次，广播电视媒体要面对人才不断流失的困境。在媒体融合发展过程中，培养、吸纳优秀的全媒体人才是实现融媒体良性发展的基础，但在现实中，广播电视媒体却面临着人才不断流失、人才培养困难等问题。“媒体人离职”已经成为近年来常见的话题，既有被字节跳动高薪聘请的郑蔚、张羽等人，也有成功创办《罗辑思维》《凯叔讲故事》《奇葩说》的罗振宇、王凯、马东等人。传统媒体的人才流失不仅限于知名媒体人，而是从精英人才到中层骨干的普遍流失。有媒体负责人感叹，随着“80后”采编人员的离职，有些业务部门剩下“60后”“70后”的部门领导，其余的均是毕业一两年的新人，指导任务和改稿任务变得更加繁重。[①] 广播电视媒体的人才流失尤为严重，甚至被戏称为新媒体行业的“黄埔军校”。在体制内获取资历和影响力，随后跳槽商业公司，成为部分广电人发展的“跳板”模式。广播电视人才流失的原因非常复杂，包括网络媒体的薪酬较高和发展空间较大的外部因素以及传统媒体薪酬较差、人事制度限制等内部因素。[②] 其中核心的问题是薪酬制度。由于国有单位和企业实施工资总额制，而超一流的技术、经营管理人才薪酬水平很高，导致主流媒体无钱招聘优秀人才，出现人才持续流出现象。[③]

与人才流失相比，广播电视媒体面临更严峻的问题是行业吸引力下降，高校新闻教育与传媒市场需求存在不匹配现象。在西南政法大学新闻传播学院的一项调查中，无论是大一新生还是大四毕业生，对新闻传播专业认同度均不高，职业发展意向也不以新闻记者为从业目标。[④] 2020年5月，清华大学在教学改革中取消了新闻传播专业本科，改为主要在研究生层次进行培养。同年9月，南京大学取消了全日制新闻与传播专业硕士，中国人民大学的全日制新闻与传播专业硕士仅招收推免生源。清华等高校的改革引发了较多争议。有学者认为取消新闻本科专业是办学的败笔，与新闻传播专业培养应用性人才是矛盾的；也有学者表示这是对人才培养模式反思的结果，或是增加更重视职业实践和应用的专业硕士比例。多所高校新闻专业的改革，反映出当前的新闻传播专业教育滞后，无法满足快速发展的传媒行

---

① 吴湘韩，张红光.当前我国传统媒体人才流失观察[J].青年记者，2020(15)：9-12.

② 段鹏.中国主流媒体融合创新研究[M].北京：中国传媒大学出版社，2018：100.

③ 郭全中.主流媒体打造自主可控平台的难点与对策——以“芒果TV”的成功实践为例[J].新闻与写作，2021(11)：89-96.

④ 贺建平，吕霞飞.新闻传播专业认同、认知与职业发展意向[J].今传媒，2017(4)：7-10.

业需求。新闻传播专业的学生毕业后进入媒体的意愿降低,媒体行业从业人员离职的意愿却比较高。在薪酬待遇偏低、人事制度限制等因素影响下,广播电视媒体的骨干员工流失、新人招募困难,未来的人才引进、员工培养将更加艰难。

最后,广电媒体要面对融合困难的文化困境。维尔纳·海森堡(Werner Karl Heisenberg)在《物理学家的自然观》中提出:“技术变革不只是改变生活习惯,而且改变思维模式和评价模式。”[①]技术快速发展但人们的思维转变相对滞后,这在媒体发展过程中不乏案例。国外有时代华纳与美国在线合并后的解体、新闻集团并购 MySpace 之后不敌 Facebook 的案例,国内有人民网打造“即刻搜索”的失败,湖南广电的“快乐淘宝”、SMG 收购风行网等尝试受阻。这些不成功的案例中,既有技术应用、商业模式的影响,也有人才选用、运营推广的原因,更多的则是传统媒体思维与互联网思维之间的文化冲突。如湖南卫视与阿里巴巴合作创办“快乐淘宝”公司,在湖南卫视推出《越淘越开心》节目并设立“嗨淘网”。在初期的快速发展之后,电视节目与网站发展都遇到了困扰。电视注重内容可看性,强调节目的市场份额和收视率,而网站更强调经营效益,注重从前端到后端的系统解决方案。但双方理念上的差异,让“快乐淘宝”的发展飘忽不定。[②] 2012 年,湖南广电的“快乐购”在上市准备中将“快乐淘宝”部分股权让渡给淘宝网,此后在 2015 年又更名为“嗨淘全球”并转型跨境电商,缩窄业务范围至美妆和母婴领域,放弃了原有的广电元素。

上海广播电视台、上海文化广播影视集团有限公司(SMG)在探索网络视听领域中也遭遇了类似问题。2012～2013 年,SMG 通过旗下的百视通控股视频网站风行网,推动上海文广与风行网的“台网融合”。在融合计划中,风行网试图依托东方卫视内容资源,成为新一代视频网站的领跑者。但现实的发展并不顺利,在视频网站快速发展过程中未能跟上“优爱腾”的步伐,与芒果 TV 相比也有较大差距。2015 年,风行网被主营电视设备生产的兆驰股份并购,随后变更定位为互联网电视,改以大屏营销为主。同年,凤凰卫视旗下的凤凰新媒体投资“一点资讯”,成为最大股东后曾表示会给予团队充分的自由,让其保持独立运营,但此后双方因公司发展方向意见不一致引发斗争,最终凤凰新媒体在 2019 年出售股份,放弃了对“一点资讯”的控制权。在“快乐淘宝”、风行网、“一点资讯”的案例中,湖南卫视、东方卫视、凤

---

① 海森堡.物理学家的自然观[M].吴忠,译.北京:商务印书馆,1990:94.

② 段鹏.中国主流媒体融合创新研究[M].北京:中国传媒大学出版社,2018:148.

凰卫视等广播电视媒体积极尝试布局互联网，但未能给予新媒体平台足够的自主权限和充足的资源支持，而是延续传统思维去开拓互联网领域，很难与互联网企业进行竞争，最后多以失败告终。

媒体融合中的文化冲突根深蒂固，是因为人们很难突破原有的思维限制。在媒体融合研究中，多数学者从新旧媒介的竞合框架角度来理解新旧媒介的关系，即将传统媒体和新媒体视为同一范畴的平等主体间的博弈，因此多是从对比的角度指出新媒体的优势与传统媒体的弊端，无法解答为什么传统媒体无法形成平台思维或互联网思维，以至于出现“轻视文本质量，重视技术分发”的发展趋势。因此，需要认识到新旧媒介并非平等的博弈力量，“媒介融合”即新媒体的转译过程，传统媒体只能是跟着新媒体技术的发展被动地适应媒介环境的变化。① 前瞻性的媒体融合战略，既要超越传统媒体内容驱动的固有思维，也要超越用户驱动的社交媒体思维，可以从进入数据驱动的智能传播中寻找未来发展的蓝海，才有可能建立后来居上的强大的传播力。② 前瞻性思维需要广播电视媒体打破原有的思维模式，融入互联网思维和用户思维，从网络视听环境特点和用户需求出发，推动广播电视媒体的融合转型，从传统的广播电视内容制作播出机构向视听服务平台转型。

二、融合困境原因分析

李岭涛认为，5G 或许成为电视媒体摆脱困境的一个契机。③ 但匡文波认为，这将使传统媒体雪上加霜，电视产业在 5G 时代有可能遭受更大冲击。④ 正如德国学者乌尔里希・贝克(Ulrich Beck)所说：“任何一项技术的产生与运用在带来机遇与便捷的同时亦将产生新的挑战。”对我国广播电视媒体而言，5G 技术的风险与机遇并存。广播电视媒体融合受阻的原因很多，其中内容、技术、资本是最重要的三个因素，需要解决在内容生产、技术承载、市场化运营等方面的不足。

首先，广播电视融媒体优质内容生产能力不足。在融媒体新闻生产中，综合性的多媒体新闻编辑室的“中央厨房”被寄予厚望，但在实际应用中仍有较多问题，如对记者多媒体技能、多媒体思维的高要求，强调效率而削减

---

① 胡翼青，李璟.“第四堵墙”媒介化视角下的传统媒体媒介融合进程[J].新闻界，2020(4)：57-64.

② 方兴东，钟祥铭.中国媒体融合的本质、使命与道路选择——从数字传播理论看中国媒体融合的新思维[J].现代出版，2020(4)：41-47.

③ 李岭涛.5G：电视媒体发展的关键窗口期[J].声屏世界・广告人，2016(12)：43-44.

④ 匡文波.5G：传媒业变革的催化剂[J].中国报业，2019(7)：27-29.

成本给传统新闻价值观带来挑战。① 但在实际操作中,“中央厨房”的效果经常出现打折现象,如电视台采访组在大型活动报道中,记者通常要优先考虑电视新闻的采编工作,很难同时做好网络视频的拍摄,在后期编辑中两者的风格和特点也各有不同,很难实现“一次采集、多种生成”的要求,反而不如派出两路记者分别拍摄的效果更好。在基层媒体中这一问题更为突出,部分县级融媒体中心由于缺乏实际使用需求,将购买的“中央厨房”长期闲置,未能与原有新闻采编、信息发布系统打通后台数据,导致融媒体新闻生产效率不仅没有提升,反而增加了工作负担。此外,在广播电视媒体最具优势的超高清视频生产中,与较为成熟的采集、传输和播放环节相比,内容生产环节因为内容复杂度高、生产设备更换复杂、投资周期长、内容积累需要时间等因素,成为整个产业链中的短板,需要更多的资金投入、技术升级和时间积累,才能不断完善内容生产环节。

由于不熟悉互联网特点,广播电视媒体在制作融媒体内容时,容易出现生搬硬套或过度迎合的问题。电视与网络视频的内容特点有着巨大差别,很多广播电视媒体在制作短视频时延续了电视节目制作的习惯,将已有的节目进行切条或简单编辑,这样的短视频仅实现了时长的“短”,在内容、风格等方面并未进行深度加工,与网民的短视频偏好仍有较大差距。广电MCN机构的“网红”孵化工作也存在类似问题,部分广播电视主持人延续原有风格,如某电视台女主持人尝试制作育儿类短视频,原计划手持印有台标的话筒出镜,突出自己的主持人身份,但被专业人士建议改为“年轻妈妈”的人设,注重体现个人的亲和力,以便拉近与网民的距离。也有些传统媒体出现过度迎合网民的问题,导致内容尺度把握不严格,如抗击新冠肺炎疫情期间的“两神山”医院建设慢直播,吸引了上千万的用户观看,本意是鼓励民众关注疫情、监督施工进程,但让网友为施工设备随意取名等行为,使原本严肃的议题过于娱乐化,反而带来一定的负面影响。

其次,广播电视融媒体技术承载能力有限。与报纸行业相比,广播电视媒体开展融媒体建设较晚,转型动力也略显不足。在互联网新技术应用方面,主要采取“借船出海”的方式,依托微博、微信开设“两微”账号,在抖音、快手上开通短视频账号,或是委托互联网公司开发移动客户端,在短时间内快速应用新技术、新平台,但始终缺乏底层互联网技术所有权,难以充分掌握相关平台的数据、信息,只能依赖于互联网公司的技术支持。5G技术快

① 赵睿.全媒体传播格局下新型媒体集团产业格局与建设要义[J].编辑之友,2020(4):66-71.

速发展为广播电视媒体带来发展机遇，但多数广播电视媒体的技术研发仍是传统广播电视技术的延续，集中在4K/8K超高清视频技术领域进行探索。广播电视行业“重装备”的特点决定了高清技术高投入、低回报的现状，如8K电视的内容较传统内容更为昂贵，成本约为普通高清标准的10倍。[①]而在5G、人工智能等领域，广播电视媒体主要是依靠互联网企业，未能掌握相关的核心技术。

在具体的技术应用中，存在广播电视技术与实际需求错位的现象。如在县级融媒体中心建设中，在“一省一朵云”的政策要求下，很多省份的“广电云”承担了本地区的技术平台搭建工作，但因技术承载能力限制，未能大批量承担建设工作。在实际建设中，省级广播电视媒体擅长广播电视体系的搭建，而在“中央厨房”、移动客户端、网络舆情监控系统等方面的技术优势并不突出，无法为各地县级融媒体中心提供定制化的服务。如长江云支持的“云上系列”客户端，采取统一规划的设计模式，提升了县级媒体客户端的建设速度，但“云上夷陵”“云上黄州”等客户端在板块设置、页面风格、服务内容等方面高度一致，难以发挥移动客户端个性化的服务功能。解决技术创新力量不足、更新迭代能力较弱等问题，需要广播电视媒体进一步调整研发方向，增强技术研发和平台承载的能力。

最后，广播电视融媒体的市场运营能力有待提升。媒介融合使广播电视媒体的生存环境发生变化，从原本的区域内、行业内的发展变为在全国范围的、跨行业的竞争，需要借助资本运作推动融合转型，建立具有市场运营能力的传媒集团。但广播电视行业目前的市场化程度较低，多数广播电视媒体依然延续“事业单位企业化管理”的方式，既要在事业单位的框架内进行改革，又要自负盈亏、承担创收的重任，未能进行彻底的市场化改革，导致难以在激烈的市场竞争中脱颖而出。在我国数量众多的广播电视媒体中，仅有不到20家的广播电视机构上市，被寄予厚望的“全国一网”的整合进程也较为缓慢。市场化转型不能只依靠几家大型媒体，还需要各级广播电视媒体的响应，才能形成传媒产业的规模效应。在火热的县级融媒体中心建设中，仅有不到2%建成传媒集团或成立相关的传媒公司，基层媒体更是缺乏市场运营能力。县级融媒体中心在建设初期较为依赖地方政府财政拨款，在“中央厨房”、办公设施等硬件方面投入较多经费，但长远发展中还应培养“造血”能力，需要在市场化转型中提升运营能力，促进传媒行业的整体转变。

---

① 陈响园，刘鑫.8K电视可能的困局与机遇[J].编辑之友，2020(8):30-35.

市场运营能力不足与政策保护、体制约束有着密切联系。如在县级融媒体中心建设中，多地出台了“省内一朵云”政策，要求各区县与指定的技术平台进行合作，严格限制与商业平台的合作。浙江要求县级融媒体中心不能与社会公司合作，只能依托浙江广播电视台的“中国蓝云”或浙江日报报业集团的“天目云”进行合作，才可以通过相关的验收。① 这为省级广播电视媒体提供了政策保障，但也限制了县级融媒体中心建设的市场竞争，导致县级融媒体中心建设更多关注上级检查，忽视了用户的实际需求，建成的省级广电云平台和县级融媒体中心缺乏活力，难以真正参与市场竞争。广播电视媒体的市场化探索受到体制限制，如在 MCN 领域的探索中，部分广电 MCN 只是挂着 MCN 的名号，采取机构内部调整或建立兼职团队的形式，未能成立公司并开展市场化运营，导致团队成员既要完成原有的工作任务，又要在业余时间进行 MCN 工作。无法获得充分的决策权、财务权、人事权的广电 MCN 机构，在市场融资、平台对接、网红孵化等环节存在诸多困难，难以与商业 MCN 机构进行竞争。

随着传统媒体与新兴媒体深度融合，我国融媒体发展已经进入新一轮的融合阶段，承载的期望与压力也不断增大。学者童兵指出：“媒体融合发展时至今日，难度也越来越大，效果检测和评估指标也不甚一致，高质量、高效能、社会效益与经济效益俱佳、可操作可推广可复制的典型较少。”②郭全忠等提出“传统媒体困境循环”，认为受众流失导致传统媒体“二次销售”的商业模式坍塌，广告额大幅度下降，进一步导致骨干人才不断流失，最终呈现出传播力大幅度削减、核心竞争力丧失，进一步导致受众流失，形式了恶性循环。③

面对融合阻力、困境循环，广播电视媒体的新闻生产流程再造仍在进行中，尚未突破传统的条块分割局面，在技术应用、吸引人才等方面也未能达到预期效果，在市场规模、运营能力等方面与商业媒体相比仍有巨大差距。破解广播电视媒体融合困境，仅靠技术改进、人才引进、资金投入无法解决根本问题，紧跟互联网企业步伐也只能缩小差距，难以实现“弯道超车”的目标，需要在新的全媒体传播格局下寻找合适定位，在引入 5G、人工智能等新技术的同时，更应突出广电媒体在视听内容生产方面的优势，打造具有公信力的融媒体品牌，适应融媒体受众的多元化、个性化需求，才有

① 陈国权，李成.县级融媒体中心建设现状与对策样本[J].青年记者，2019(30)：52-56.

② 童兵.习近平关于媒体融合发展论述的要义及实施进程[J].当代传播，2020(2)：4-10.

③ 郭全中等.新媒体环境下传统媒体的转型战略研究[M].广州：中山大学出版社，2019：114.

可能在全新的视听生态环境中获得一席之地。广播电视媒体应采用前瞻性发展战略,打破传统的广播电视工作思维,从被动融合向主动创新转变,融入适应全媒体传播的互联网思维,推动广播电视融媒体构建与发展不断深化。

第二章　山东卫视融媒体发展现状

按照中央的部署和山东省委省政府的要求，山东省广播电视局实行移动优先发展战略，确立了以“闪电新闻”客户端为首发平台，广播、电视、网络、移动端全媒矩阵融合发力的传播格局，牢牢占据舆论引导、思想引领、文化传承、服务人民的传播制高点。① 山东卫视在“悠久文明、青春中国”的定位下，积极弘扬传统文化、引导网络舆论，充分发挥主流媒体的权威性优势，并与其他广播电视媒体、互联网企业展开竞争，通过技术革新、生产流程再造、体制机制创新等形式提升自身的竞争优势。但在发展中，山东卫视同时也面临着自身的互联网思维不足、融媒体产品影响力不足、人才流失和体制机制约束等问题以及外部的广播电视行业困境与区域竞争带来的双重压力。

第一节　山东卫视融媒体建设现状

山东省广播电视局积极打造多平台融合传播矩阵，在以山东卫视为核心的基础上，逐渐形成覆盖移动端、PC 端、IPTV、互联网电视、地面数字电视等新媒体平台的“五位一体、三屏融合”格局。2017 年，山东广电入选中国互联网协会等评出的“中国互联网企业 100 强”，成为山东省唯一入围的国企。山东电视台在《2019 年电视融合传播指数报告》中排名第四，仅次于中央电视台、湖南电视台和浙江电视台。“闪电新闻”客户端入选国家广播电视总局公布的“2019 年度全国广播电视媒体融合成长项目名单”，在 2020 年

---

① 吕芃.发挥优势　融媒宣传　凝聚力量——山东广播电视台脱贫攻坚宣传的探索与实践[J].中国广播电视学刊，2020(10)：10-13.

12月的装机量突破3400万。“@山东卫视”微博账号打造了较多热点话题，在卫视微博中排名第四。“闪电新闻”抖音号表现突出，粉丝量、获赞量远高于“看看新闻”“荔枝新闻”等同类账号，成为短视频平台中新闻资讯类头部账号。在激烈的市场竞争中，山东广电融媒体资讯中心在2017年营收达1.8亿元，在2018年提升至2.5亿元，至2019年超过3亿元，实现了通过融合增强市场竞争力的目标。

一、山东省广播电视局开展机构调整

国家对山东省广播电视局的融合发展极为重视。2009年3月，时任中共中央政治局委员、中宣部部长刘云山视察山东省广播电视局，强调“广视网要重点搞视频，还要适应3G手机的特点，多拍一些手机小电影、手机电视节目，抢占先机，抢占市场”。① 2011年6月，时任中共中央政治局常委李长春考察山东省广播电影电视局，表示山东广播影视“硬件很硬，软件不软，希望软件更硬”。② 2013年3月，时任中共中央政治局委员、中宣部部长刘奇葆视察山东省广播电视局，对山东省广播电视局大力发展新媒体，促进传统媒体与新媒体融合发展的做法和取得的成绩表示肯定。③ 2021年4月，中宣部副部长、国家广播电视总局局长聂辰席考察山东县级融媒体中心省级技术平台，强调要落实“把握新发展阶段、贯彻新发展理念、构建新发展格局”要求，加快推进高质量创新性发展。④

山东省委省政府高度重视山东广电的融合发展。2011年6月，时任山东省委书记姜异康考察山东广播电视台演播厅、新媒体中心时，强调要多出精品、办出特色，为广大人民群众提供更加丰富、健康的广播电视节目。⑤ 2017年9月，时任山东省委书记刘家义在调研山东广电时，强调把好政治关和纪律关，进一步丰富内涵、创新形式，讲好山东故事，传播好山东声音，并鼓励新闻工作者运用互联网思维，掌握新技术新设备，在信息传播中占据主动、赢得优势。⑥ 针对媒体融合发展，山东省先后出台《山东省推进传统媒体和新兴媒体融合发展实施意见》《山东省新闻出版广播影视业“十三五”发展

---

① 刘云山到我局视察广播影视工作[J].现代视听，2009(4)：82+81.

② 李长春视察山东广播影视工作[J].现代视听，2011(6)：2.

③ 刘奇葆到山东广电视察调研[J].现代视听，2013(3)：2.

④ 中国广电媒体融合发展大会组委会.聂辰席在山东调研媒体融合发展工作并进行安全播出大检查[EB/OL].(2021-04-08)[2022-11-06].https://www.bjmtrh.com/index/list2/id/206698.

⑤ 滕敦斋.山东卫视《齐鲁先锋》党建栏目昨开播[N].大众日报，2011-06-08(1).

⑥ 张国栋，李子路.刘家义到新闻单位走访调研[N].大众日报，2017-09-15(1).

规划》《关于加快推动我省广播电视和网络视听产业高质量发展的实施意见》等系列政策和规划。强调发挥山东省广播电视局的龙头作用,鼓励“闪电新闻”做大做强,建设区域融媒体协作体系,打造全媒体服务、智慧化传播的新型主流媒体。2021 年 7 月,山东省广播电视局出台《山东省广播电视媒体融合发展三年行动计划(2021～2023 年)》,提出重点实施加强新型主流媒体建设、加强内容建设与服务供给、深化体制改革和管理创新等任务。

在国家和山东省的大力指挥下,山东省广播电视局先后经历了两轮重要的改革:第一轮改革以组织架构调整为主。2010 年 7 月,在山东人民广播电台、山东电视台和山东有线电视中心基础上,合并组建山东广播电视台。同年 12 月,山东广电网络公司及各市的分公司成立,基本实现“全省一张网”广电网络建设。2011 年,山东省广播电视局推动“管办分离、企事分开”的组织构架调整,成立山东省广播电影电视局,负责全省广播影视单位的规范管理。作为事业主体的山东广播电视台,承担新闻宣传和内容生产工作,负责引导舆论导向。作为市场主体的山东广播电视台控股下属集团公司,按照企业制度要求,有效整合、运营广播电影电视的媒体品牌、内容产品和网络资源。① 这次改革主要是从组织架构层面进行调整,对“局管台”体制进行有效调整,但在内部运行机制、激发内部活力等方面的改革仍不到位,依旧存在机关化、行政化、官本位等问题。

第二轮改革以剥离经营性资产和新闻生产流程再造为主。2016 年 8 月,山东广电传媒集团有限公司成立,纳入省国有文化资产管理理事会监管。集团注册资金 6 亿元,旗下拥有全资、控股、参股企业 30 多家,资产总规模近 30 亿元,业务范围涵盖节目制作、影视剧投资拍摄、广告经营等领域,与山东广播电视台一体化运营管理。② 通过成立山东广电集团传媒有限公司,将可经营性资产剥离出来注入到公司中,消化了一部分冗余的生产力。但同时坚持做到三个“不变”:党管媒体原则不变,马克思主义新闻观指导地位不能变,社会效益不变。

山东省广播电视局以调整新闻资讯生产结构为切入点,在新闻中心、公共频道、体育频道、齐鲁网、国际频道等五个内容生产机构基础上,成立山东广电融媒体资讯中心,打破新闻内容生产的条块分割与频道界限。2017 年,融媒体资讯中心对管理框架进行调整,成立主题报道部和融媒体采访部,通过重塑采编流程处理好“统”与“分”的关系:“统”是统一指挥、统一调度,

---

① 蔡林,刘继锐,李磊.山东广电文化产业核心驱动力分析[J].青年记者,2014(22):66-68.

② 赵君.山东广电传媒集团揭牌仪式举行[N].大众日报,2016-08-19(2).

“分”是按照台、网、微、端不同形态媒体要求，实现信息资讯的多媒体手段深加工和全媒体分发。同年，山东省广播电视局启用“中央厨房”和“畅媒”系统，推出了融媒体新闻旗舰产品“闪电新闻”客户端，初步形成了全媒体、跨终端的多元业务架构。此次改革通过组织结构重置和新闻流程再造，完善媒体的自我驱动与功能补位，确保新闻生产的资源通融、宣传互融、内容交融、利益共融。① 山东广电融媒体资讯中心发展迅速，入选“指尖融媒榜——2018 年度最具影响力广电融媒平台十强”称号以及《中国广播影视》评选的 TV 地标(2020)“年度优秀融媒体机构”。

2020 年年末，融媒体资讯中心在原有架构基础上进一步改造，形成“四大中心”并行机制，其中包括原有的采编中心、闪电运营中心、电视公共运营中心以及由“两车”编辑部、好看时间栏目组、聚合新闻部等部门组成的视频运营中心。视频运营中心定位于跨平台、跨终端运营“视频内容中台”，负责快速生产、聚合各种类型的海量短视频，首发于闪电新闻客户端，实现一次制作、快速入库、多屏分发。而《早安山东》《新闻午班车》等节目归属电视公共运营中心，按照新闻频道作为“闪电新闻”增幅器、外挂器的原则，将选取视频运营中心生产的短视频和当天采编中心记者采访的内容进行编排，将“电视节目要播什么，编辑生产什么”改变为“编辑生产、闪电首发什么，电视节目用什么”的内容生产模式。

二、推动“中央厨房”建设

“中央厨房”是山东省广播电视局技术创新的核心平台，也是媒体融合工程的中枢神经系统。2015 年年底，山东省广播电视局启动“中央厨房”建设，推动融媒体演播室、新闻指挥调度平台、新闻线索汇聚系统、记者移动办公系统等子系统建设。其中融媒体演播室和办公设计部分，由为 FOX、CNN 设计过多个演播室的美国“点击春天”团队进行整体工艺设计，主要的新闻调度资讯平台和网络基础系统，由山东省广播电视局自有技术研发团队进行研发集成，确保“中央厨房”系统的自主可控。②

2017 年 8 月，山东广播电视台“中央厨房”正式启用。“中央厨房”的总投资超过 1.3 亿元，建筑面积超过 6000 平方米，在物理空间上分为三部分：

---

① 慕玲.“四个融合”打造新闻舆论新高地——山东广播电视台媒体融合探索与思考[J].青年记者，2017(36)：72-74.

② 慕玲.“四个融合”打造新闻舆论新高地——山东广播电视台媒体融合探索与思考[J].青年记者，2017(36)：72-74.

一楼的综合演播区,包括街景演播室、L形演播室;二楼的指挥调度中心,进行新闻生产的综合指挥调度工作;三至五楼的融合媒体生产区,编辑采编人员开展各类融媒体新闻的生产工作。其中,街景演播室在空间布景和融媒调度等方面进行创新,以融媒体调度平台为中枢,实时接收来自于电话热线、两微一端、网站社区等不同渠道的新闻线索,并根据新闻价值及地理位置分布与记者数量、信息平衡等因素综合考量,调度平台确定工作重点并分发任务到具体的部门进行新闻采编。①

山东广播电视台"中央厨房"的设计理念为"紧盯科技前沿,明确功能定位,设计理念高点定位",具体包括调度指挥系统、记者物流系统、现场采录系统、素材回传系统、现场发布系统、素材汇集系统、节目编辑系统、分发播出系统、素材再加工系统、资料编目储存系统。"中央厨房"建设围绕"一个工程,十大系统",用一个工作流程串联起多个终端,实现"互联网+广播+电视"三种形态叠加。② 在运行机制方面,"中央厨房"的基本架构可以概括为"一个统一品牌,多个内容生产主体,服务于三个屏幕、五个终端",即围绕山东广播电视品牌,将新闻生产主体纳入"中央厨房"之中,在手机、电脑、电视三屏互动,在公共频道、体育频道、国际频道、齐鲁网、"闪电新闻"客户端五个终端进行分发。③ 依托"中央厨房"的硬件支持,山东广播电视融媒体资讯中心的新闻生产流程实现了集中指挥、采编调度、高效协调、信息沟通工作格局,推动"一次采集、多元生成、多渠道传播"融合式新闻集约生产与多元渠道传播。

山东广播电视台"中央厨房"的新闻采编机制为:首先由记者报送选题,或由编辑进行策划、组稿约稿,确定发起采访任务,编辑在调度过程中对记者提出要求。在记者奔赴一线采访时,及时向编辑反馈采访进展,在"闪电新闻"进行直播或内容首发。其次,由齐鲁网编辑进行信息整合,选择合适的选题进行深度跟进,并在微博、微信、抖音等平台账号上同步推送。最后,由电视编辑将采访资料剪辑成片,在《山东新闻联播》《民生直通车》等栏目中进行播发。电视新闻还将以碎片化短片的形式,在客户端、网络平台进行二次传播。在全新的新闻生产流程中,注重生产管理要求,对网络平台的编

---

① 赵广远,田力.电视新闻"烹饪模式"可视化创新分析——以山东广播电视台融媒体"中央厨房"为例[J].新闻论坛,2019(5):68-71.

② 李琳,李毅.打造融合生态下的广电新媒体[J].现代视听,2018(9):70-73.

③ 慕玲."四个融合"打造新闻舆论新高地——山东广播电视台媒体融合探索与思考[J].青年记者,2017(36):72-74.

辑、记者管理与电视平台要求一致,在内容生产各个环节中实现了三级及以上的把关。同时,在舆论导向和宣传工作中,对电视与新媒体均要求提高政治站位,统一标准尺度,摒除一切有害信息。

在“中央厨房”建设过程中,技术部门主要由山东广播电视台旗下的通信网络运营有限公司承担,在对国内多个融媒体方案调研的基础上,成立了设计开发小组并自主研发全终端媒体流程管理工具“畅媒”系统,为广播、电视、报纸、网络等部门的沟通交流提供支持。① 依托“畅媒”系统,记者可以在手机、电脑上进行选题报题、视频直播、多屏分发等工作,完成“采、编、审、发、效果评估、绩效考核”的全流程工作,帮助记者、编辑解决在新闻线索、信息共享、资源调配、快速发布等流程中遇到的困难,实现信息资讯多媒体加工、全媒体分发和全时段监控,完善了互联网内容生产流程监控。山东广播电视台自主研发的“畅媒”系统,便于技术团队研发人员与新闻采编人员沟通交流。针对记者、编辑的实际需求,“畅媒”系统提供移动端的图文视频混排编辑,支持视频过滤特效、添加字幕等功能,并与科大讯飞合作支持语音编写文稿,推动“畅媒”系统功能不断完善。② “畅媒”系统支持线索汇聚、办公移动化、素材采集回传、全媒体传播、新闻指挥调度可视化等功能,推动新闻生产流程从以电视采编为主逐步向融合内容生产转型。

三、全媒体传播矩阵建设

在“中央厨房”硬件支持下,山东广播电视台积极搭建全媒体传播矩阵,旗下包括电视卫星频道、地面频道、数字电视频道、广播频率等传统的广播电视平台,齐鲁网、山东网络广播电视台、山东手机台等网络平台,数百个微博、微信、抖音账号组成的社交传播矩阵以及移动端的“闪电新闻”客户端,逐步形成“电视、网络、客户端、社交媒体”为核心主线的全媒体、跨终端的多元业务架构,打造多终端协同立体传播的格局。

(一)在电视广播领域的传播渠道

山东广播电视台最核心的平台是电视卫星频道——山东卫视,自 1994 年 1 月开始向全国播出,在 2012 年正式开通高清频道,在 2015 年“TV 地标中国电视媒体综合实力大型调研成果发布会”中获评年度最具创新力省级

① 王颖,王璐,王叶庆.融媒体环境下新闻生产管理平台的设计与开发——以山东广播电视台“闪电云”平台为例[J].电视技术,2019(Z2):1-5.

② 马悦.山东广播电视台技术队伍转型与发展——访山东广播电视台技术规划部主任宋键[J].现代电视技术,2018(11):22-25.

卫视,在2017年将频道定位转为“悠久文明、青春中国”。在卫视之外,山东广播电视台旗下还有8套地面频道、2套数字电视频道。其中影响力较大的是齐鲁频道。地面频道的发展状况差异较大,如齐鲁、综艺、生活频道属于本土强势地面频道,以其接地气的节目风格,在山东本地拥有庞大的中老年观众群体,收视率和社会经济效益依然处于较理想的位置。[①] 公共频道注重新闻内容生产,体育频道、国际频道盈利能力较弱,因此,在“中央厨房”建设过程中,三个频道被纳入山东广电融媒体资讯中心之中。此后在2021年,国际频道停止播出,公共频道调整为新闻频道。此外,山东广电主动停办“欢乐童年”“齐鲁剧场”两套有线数字付费频道,转出“收藏天下”频道。山东广播电视台电视频道数据如表2-1所示。

表2-1 山东广播电视台电视频道数据

名称	代号	类型	口号定位	开播时间
山东卫视	SDTV-1	电视卫星频道	悠久文明,青春中国	1994年1月
齐鲁频道	SDTV-2	地面频道	公益齐鲁,公信天下	1995年1月
文旅频道	SDTV-3	地面频道	悠久文明,好客山东	1995年7月
综艺频道	SDTV-4	地面频道	山东综艺,快乐向上	1995年7月
生活频道	SDTV-5	地面频道	美好,从生活开始	1995年7月
体育休闲频道	SDTV-6	地面频道	激情、时尚、运动、健康	1995年7月
农科频道	SDTV-7	地面频道	乡村振兴,农科力量	2002年4月
新闻频道	SDTV-8	地面频道	开机即新闻,闪电看天下	2003年6月
少儿频道	SDTV-9	地面频道	幸福成长,天天向上	2005年9月
居家购物频道		数字电视频道	乐享新生,始终如一	2007年7月
导视频道		数字电视频道	免费视界,无线精彩	2017年

山东广播电视台共有8套广播频率,其中综合广播源自1948年11月成立的山东人民广播,在1951年3月启用“山东人民广播电台”呼号,在组建山东广播电视台后更名为“山东广播电视台广播新闻频道”,后又更名为“综合广播”,在2015年再度启用“山东人民广播电台”呼号。[②] 在融媒体建设中,

① 赵广远,田力.电视新闻“烹饪模式”可视化创新分析——以山东广播电视台融媒体“中央厨房”为例[J].新闻论坛,2019(5):68-71.

② 齐鲁网.11月8日起山东综合广播正式更改呼号为山东人民广播电台[EB/OL].(2015-11-06)[2022-11-06].http://www.iqilu.com/html/dt_xw/dongtai/2015/1106/2595781.shtml.

由于广播体量相对较小，并未并入融媒体资讯中心，而是由山东广电广播运营中心负责。广播媒体在2017年推出“51听”新媒体品牌，包括支持广播收听、与主持人互动的“51听”音频客户端，聚合图文、音视频的“51听WL”直播，以及适合碎片化收听的音频流媒体山东广播网络台、“51听微信号”等社交媒体账号。山东广播电视台广播频率数据如表2-2所示。

表2-2 山东广播电视台广播频率数据

名称	频率	口号定位	开播时间
综合广播	FM95	根植齐鲁，聆听天下	1948年11月
经济广播	FM98.6	让钱生钱，让您会花钱， 引领财经生活新风尚	1993年5月
文艺广播	FM97.5	曲山艺海，快乐生活	2012年1月
经典音乐广播	FM105	经典105，就爱好音乐	1999年1月
交通广播	FM101.1	与你一起在路上	1999年10月
乡村广播	FM91.9	推动乡村振兴，打造齐鲁样板	2003年10月
音乐广播	FM99.1	动感991	2004年12月
体育休闲广播	FM102.1	聆听经典，品味生活， 星光调频，从分享开始	2008年7月

（二）在网络广播电视方面的传播渠道

在网络广播电视领域，山东广播电视台重点探索新闻网站、IPTV、互联网电视和手机电视的建设。2009年6月，山东省广播电视局开始整合旗下多家电视网站，并在2010年1月推出新版齐鲁网，定位于“山东第一视频门户”。齐鲁网重点打造齐鲁视频、齐鲁社区、齐鲁拍客、阳光连线等子品牌，荣获中国互联网大会颁发的“全国地方门户网站十佳品牌”“全国地方网站最具广告投放价值品牌”等称号，旗下的“齐鲁社区”获评“全球最具影响力中文论坛百强”“2010～2011年度中国十大最具媒体影响力中文社区”等奖项。齐鲁网以“根植齐鲁，服务民生”为宗旨，聚焦山东本地新闻，提供了山东广播电视台旗下电视频道、广播频率的节目内容，并设有全台近百个栏目、主持人的官方网页。2016年，齐鲁网并入山东广播电视融媒体资讯中心，与山东广播电视台新闻中心、电视公共频道等机构融为一体，充分采集和整合优势信息资源，注重发挥“直播”和“视频”优势，形成了齐鲁网在PC

端和“闪电新闻”在移动端先行播发的传播模式。[①]

2011年1月,国家广播电视总局正式批复山东广播电视台以齐鲁网为基础,建设山东网络广播电视台,山东成为全国首批7个开办网络广播电视台的省份之一。2011年11月,山东网络广播电视台正式上线,获得“中国新媒体十大新锐品牌”,被山东省委省政府确认为“山东省重点文化产业项目”。山东网络广播电视台的业务范围包括新闻网站、网络电视台、IPTV、手机电视等领域。其中,IPTV通过宽带互联网接入传输音视频服务,按照国务院“三网融合”试点工作要求,在2011年7月完成山东IPTV集成播控平台建设,在2012年12月正式上线,提供在线直播、回看以及内容点播等服务。至2020年,山东IPTV用户数量突破1100万。[②] 山东手机台主要面向手机终端,提供手机视频、手机广播、手机音乐、手机报等业务,注重无线增值业务的拓展。[③] 此外,山东网络广播电视台联合国家广电总局广播科学研究院以及浪潮、海信等企业成立社交电视实验室,探索三网融合中的社交媒体业务。

山东广播电视台的网络广播电视业务,主要由海看网络科技(山东)股份有限公司负责,该公司在2010年11月成立,是山东广电传媒集团有限公司旗下的子公司,拥有较强的盈利能力[④],获得“中国互联网百强企业”“山东省文化企业30强”等称号,以及“2020年度全国广播电视媒体融合先导单位”。海看公司重点打造云平台技术服务体系,包括“海看”全媒体云平台、轻快融媒体云平台、“老乡”智慧农业综合服务云平台、广电智慧养老综合服务云平台。其中“轻快云”寓意“轻媒体,快传播”,为各地融媒体平台搭建提供解决方案,在全国合作的广播电视台超过200家,覆盖人口达2.3亿,覆盖2.3亿用户,该项目在2015年被列为中央文化产业专项资金重点扶持项目。[⑤] 山东广播电视台网站数据如表2-3所示。

---

① 谭鲁民.齐鲁网:技术为先　融通思变[J].网络传播,2017(4):52-53.

② 吕芃.发挥优势　融媒宣传　凝聚力量——山东广播电视台脱贫攻坚宣传的探索与实践[J].中国广播电视学刊,2020(10):10-13.

③ 于英波,王伟杰.广播电视与新媒体融合发展分析——以山东网络广播电视台发展为例[J].现代视听,2014(9):69-71.

④ 马悦.山东广播电视台技术队伍转型与发展——访山东广播电视台技术规划部主任宋键[J].现代电视技术,2018(11):22-25.

⑤ 张晓刚.立足广电　扩大边际　服务社会　建立生态——山东海看服务智慧广电建设实践[J].中国广播电视学刊,2019(5):21-23.

表 2-3　山东广播电视台网站数据

名称	类型	创建时间
齐鲁网	新闻门户	2009 年 6 月
山东网络广播电视台	网络电视台(OTT)	2011 年 1 月
山东手机台	手机电视	2011 年 11 月
山东 IPTV	IPTV	2012 年 12 月

(三)在社交媒体公众号方面的传播渠道

随着商业平台型媒体的快速发展,注册“两微一抖”账号成为传统媒体开展社交传播的重要手段。至 2019 年年底,我国 34 家省级广电媒体共开通 393 个微博账号、318 个微信公众号、173 个抖音账号,其中电视频道在微博、微信、抖音开通率分别为 89.6%、92.7%、79%。① 为适应社交媒体的发展,山东广播电视台积极整合全台社交媒体资源,出台《互联网平台账号及双微矩阵管理办法》,将全台社交媒体账号纳入统一管理,协同全台双微账号形成合力,对优质、重点新闻稿件进行全平台推广。在重大活动报道中,全台核心的 40 个微博、微信账号以及 90 个栏目子账号同步工作,在社交媒体中发出主流声音。如 2019 年山东卫视春晚相关的微博话题阅读量超过 14.5 亿次,正片播放量破亿次,在人民网舆情数据中心等发布的“2019 省级卫视春晚移动传播总榜”中名列省级卫视第 4 名。② 山东卫视社交媒体账号数据如表 2-4 所示。

表 2-4　山东卫视社交媒体账号数据

平台	创建时间	粉丝(人)	信息量(条/篇)
微博	2009 年 10 月	800.0 万	5 万
微信	/	6.5 万	/
抖音	2011 年 11 月	45.0 万	1767 万

注:本节相关账号数据统计时间为 2020 年 12 月 28 日,其中微博账号信息来自新浪微博(weibo.com),微信公众号信息来自清博大数据(www.gsdata.cn),抖音账号信息来自抖音客户端。

① 唐胜宏,王媛媛,王京.2019 电视融合传播指数报告[J].传媒,2020(15):16-18.

② 《声屏世界》编辑部.2020 山东卫视:“6+X”矩阵+全媒体联动　融聚未来[J].声屏世界·广告人,2019(11):71-73.

自2009年10月至2020年12月，山东卫视相关的新浪认证微博共有803个，其中包括卫视账号1个、频道频率账号11个、部门和公司账号18个、节目和栏目账号121个、网站和客户端账号35个、个人账号617个。其中"@山东卫视"是开通最早、粉丝数量最多的账号，在国内卫视微博账号中粉丝量排名第四，在"@湖南卫视""@东方卫视""@江苏卫视"之后。[①]"@齐鲁网"发布的微博数量最多，旗下的理论、财经、环保等频道也开通了微博账号，在微博平台形成矩阵式传播。《现在的我们》《美丽中国》等节目的微博账号影响力也比较大，注重转发节目内容和相关资讯。《民生直通车》主持人孙亮、《问政山东》节目主持人李莎等，也在新浪注册了个人微博，发布了较多与工作相关的内容。山东卫视相关微博账号数据如表2-5所示。

表2-5　山东卫视相关微博账号数据

微博账号	创建日期	类型	粉丝量(人)	信息量(条)
@山东卫视	2009年10月	卫视	800万	5.0万
@山东卫视现在的我们	2011年10月	节目	275万	0.5万
@齐鲁网	2010年12月	网站	197万	7.0万
@山东广播电视台	2012年7月	机构	164万	3.0万
@山东卫视美丽中国	2018年8月	节目	120万	0.1万

在微博话题方面，"山东卫视春晚""山东卫视美丽中国""山东卫视花漾剧场""山东卫视老农民""山东卫视大刀记"等阅读量上亿，带来了较高的话题讨论热度。总体上看，山东卫视及相关节目、个人的账号覆盖范围广、粉丝众多，但在微博平台与粉丝的互动频率相对较低，有近半数的微博账户在一年之内已经没有更新，成为社交媒体中的"僵尸账号"。热度较高的《问政山东》《民生直通车》《此时此刻》等节目，在微博上的讨论、粉丝量并不多，需要进一步针对微博平台特点，提升山东卫视相关账号的影响力和传播力。

在微信平台中，与山东卫视相关的认证公众号有60个，包括卫视账号1个、频道频率账号14个、部门和公司账号14个、节目和栏目账号26个、网站和客户端账号4个、个人账号1个。其中"山东卫视"公众号在发布新闻的同

① 卫视微博粉丝量排名前10依次为：湖南卫视1552万、东方卫视956万、江苏卫视814万、山东卫视800万、北京卫视707万、浙江卫视698万、安徽卫视575万、深圳卫视513万、广东卫视409万、四川卫视372万。

时，利用微信小程序为《家乡好物》节目提供购买链接，并推出“抗击疫情”“山东春晚”的新闻合集。但“山东卫视”公众号在微信平台的影响力较低，在当日总榜排名中排在1.5万名之后，反映传播力的WCI指数仅为682.69，在国内省级卫视中排名较低，甚至落后于“山东交通广播”“齐鲁网”等微信公众号。

山东广播电视台的多数地面频道和广播频率开通了微信公众号，其中“山东交通广播”的影响力最大，WCI指数达到1215.01，排名进入总榜前1500名，账号的服务功能也比较完善，提供广播直播收听、路况查询、违章处理等功能。“山东电视综艺频道”微信公众号在地面频道中影响力比较突出，提供微直播、节目报名等功能。“齐鲁网”微信公众号整合了《问政山东》的视频内容，并提供线索爆料、一键领票等服务功能。在电视节目中，带有地域特色的《拉呱》节目微信公众号影响力较大，在提供节目视频播放的同时，还支持“齐鲁V直播”等服务。微信公众号中个人账号较少，仅有音乐生活节目中心的“多彩优优”以DJ身份持续发布穿搭推荐内容。与微博账号运用相比，山东卫视在微信方面的运用略显不足，不仅微信传播指数和账号排名落后，微信的相关服务功能开发也比较少，未能有效发挥微信的社交互动功能。山东卫视相关微信公众号数据如表2-6所示。

表2-6 山东卫视相关微信公众号数据

微信公众号	类型	预估活跃粉丝(人)	当日WCI指数	当日总榜排名
山东交通广播	频率	313625	1215.01	1323
齐鲁网	网站	71220	930.17	5256
山东电视综艺频道	频道	89870	815.19	9415
山东卫视	卫视	65095	682.69	17448
齐鲁台拉呱	节目	24530	528.55	32645

随着短视频的快速发展，山东广播电视台在抖音、快手等平台开通短视频账号。以抖音平台为例，与山东卫视相关的认证账号238个，其中卫视账号1个、频道频率账号14个、部门和公司账号9个、节目和栏目账号57个、网站和客户端账号4个、个人账号153个。其中“闪电新闻”的粉丝数量超过千万，凭借8000余条短视频获得超过5亿次点赞，设置的“山东知多少”“问政山东”“这就是山东”视频合集也有较高关注度。与同类型的“看看新闻”、芒果TV相比，“闪电新闻”获赞的数量高出数倍，说明其短视频内容得到了

网友的认可。“山东卫视”抖音号粉丝仅45万,与“东方卫视”“浙江卫视”“湖南卫视”超过千万的粉丝量相比差距较大,在省级卫视抖音号中排名较为落后。

山东广播电视台的地面频道和广播频率也开通了抖音号,生活频道的“生活帮”在粉丝数量、获赞数量与“闪电新闻”接近,并开通频道的多个地方记者站账号,影视频道的“山东电视影视频道”凭借影视内容解读也获得了较多关注。在节目账号方面,山东卫视的《问政山东》、新闻频道的《民生直通车》、农科频道的《一切为了群众》《乡村季风》均有较高关注度,其中问政类节目的《问政山东》凭借“李莎八问”等短视频片段,引发了网友的讨论与点赞,并入选“2019年度广播电视创新创优节目”和“2020第十届中国视频节目年度掌声节目”。与卫视、频道、节目视频号相比,以主持人为代表的个人账号也比较多,“山东台主持人丛丛”“张大琪”等账号的粉丝数突破百万,凭借数量不多的短视频获得了超过千万的点赞。随着山东广电MCN机构Lightning TV的组建和“光芒计划”的推出,节目类、个人类短视频账号得到更多流量、资金支持,成为探索短视频领域的重要手段。山东卫视相关抖音账号数据如表2-7所示。

表2-7 山东卫视相关抖音账号数据

抖音号	类型	粉丝数量(人)	作品数量(个)	获赞数量(条)
闪电新闻	客户端	1235万	8945	5.4亿
生活帮	频道	998万	6465	5.4亿
一切为了群众	节目	819万	7866	4.4亿
山东电视影视频道	频道	441万	905	5520.0万
乡村季风农业家	节目	287万	4563	2951.0万
民生直通车	节目	259万	5718	1.5亿
山东人民广播电台	电台	224万	5751	8399.0万
山东台主持人丛丛	个人	167万	367	2129.0万
张大琪	个人	141万	109	1093.0万
问政山东	节目	141万	860	756.0万
山东卫视	卫视	45万	1767	1242.0万

综合看来，山东广电在不同社交媒体的侧重点各有不同：在微博平台中，“@山东卫视”微博账号表现突出，带动相关的频道、节目、个人账号发展，形成矩阵式传播；在微信平台中，“齐鲁网”“山东交通广播”公众号表现更为突出，但在公众号服务功能等方面缺少尝试；在抖音平台中，“闪电新闻”“生活帮”“一切为了群众”成为传播量10亿级账号的头部账号，在Lightning TV的支持下获得较多流量支持，但“山东卫视”抖音号影响力较弱，与其他卫视相比差距较大。在“两微一抖”之外，山东广电还积极尝试多元化的社交媒体公众号运营，在今日头条、一点资讯、腾讯新闻等商业新闻机构的账号粉丝数超过百万。齐鲁网与百度新闻合作，百度新闻在其PC端首页的山东城市新闻区域中独家展示齐鲁网内容。

依托社交媒体账号，传统媒体获得了巨大的流量和影响力，但渠道、数据等核心内容并不掌握在传统媒体手上。因此方兴东、钟祥铭提出，互联网与传统媒体之间出身不同、基因不同、优势不同，必然导致战略不同、道路不同，因此与互联网巨头联姻的战略，多是战术层面而非战略层面的策略，难以真正帮助传统媒体走出困境。[①] 山东广播电视台在开通“两微一抖”账号的同时，也投入较多资源开展自身平台建设，在开通齐鲁网、山东网络广播电视台的同时，搭建了“51听”“山东手机台”等移动平台，最终确立了以“闪电新闻”客户端为主导的移动传播战略。

四、“闪电新闻”客户端建设

2017年1月，山东广播电视台推出融媒体移动端产品“闪电新闻”，“闪电”是“山东广电”的谐音，代表着速度与力量[②]，以“小屏”引领“大屏”，形成了“移动端优先、融媒体互动、大小屏联动”的立体式发布格局。“闪电新闻”以直播和视频为内容特色，设置了头条、时政、财经等20多个栏目，提供山东广电的电视频道、电台频率直播与在线点播服务，注重对热点事件的直播，并与电视屏幕进行互动，根据用户偏好支持个性化的内容订阅。随着功能不断完善，“闪电新闻”客户端的下载量和影响力持续上升，在2019年的覆盖用户超过3.5亿，开通直播超8100场，达到每年8万条以上的短视频生产能力，全年流量超过100亿。至2020年5月，“闪电新闻”客户端装机量突破

① 方兴东，钟祥铭.中国媒体融合的本质、使命与道路选择——从数字传播理论看中国媒体融合的新思维[J].现代出版，2020(4)：41-47.

② 慕玲.“四个融合”打造新闻舆论新高地——山东广播电视台媒体融合探索与思考[J].青年记者，2017(36)：72-74.

3100万，入驻“闪电号”的政府部门、省内各级广电等超过649家，影响力、传播力稳居山东新闻类客户端首位。①

“闪电新闻”客户端以用户体验为导向，不断进行升级迭代：2017年5月推出2.1.0版，对页面UI进行改版，为内容创作者开通闪电号平台。2018年6月推出2.2.1版，对闪电号功能进行升级，并通过“编辑＋算法推荐”优化用户阅读结构，兼顾主流媒体的新闻价值引导和用户的内容诉求。2018年10月推出2.3.0版，新增专题、闪电发布、海报新闻等频道，提升视频播放清晰度，增加电视投屏功能。2019年8月对“问政山东”板块进行升级，新增碎片化短视频、现场组图、整改追踪等新闻内容，并设置问政的“担当作为排行”模块。2019年11月增加闪电视频智能剪辑机器人、闪电指数数据新闻机器人等功能，并通过“问记者”“问主播”“我要拍”“摇一摇”“边看边聊”等模块加强互动功能。2020年4月对首页排版、功能区、推荐区进行改造，在首页增加“山东新闻联播”入口，鼓励“看联播　上闪电”成为用户习惯，增加弹幕、分享等功能。2020年9月推出3.6.0版，对“看电视”“听广播”模块进行改版，增加订阅、默认静音播放、往期节目按日期查询等功能。2020年12月，“闪电新闻”上线推荐、智库频道，对时政、视频等部分进行优化，并推出“闪电新闻”PC版。

以省级广电媒体客户端的安卓版下载量为例，至2020年12月底，湖南广电的芒果TV以47亿的下载量稳居首位，处于绝对领先地位。随后的河南广电的大象新闻、广东广电的触电新闻、浙江广电的中国蓝TV的下载量也超过了5000万，处于较为领先的第二梯队。其次是SMG的阿基米德、北京广电的北京时间、山东广电的“闪电新闻”、江苏广电的荔枝新闻等，下载量在1000万至5000万之间。其中“闪电新闻”以3300万的下载量排在第7位，处于第三梯队的中间位置，下载量超过了同省竞争对手大众报业集团旗下的“海报新闻”客户端。具体情况如表2-8所示。

表2-8　省级广电媒体客户端安卓版下载量

地区		移动端	下载量
第一梯队	湖南	芒果TV	1亿以上
第二梯队	河南、广东、浙江	大象新闻、触电新闻、中国蓝TV	5000万～1亿

① 吕芃.发挥优势　融媒宣传　凝聚力量——山东广播电视台脱贫攻坚宣传的探索与实践[J].中国广播电视学刊，2020(10)：10-13.

续表

地区		移动端	下载量
第三梯队	上海、北京、山东、江苏、天津	阿基米德、北京时间、闪电新闻、荔枝新闻、津云、BesTV、看看新闻	1000 万～5000 万
第四梯队	湖北、广西、四川、云南	长江云、广西视听、熊猫视频、云南广电云等	1000 万以下

注：数据来源为七麦数据（www.qimai.cn），统计时间为 2020 年 12 月 28 日，因缺少 ios 版下载数据，经统计省级广电媒体的客户端安卓版下载量，其中前 10 名为：芒果 TV 47 亿、大象新闻 8996 万、触电新闻 8188 万、中国蓝 TV 7693 万、阿基米德 3725 万、北京时间 3614 万、闪电新闻 3322 万、荔枝新闻 3117 万、津云 2559 万、BesTV 1422 万。此外，海报新闻的下载量为 2395 万。

"闪电新闻"客户端在山东地区和全国的融媒体建设中名列前茅，获得了一系列荣誉称号。经过 9 个月运营后，在中央网信办、国家互联网信息办公室发布的"中国主流媒体 App 排行榜 2017 年 9 月榜"中，"闪电新闻"在媒体客户端中排第 15 名，在山东资讯类客户端中排第 1 名。2018 年，在搜狐新闻的"2018 年度传媒之选"影响力榜单中，"闪电新闻"凭借优质的创作能力、内容创新、行业影响力，获得"年度最具变革力融媒体"称号。2019 年，在《电视指南》杂志等举办的 2019 中国广电融媒发展大会上，"闪电新闻"入选"'指尖融媒榜'最具影响力广电融媒平台/产品"。同年，"闪电新闻"还入选了广电总局发布的"2019 年度全国广播电视媒体融合成长项目名单"。

"闪电新闻"推出了一系列优秀作品，在 2017 年推出喜迎十九大的主题手机游戏《东游记——砥砺奋进新山东》，通过游戏设置问答、情景故事等环节，全面展示山东在新旧动能转换、创新驱动发展、打赢脱贫攻坚战等方面的成就。[①] 同年 10 月，发起 16 小时的"我的中国心"融媒体接力直播，与俄罗斯、美国等 12 个国家近 20 个直播点的拍客进行视频连线，结合慢直播、弹幕、互动留言等形式讲述山东故事。[②] 在 2018 年，"闪电新闻"与"人民日报"客户端合作，制作"中国一分钟 · 地方篇"系列微视频《山东一分钟》，采用网络化节奏和视角呈现出电视拍摄内容。在 2019 年，"闪电新闻"推出"国际博物馆日系列创意短视频"，利用无人机等形式和网络化表达，让文物在短视

① 王忠.表达求新，融合求深——山东广播电视台"融"创十九大报道新气象[J].青年记者，2017(36)：51-52.

② 董光强.全球拍客模式下国际传播策略探究——以山东广播电视台"闪电新闻"客户端为例[J].新媒体研究，2020(14)：63-65.

频中"活了起来"。根据 CSM 短视频监测数据,山东广电在 2019 年第三季度的短视频发布量为 2.8 万,传播量达到 4.3 亿,其中短视频的贡献量超过 95%以上,"闪电新闻"在融合传播比重中占比达到 60%,体现了"闪电新闻"在移动端的强大内容生产能力。

为开展平台化媒体建设,"闪电新闻"积极推动内容开放平台"闪电号"的建设,以"中央厨房"为技术和硬件支撑,推动"内容一键上传,多平台分发"。"闪电号"的使用者可根据需求自主编辑文章、图集、音频、视频等内容,通过"多平台一键分发"功能,打通齐鲁网、客户端与山东广电各频道、频率之间的壁垒,并与腾讯、新浪、今日头条等内容聚合平台合作,其中重点与"腾讯新闻"的"企鹅号"建立合作,获得较高分发权重,共享相应平台的优质内容资源。"闪电号"作为山东省的内容整合平台,吸引了数百个媒体、机构、政务、专栏、自媒体账号,其中重点扶持和打造广电系统账号,包括市县台、栏目和记者的账号,推出《元旦 5 小时接力直播》《年味老手艺》等活动。"闪电新闻"为优质内容提供奖励,按月发布发稿排名榜,奖励发稿数量多及内容优质的账号。

"闪电新闻"业务范围不断扩展,在 2019 年 12 月成立专业的 MCN 机构 Lightning TV,与抖音进行战略合作,在技术上推动闪电云与抖音开放平台接入,实现 MCN 旗下内容对抖音的一键分发,在内容上批量引入台内栏目和主持人的 IP 账号,由抖音提供亿级流量,扶持打造超级 IP。① 在成立 MCN 机构的同时,山东广播电视台推出面向台内各频道、市县级广播电视台和社会主播的"光芒计划",为签约账号提供流量扶持、人设包装、直播赋能、原创内容保护、运营指导以及商业变现支持等,吸收全省主要广电媒体机构及主持人、记者、专业领域达人等内容创作账号入驻。至 2020 年 12 月,Lightning TV 旗下签约账号的粉丝数达到 7500 万,累计实现营收 2376.9 万,孵化出以客户端的"闪电新闻"、节目类"生活帮""一切为了群众"、主持人类"山东台主持人丛丛""张大琪"的头部账号,在广电 MCN 领域有较强的影响力。

① 贺晓菲.广电媒体的短视频进阶之路——以山东广播电视台为例[J].现代视听,2019(12):21-23.

第二节　山东卫视融媒体优势分析

山东卫视在融媒体建设中秉承新闻立台原则，注重挖掘自身的比较优势和竞争优势。比较优势即自身不可被替代的固有优势，包括儒家文化传统、山东地域特点、权威内容发布等。山东卫视在“悠久文明、青春中国”的频道定位下，积极弘扬传统文化，引导网络舆论，充分发挥主流媒体的权威性优势。竞争优势是在与同类广电媒体、互联网企业竞争中的创新能力，通过技术革新、体制机制创新等形式，推动新闻生产流程再造，提升广电媒体的资源利用效率，实现新闻产品的高效融合传播。

一、区域特色与文化传统

英国经济学家大卫·李嘉图(David Ricardo)提出比较优势理论(theory of comparative advantage)。该理论认为国际贸易的基础并不限于生产技术上的绝对差别，只要各国之间存在着生产技术上的相对差别，就会出现生产成本和产品价格的相对差别，从而使各国在不同的产品上具有比较优势，使国际分工和国际贸易成为可能。① 在媒介融合背景下的传媒产业链中，也存在比较优势带动的分工与合作。在整个传媒产业链中，传统媒体与新媒体因各自特点与优势不同，在竞争的同时也有较多合作机会，如在突发事件的报道中，传统媒体能够提供权威内容的发布，而新媒体在时效性方面更具优势，通常是由传统媒体提供信息，然后通过新媒体的各类渠道进行广泛传播。对于山东卫视等平台而言，应当充分挖掘比较优势，即自身独有的、不可被替代的固有优势，维护传统媒体在内容制作上的优势。

依托山东区位优势，发挥儒家文化传统带来的内容生产优势。山东省的人口、经济基础较好，在 2021 年人口排名第二、GDP 排名第三，对人才具有较强的吸引力。如 2020 年第二季度的人才流入比为 1.79，即山东省每吸引近 2 名外来人才，才会有 1 名本土人才流向外地，济南、青岛保持了较强的人才吸引力。山东卫视的发展同样具有地域特色，与其他卫视打造娱乐、情感、电视剧等标签相比，山东卫视将频道定位为“悠久文明、青春中国”，注重对文化传统的宣传推广，呼应习近平提出的“文艺创作不仅要有当代生活的

① 高志文，方玲主.宏观经济学[M].北京：北京理工大学出版社，2018：180.

底蕴，而且要有文化传统的血脉”的要求。① 山东是孔孟之乡，是儒家思想的发源地，儒家的中庸之道、忠孝节义、爱家爱国和重视教育等重要思想，至今仍在齐鲁大地发挥着重要作用。② 山东卫视以传承文化为定位，正是基于儒家文化底蕴的传承，以及讲求秩序与传统、沉稳与包容的地域文化特质，体现了山东人严谨务实、博雅刚健的文化品格，成为山东广电内容资源的文化基因组成。地方特色文化是极具个性的文化资源，表现出一定的独特性和稀缺性，选择文化传承为山东卫视带来独具优势的个性化定位。从办台理念到内容生产，山东卫视积极构建文化功能，传承优秀文化、弘扬人文精神、坚守文化品位，以及追求文化建树并创造文化价值。在实践层面，注重把电视节目尤其是自办节目，做成文化项目、文化工程，重点打造文化品牌、树立文化知名度，并以拥有强大的文化实力、文化影响力和文化活力为长远发展目标。③

首先，山东卫视紧紧围绕“山东广电要成为人们美好生活的一部分”的目标，坚持“以守正促创新，以创新强守正”发展理念，在文化传承类节目方面表现了强大的创造力，推出《中国面孔》《我是先生》《国学小名士》等系列节目。其中，2015 年推出传统文化传扬节目《我是先生》，邀请全国最有人气的名师，将课堂搬上荧屏，结合电视综艺的表现形式展现当代师者风范。2017 年推出的国学益智竞赛节目《国学小名士》，激发青少年学习国学的热情，弘扬优秀的中国传统文化，全面展示青少年的精神风貌和国学认知水平。该节目的微博主话题阅读量突破 24 亿、讨论量超过百万，成为现象级文化节目。

在影视剧制作方面，山东卫视以儒家传统文化、齐鲁文化为主导，充分发掘山东本土的其他特色资源，融合古华夏文化、水浒文化、革命文化、曲艺文化等元素，以雅俗共赏、活泼生动的形式把握住影视产品的文化属性。“鲁剧”已经成为山东广电的文化名片，推出了《闯关东》《大染坊》《老农民》等具有浓厚山东地域文化特色的作品。④ 2019 年，山东省积极推动“百部影视精品创作生产推进计划”，设立了“百部影视精品创作生产扶持引导专项资金”，建设山东省影视题材大数据平台，并完成《大运河》《大英雄》等重点

---

① 习近平.在文艺工作座谈会上的讲话[N].人民日报，2015-10-15(4).

② 杭敏，李唯嘉.区域特色文化产业发展研究[M].北京：社会科学文献出版社，2019：82.

③ 陈鸥帆.媒体融合背景下省级广播电视台的发展路径选择——以山东广播电视台为例[J].中国电视，2015(12)：110-112.

④ 陈鸥帆.媒体融合背景下省级广播电视台的发展路径选择——以山东广播电视台为例[J].中国电视，2015(12)：110-112.

剧目和重点纪录片《国运文脉》的拍摄，推动精品内容的创作生产。①

在积极弘扬传统文化的同时，山东卫视也紧密关注当下社会热点。在2018年推出的《此时此刻》，以普通人真实生活中的感人故事传递治愈人心的力量，被中宣部肯定为媒体增强“四力”的典型代表。2019年推出的《现在的我们》，以“青春是用来奋斗的”作为策划出发点，创新讲述新时代青年的奋斗故事，被誉为“纪念五四运动一百周年重要文化产品”。② 山东卫视在内容选题方面不断创新，推出了全国首档“生态商”养成节目《美丽中国》，邀请“绿色发声人”分享自己的环保故事和环保观点，八位“90后”“青春观察团”成员就环保观点展开辩论，相关的微博主话题阅读量超过14亿。③

其次，山东卫视秉承传统媒体的权威优势，在内容生产方面更具可信度与传播力。山东广播电视台围绕党中央决策部署和省委省政府中心工作，集中优势团队和力量，通过多元化话语表达和手段，聚焦新领域，探寻新视角，推动“硬”主题的“软”着陆。④ 在重大主题宣传报道中，山东广播电视台充分发挥传播优势，重塑主流媒体的强大影响力，为营造良好舆论环境提供强大的支持。如2016年齐鲁网等平台报道的“蜘蛛侠火场救人”事迹，被编入当年的央视春晚小品《大城小爱》之中，引发社会对“蜘蛛人”这一特殊群体的关注。在宣传贯彻党的二十大工作中，山东广播电视台运用“电视直播＋深度报道＋新媒体直播＋融媒产品”的方式，推出《走在前　开新局——山东16市大型融媒直播》，入选中国记协党的二十大报道融创精品案例。

依托传统媒体的权威性，山东广播电视台积极探索内容生产的新途径。在2019年推出融媒体新产品“闪电智库”，搭建政务智库、城市智库、品牌智库、行业智库四大产品体系，提供包括融媒传播、决策咨询、会议论坛、视频表达等八大服务模块。⑤ 在2020年全国“两会”报道中，“闪电新闻”策划推出“智库专家评两会”系列报道，邀请山东财经大学区域经济研究院院长董彦岭、山东省委党校（山东行政学院）科学社会主义教研部主任宋协娜等专

① 孙杏林，倪广宏，周琛.山东省广播电视和网络视听产业高质量发展调研报告[J].现代视听，2020(5)：9-12.

② 山东卫视：守正创新，融聚未来，打造弘扬优秀文化最具代表性电视台[J].电视指南，2020(1)：38-39.

③ 郭常宏.守正创新　2019向美共生[J].声屏世界·广告人，2019(Z1)：70.

④ 吕芃.发挥优势　融媒宣传　凝聚力量——山东广播电视台脱贫攻坚宣传的探索与实践[J].中国广播电视学刊，2020(10)：10-13.

⑤ 唐瑞峰.从融媒、全媒到智媒，山东广电全国两会报道开启“5智时代”[J].电视指南，2020(11)：26-27.

家学者，就做好"六稳""六保"工作、科学统筹防控疫情、推动消费升级等话题进行分析解读。山东广播电视台与国研智库、山东省人民政府发展研究中心合作，举办高端智库看山东"十四五"规划专家调研行活动，推动高端智库专家首次集体为山东发展建言献策。"闪电智库"将传统媒体的公信力、号召力转化为智库咨询的引导力、影响力，有效发挥引导舆论、建言献策的作用。

在抗击新冠肺炎疫情报道中，山东广播电视台充分发挥主流媒体权威性优势，通过山东卫视、"闪电新闻"等平台，将中央和山东省委决策部署、各地疫情最新情况、防控疫情科学知识等内容呈现给网友。《山东新闻联播》及时播发最新的疫情通报，整档节目全篇幅、多角度报道疫情防控进展情况，并推出《来自湖北一线的报道》专栏。在抗击新冠肺炎疫情期间，"闪电新闻"充分发挥技术优势，推出"新型肺炎确诊患者相同行程查询工具"，网友可以通过大数据追踪相关患者通行信息，具体到交通工具、日期、车次等信息；同时开启"线上发热问诊"服务，由山东省胸科医院等全省106家医院的专家，为群众提供24小时在线免费问诊服务。山东广播电视台的MCN机构发挥内容协作优势，由Lightning TV联动全台主持人、栏目等MCN账号，在抖音、微博等平台发布疫情通报、医护人员事迹、疫情防护等短视频，"这就是山东""山东战疫"的抖音话题播放量分别达到10.6亿次、3.5亿次，实现了较好的融媒体传播效果。①

最后，山东广播电视台在新闻报道和节目制作中注重体现本地化特色。山东广播电视台在近年来的中国新闻奖评选活动中斩获颇多，其中关注度最高的作品均是反映山东地区问题的报道。获得2019年中国新闻奖一等奖的电视评论《何日"凤还巢"?》，将关注点放在山东地区长期存在的营商环境不良问题上，以凤岐茶社在山东和浙江两地的遭遇进行对比，暴露出山东部分政府工作人员思想保守、观念落后、政策水平不高、服务意识不强等严重问题，呼吁切实转变政府职能，持续深化"放管服"改革，全力培植企业健康发展的沃土。获得2020年中国新闻奖一等奖的广播专题《黄河滩区脱贫大迁建》和短视频新闻《〈问政山东〉现场局长被8连问后语无伦次》，分别记录了黄河滩区脱贫迁建整体规划和对山东省农业农村厅主要负责人的问责。

在多元化的节目制作中，带有山东特色的节目获得了较高关注度。如齐鲁频道的民生节目《拉呱》，具有浓郁的山东本地色彩，主持人小么哥用山东方言进行主持，通过讲述故事反映民众的生活诉求，推动"新闻、文艺一体

---

① 张楚晨，高昌洁，郝娟.战"疫"报道中的融媒矩阵传播——以山东广播电视台为例[J].现代视听，2020(2)：29-31.

化”，获得了本地观众的认可。结合互联网元素，齐鲁网推出市民生活内容为主的网络剧《嘻哈山东人》，用夸张、幽默的方式描绘山东人的日常生活，展现出山东人特有的文化性格，以“鲁剧”精品标准来推动网络剧作生产。[①] 关注山东地区发展的新闻专题和电视节目，始终是山东广电最具生命力的内容，通过山东卫视和“闪电新闻”等平台展现山东地区的快速发展与建设成就以及地域文化特色和日常生活的细节。

二、技术研发与机制创新

哈佛大学教授迈克尔·波特（Michael E. Porter）提出了竞争优势理论（competitive advantage），认为在国际竞争之中，国家的竞争优势在于能否有合适的创新机制和充分的创新能力，包括国内需求条件、公司战略及结构和竞争、相关产业与支撑产业等内容。[②] 传统媒体在巩固比较优势时，在融合发展中需要进一步发掘自身的竞争优势，如在5G、人工智能等技术升级中寻找合适的技术创新点，在体制改革、机制创新过程中激发自身的竞争活力。对于山东广播电视台而言，既要与同类型的广电媒体进行竞争，也要在网络视听传播领域中挑战商业视频等平台，通过开展技术革新、生产流程再造、体制机制创新等途径，进一步扩大自身竞争优势。

一是山东广播电视台积极推动新闻生产技术融合创新。融媒体资讯中心在成立之初，就明确了“先小屏后大屏、大小屏互动”的移动优先战略，逐步形成“客户端首发→网络跟进→电视整合播发”的三屏互动模式，推进短视频一体化的运营机制，将“闪电新闻”打造成新媒体内容发布及互动的总平台。“闪电新闻”非常注重移动端的可视化表达，推进主题宣传与社交平台的互动对接，利用移动直播、无人机、VR、H5、数据可视化等新技术，打造独特的移动新闻表达体系。

“闪电新闻”和齐鲁网均设有直播频道，包括图文直播、权威发布等栏目，其中图文直播以现场直播加图片、文字的形式为主，权威发布则是对接省委省政府的权威发布、信息公开活动。在抗击疫情报道中，“闪电新闻”先后推出20多场直播，其中“山东省首批医疗队奔赴湖北黄冈”“寿光捐献350吨蔬菜启程赴武汉”记录医护人员与亲友道别、菜农连夜采摘蔬菜的场景，被央视频、人民日报、今日头条、腾讯新闻等十几家平台推荐，两场直播的全

① 陈鸥帆.媒体融合背景下省级广播电视台的发展路径选择——以山东广播电视台为例[J].中国电视，2015(12)：110-112.

② 龙游宇，许抄军.国际贸易理论[M].北京：北京理工大学出版社，2017：76.

网总推荐量约为2.5亿次和6000万次。在无人机应用方面，齐鲁网早在2016年开通无人机频道“飞吧山东”，通过无人机技术大量生产航拍作品，设置瞰新闻、瞰视频、VR全景、名咖飞手等栏目，策划《山东之最》《最美山东》等专题，展现航拍视角下的孔庙、齐长城、沂蒙山等山东风光，并发起《瞰山东》航拍作品征稿活动，鼓励网友提交特色的无人拍摄作品。

山东广播电视台非常注重VR和H5作品生产。旗下的山东广电视觉科技有限公司致力于打造国内最前沿的VR内容制作基地和VR产业聚集平台，推出VR纪录片《红色记忆》《VR搏击秀》，以及WVA(世界VR电竞大赛)山东赛区系列赛事等作品。在2020年首届中国国际文旅博览会中，山东广播电视台展区内提供了8K＋VR沉浸体验舞台，观众可以感受“中央厨房”街景演播室等效果。齐鲁网和“闪电新闻”还制作了大量优质H5作品，如在2018年推出的H5特别策划《论语十则，带着老外学礼仪》，以手绘山东文化景点长图为背景，网友可以通过滑动屏幕，跟随骑单车的孔夫子饱览文化山东，其中选取《论语》中的十句名言，用普通话、英语、俄语以及青岛话进行解读，让网友体验多种语言下的《论语》之美。该作品在2019年荣获“‘指尖融媒榜’广电十大最具影响力融媒作品”。山东广电积极探索“可视化”的报道形式。“闪电新闻”与百度大数据等平台合作，推出数据新闻产品“闪电指数”，设有数据厨房、山东指数、数据调查等子栏目，解读数据背后的新闻故事。在2020年国庆、中秋“双节”期间，推出《旅客遗失物品排行榜》《怪味月饼大PK》《国庆假期“红色炸弹”来袭》等多篇数据新闻，分析节假日出游、遗失物品、月饼口味、婚庆随礼等社会热点话题，利用数据图表、漫画图表的形式，为广大网友解读较为枯燥的经济数据、民生指标等内容。

二是山东广播电视台积极推动新闻生产流程再造。为实现“短视频优先”的目标，融媒体资讯中心将采编人员“赶”到小屏端，建立起由编委会统一调度的，以时事新闻、深度新闻、本地新闻、聚合新闻四大生产单元为主体的垂直管理模式。新闻采编发流程全面围绕“闪电新闻”设计，让采编“主力军”将移动端作为“主阵地”进行内容生产。在这种模式下，山东广播电视台将更多的人力、财力、物力投向新媒体，在每一个生产单元里，既有前期记者，也有后期编辑，负责人统一调配，同时保障新媒体端、电视端发稿，通过“分田到户”的方式，使每个考核单元成为一个融合组织，负责经营自己的“责任田”，提高融媒体新闻生产效率。

由于采编人员总数没有扩充，采编力量向新媒体端转移，导致电视内容生产出现人手不足的问题。无论是扩充电视生产的人手，还是从小屏端回撤一部分人员，都不符合媒体融合发展的思路，于是采取了“小屏反哺大屏”

的思路。融媒体资讯中心在2019年推出短视频聚合节目《好看时间》，在山东广播电视台公共频道等平台播放，通过"闪电新闻"、抖音等平台，分享网友的生活故事和感悟，整合编发优质的网络UGC内容，将在新媒体端首发、影响力巨大的内容反哺到电视端，进行加工使用或者延伸使用。在"移动优先"原则下，移动端的内容生产将成为工作核心，在给电视端内容生产带来压力的同时，也带来了更多的内容资源，通过"小屏反哺大屏"推动节目内容的多元化发展。

通过推动新闻生产流程再造，对一线采编人员提出了更高要求。山东广电融媒体资讯中心主任王忠提出"大家争做'十手记者'，会使'十八般兵器'"[①]，认为如果记者带回来的产品仅是供传统媒体使用，就是不合格的，通过制度约束和引导促进记者转型。[②] 在2020年全国"两会"报道中，由于上会记者人数被大幅度压缩，山东广播电视台派出了仅有6人的报道组，通过搭建功能完备的北京演播室，完成云访谈、全媒体互动、融媒体编辑等工作。在北京、济南两地演播室"同屏共振"之下，每晚推出"云对话·两会大家谈"融媒体节目，打造"数看山东之变"AI动漫短视频、"两会热词AI解读"等可视化产品，全方位解读两会热点话题。在高清内容生产领域，山东广播电视台启用的26讯道4K超高清IP转播旗舰车，是山东省第一辆"5G＋4K"全IP超高清转播车，也是全球最大、技术最领先的IP车之一，助推山东"5G＋4K"超高清视频内容生产。

三是通过体制机制创新提升资源利用效率。在进行机构调整过程中，山东广播电视台采取了较为灵活的策略。如融媒体资讯中心组建时，将注重新闻生产的公共频道和盈利能力较弱的体育频道、国际频道纳入其中，但对于收视率和经济效益较好的齐鲁频道、综艺频道、生活频道等，考虑到这些频道在山东农村地区拥有庞大的中老年观众群体，受互联网的冲击相对较小[③]，因此让这些频道和部门保持独立运行，并未一刀切全部并入融媒体资讯中心。在成立融媒体资讯中心之后，山东广播电视台进一步调整部门的运营主体，合并音乐广播、生活广播两个频率的运营团队，组建广播音乐生活节目中心，破除频率定位雷同化、节目内容同质化的问题。将电视生活

---

① 唐瑞峰.山东广电：黑科技跑出智媒加速度　融媒体塑造两会强磁场[J].电视指南，2019(7)：46-49.

② 专访王忠：从本领恐慌到本领重塑，实现融媒体服务下沉[J].电视指南，2019(2)：44-45.

③ 赵广远，田力.电视新闻"烹饪模式"可视化创新分析——以山东广播电视台融媒体"中央厨房"为例[J].新闻论坛，2019(5)：68-71.

频道、农科频道整合为电视生活农科管理运营中心，通过精简管理机构、干部，统筹使用采编、广告人员，提高人力资源利用率，保证节目资源的统一调配。①

广播电视媒体改革的重点和难点是人事制度调整。山东广播电视将去机关化、去行政化、打破官本位作为原则，一方面确保体制内员工的基本生活，同时打破身份和级别束缚，打通体制外员工的晋升通道，让体制外优秀员工拥有更多机会。为此，融媒体资讯中心制定了细致的薪酬绩效考核体系，按照员工不同工作性质设定系数标准，并建立严厉的淘汰机制，在一个考核周期内如果员工不符合考核标准，第一次给予其转岗机会，转岗之后如果还不称职就解除聘用。在奖罚分明的制度下，员工能动性得到有效提升。融媒体资讯中心主任王忠介绍说，在刚成立时只有5%的人能拿到每月8000元以上绩效工资，到2019年年底，每月拿10000元以上绩效工资的员工能达到20%左右。此外，薪酬奖励机制中强调市场意识，岗位不同的员工体现的价值不同，如主持人的绩效工资高于记者，前期记者、编辑岗绩效系数高于总编室行政岗，即使不在营销岗位的员工，也可以通过争取客户获得奖励。

第三节　山东卫视融合不足与困难

尽管山东卫视在融合发展方面取得了一定成绩，但仍然面临着自身不足与外部压力。从内部因素的角度看，山东卫视融合发展思维理念转换不足，主打的融媒体产品影响力有待提升，需要破解体制机制改革滞后带来的系列问题。从外部因素的角度看，山东卫视面临着行业困境与区域竞争双重压力，不仅要面对网络视听快速发展带来的冲击，在广播电视媒体激烈竞争中努力保持领先地位，同时也要面对同区域其他媒体的竞争，维护自身的影响力。自身的不足与外部的压力，给山东卫视等平台的融合发展带来风险，需要深入分析内外部各项因素，结合自身特点寻找合适的定位，借助5G、人工智能技术发展机遇，破解逐渐“内卷化”的广播电视媒体竞争局面，推动山东广播电视台从传统媒体向融合型媒体转换。

① 吕芃.推动频道精简精办　努力实现高质量发展[J/OL].综艺报，2019(21)[2022-11-06].https://baijiahao.baidu.com/s?id=1650043544700093146&wfr=spider&for=pc.

一、转型困难与人才问题

方兴东等学者认为，传统媒体转型的核心问题是范式转变问题，无论是市场化程度很高的美国传统媒体，还是受体制约束的国内媒体，范式转变是双方共同面临的问题，范式决定了共同的结局。① 山东卫视等平台的融合发展，最大的问题也来自思维转换的困难。在山东广播电视产业发展研讨会上，山东广播电视台台长吕芃表示，“我们想要的不是‘广电＋互联网’，我们想要的是‘互联网＋广电’，这完全是两套不同的设计路径和工作理念”，“现在已经不需要基于 SDR 结构的传统广电逻辑架构，我们需要的是个 IP 化的整个的工作平台”。② 在互联网思维不足之外，山东广电还面临着融媒体产品影响力不足、人才流失和体制机制约束等问题，尚未完成从传统媒体向融合型媒体的范式转换。

第一，山东卫视需要解决从广电思维向互联网思维转换的问题。在孙杏林等人针对山东省广播电视和网络视听产业进行调研后撰写的报告中，提出了“四个跟不上”的问题，其中提到面对传播格局和舆论生态的新变化，发展观念还跟不上，具体表现为存在思想保守、市场观念和成本意识淡薄等问题，对广播电视和网络视听产业属性、市场属性认识还不足，导致惯性思维制约行业发展，敢试敢闯敢为人先的魄力还不强。③ 山东卫视等平台的融合发展，首先需要进行思维观念转换，打破多年形成的广电思维惯性，大胆探索并不熟悉的互联网领域，但这对于广电媒体而言并非易事。融媒体资讯中心主任王忠在一次活动中总结：“20 多年电视工作经验全部清零，我们必须跟上‘互联网＋’与主流媒体融合发展的步伐，从一个老电视人变成一个新媒体人。”从电视人到新媒体人，意味着竞争模式改换赛道，需要记者、编辑调整心态，以新人的姿态向互联网转型发展。

如在山东卫视重点打造的《问政山东》节目，其中有一期是针对农业农村厅负责人的采访，编辑按照传统思路将电视节目放在网上，把精彩片断切割成碎片进行网络传播，但播出后反响平平。同样的一期节目，SMG 的“看看新闻”将其中一段短视频进行重新编辑，以“李莎八问”为主题突出主持人

---

① 方兴东，钟祥铭.中国媒体融合的本质、使命与道路选择——从数字传播理论看中国媒体融合的新思维[J].现代出版，2020(4)：41-47.

② 齐鲁网.山东广播电视台台长吕芃菏泽研讨会演讲全文：收复失地，赢回尊严[EB/OL].(2019-04-22)[2022-11-06].http://news.iqilu.com/shandong/kejiaoshehui/20190422/4250509.shtml.

③ 孙杏林，倪广宏，周琛.山东省广播电视和网络视听产业高质量发展调研报告[J].现代视听，2020(5)：9-12.

与农业农村厅负责人在现场交流的八个提问，迅速成为网络“爆款”内容。①“李莎八问”引发广泛关注，反映出短视频领域有着独特的话语体系和传播规律，如果仅是按照传统的“切条”方式，得到的视频仅是时间上的短，并不一定适应短视频传播规律，需要广电媒体对短视频用户的习惯进行分析研判，从互联网思维的角度制作高质量短视频，才能不断提升媒体融合水平，持续生产引发网友关注的“爆款”产品。

第二，山东卫视等平台的融媒体内容生产不足。尽管在“电视融合传播指数报告”“全国广播电视媒体融合成长项目”等评价体系中，山东电视台、“闪电新闻”名列前茅，但在实际发展过程中仍然面临着影响力不足、平台较小、市场化困难等问题。如新闻立台的原则确保了山东卫视、“闪电新闻”等平台的权威性，具备了第一时间发布权威信息的资格。但在互联网领域中，新闻时政类内容的关注度相对偏低，影响力不及体育、综艺、影视剧等内容，山东卫视在新闻之外，还需要提供更为多元的内容。如“闪电新闻”后台数据显示，提供体育赛事类内容能够增强对用户的吸引力，如在直播男篮比赛时的下载量比平时大约高 4 倍，而在山东鲁能的比赛期间，客户端的下载量比平时约高 5 倍，开机率也提高了约 1.5 倍。从内容供给的角度看，“闪电新闻”以新闻资讯类内容为主，体育、综艺、影视剧等内容相对较少，因此下载量和开机率也受到一定影响。相比之下，以娱乐影视内容为主的芒果 TV 的安卓版下载量近 50 亿，约为“闪电新闻”的 100 多倍，相关视频的播放量、评论量和话题热度也比较高。

在平台型媒体建设方面，“闪电新闻”积极推动“闪电号”的建设，为省内各级政府部门、媒体以及相关的自媒体账号提供服务，带来了一定量的新闻资讯和社会服务内容。但与其他主流媒体开办的平台号类似，“闪电号”缺乏实际影响力，其中较为活跃的是“齐鲁网”“闪电夜读”等自办平台账号，机构类账号主要是与对应的微信公众号同步发送内容，缺少有价值的独家内容。山东省内部分县级融媒体中心开通“闪电号”并持续发布信息，但目前的新闻发布量、浏览量、粉丝数、网友评论相对较少。如较为活跃的“定陶融媒体中心”在发布了 1769 条动态后，在平台中仅有 80 个粉丝，新闻之下也少有网友评论；嘉祥县融媒体中心甚至在注册后就未发布任何信息，成为平台的“僵尸号”。“闪电号”的发展与微博、抖音等商业平台的账号差距较大，如果不能有效提升平台号的传播效果，这部分功能将成为政府部门、基层媒体

---

① 齐鲁网.山东广播电视台台长吕芃菏泽研讨会演讲全文：收复失地，赢回尊严[EB/OL].(2019-04-22)[2022-11-06].http://news.iqilu.com/shandong/kejiaoshehui/20190422/4250509.shtml.

的额外工作，逐渐在融媒体竞争中被淘汰。

在市场化经营方面，主流媒体的商业合作与自身渠道建设存在一定冲突。如在与微博、抖音等商业平台合作中，山东卫视相关的“两微一抖”账号取得了不错成绩，但传统媒体在合作中始终处于弱势的一方，需要依靠商业网站的流量、资金扶持才能顺利发展。在庞大的互联网内容生产体系中，传统媒体仅是其中的一小部分，这种合作有可能进一步削弱传统媒体的自身渠道，使其沦为单一的“内容生产商”或“素材库”。在本地化的商业合作中，媒体同样要承担一定程度的风险。如山东广电体育频道曾计划与鲁能洽谈合作，初期认为鲁能相关客户端用户活跃度高，计划将“超级赛场”及鲁能内容放在对方平台播出，但经过市场下载量测算发现，其移动端下载量远不及“闪电新闻”，如果没有较好的版权收入，将有可能造成负面影响。山东卫视等平台的融合发展，需要与不同类型的平台、企业进行合作，但需要进行充分的市场分析，在综合研究市场、渠道、内容等因素后，进行更合理的决策。

第三，山东卫视等平台面临融媒体人力资源不足的问题。习近平总书记对宣传思想干部提出“要不断掌握新知识、熟悉新领域、开拓新视野，增强本领能力，加强调查研究，不断增强脚力、眼力、脑力、笔力”[①]的要求，广播电视媒体工作人员也需要不断提升自身综合素质和对融媒体的理解。因此，人事改革始终是传统媒体转型的重点，如在实施系列改革前，山东广播电视台存在一线人员比例较低的问题，大量的人员积压在行政、后勤等非生产性岗位，同时专业人员也存在业务素养不足的问题。一些工作人员因为知识结构差距，在与国外同行交流时存在较多的困难，因此山东广播电视台在改革中注重打破人才管理束缚，打通人才的晋升通道。但人事制度改革是一项长期工作，需要建立完善的人事体系，并非一两次短期改革就能实现转变。

在技术人才引进方面，传统的事业单位体系限制较多，无法像互联网企业一样快速建立技术小组并招募专业人才，但如果按照传统的事业单位招聘流程，很容易错失互联网新产品的发展机遇。为解决这一问题，山东广播电视台采取了较为灵活的策略，部分人员由信通公司等企业帮忙招聘，以购买服务的形式间接实现技术人才的招募，推动技术项目的顺利开展。但这一方式仅适合推动短期的技术工程，无法满足“闪电新闻”等长期建设的项

---

① 习近平在全国宣传思想工作会议上强调：举旗帜聚民心育新人兴文化展形象　更好完成新形势下宣传思想工作使命任务[N].人民日报，2018-8-23(1).

目,还需要更稳定的专业技术团队,才能确保融媒体平台搭建和产品的更新迭代,形成更强的创新能力和竞争力。

此外,尽管山东广播电视台建立融媒体资讯中心,打破了原有的层级管理体系,对部分机构和部门进行了整合,但目前仍属于传统的金字塔式科层管理模式,从上到下仍有较多的管理层级,部门运行的扁平化程度不足。在这一方面,可以在推动频道制改革的同时,借鉴人民日报、湖南卫视等媒体的工作室制度,依托 MCN 机构建设的时机,探索以融媒体团队为核心的“扁平化”工作室管理模式,为初具规模的工作室或团队提供更多的自主权限,为媒体内部的工作人员提供创新训练和发展机遇,推动体制机制改革的不断创新。

二、行业困境与区域竞争

在解读山东省广播电视和网络视听产业发展时,山东省广播电视局副局长孙杏林提到,面对传播格局和舆论生态的新变化等,存在主业大而不强,市场散而不聚,产业链全而不优,发展速度平而不快等现实问题。山东卫视作为山东地区代表性媒体,在融合发展过程中面临着行业困境与区域竞争的双重压力,一方面是网络视听快速发展给整个广播电视行业带来巨大冲击,而广播电视媒体的融媒体改革仍然是同质化竞争,带来了严重的行业“内卷”现象;另一方面还要与同区域的大众报业集团等媒体进行竞争,双重压力给山东卫视等平台的融合发展带来较多困难。

第一,网络视听快速发展给广播电视行业带来巨大冲击。2019 年我国广播电视行业总收入为 8107.45 亿元,除去财政补助、其他收入后的实际创收为 6766.90 亿元。其中传统业务的收入下降明显,如广播电视广告为 998.85 亿元,同比下降 9.13%,有线电视网络收入 753.35 亿元,同比下降 3.35%,传统广播电视节目销售收入 497.66 亿元,同比下降 22.55%。而与互联网相关的业务增长幅度较大,如广播电视和网络视听机构通过互联网取得的新媒体广告收入为 828.76 亿元,同比增长 68.49%,交互式网络电视(IPTV)平台分成收入 121.23 亿元,同比增长 20.69%,互联网电视(OTT)集成服务业务收入 62.53 亿元,同比增长 33.16%。[①] 相比之下,网络视听行业发展迅速,2019 年产业规模达到 4541.3 亿元,用户规模突破 9 亿,在网民

① 国家广播电视总局.2019 年全国广播电视行业统计公报[R/OL].(2020-07-08)[2022-11-06].http://www.nrta.gov.cn/art/2020/7/8/art_113_52026.html.

中的使用率达到95.8%。[①] 广播电视与网络视听呈现此消彼长的发展态势，以网络视听为主导的视听传播生态正在逐渐形成。

广播电视行业发展困境引发媒体人的反思。在山东广电产业发展研讨会上，山东广播电视台台长吕芃表示："如果说我们过去的广电资产、广电产业、广电行业是一根冰棍，现在这个冰棍随着周围环境的变化在不停地融化，不停地缩小。也就是说我们增量几乎为零，但存量在不断地缩水。如果不能清醒地认识到这样一个产业基础和现实，我们今后做决策、做发展将会陷入非常尴尬和困难的境地。"[②]从行业发展趋势来看，尽管传统的广播电视行业规模和收入仍有一定优势，但在用户数量、渠道拓展、主营业务等方面已经趋近饱和，而网络视听行业不仅发展迅猛，同时仍有较大的发展空间，将逐渐夺走广播电视行业的内容、用户、广告等资源，逼迫广播电视行业被动融入网络视听行业之中。

广播电视媒体非常注重向新媒体领域拓展，但转型发展面临比较多的困难，在网络视听等新领域的拓展并不理想。如短视频市场规模在2019年达到1302.4亿元，同比增长178.8%，是近年来增速最快的网络视听形式，其用户规模达到8.18亿，人均单日使用时长为110分钟，已经逐渐成为互联网的底层应用。在短视频领域中，抖音、快手的"两强"格局持续强化，其他的西瓜视频、微视、爱奇艺随刻等展开了激烈的竞争。尽管天津海河传媒中心推出"津抖云"，浙江广电的"中国蓝新闻"、河南广电的"大象新闻"等客户端也宣称转型短视频领域，但目前没有出现有影响力的广播电视短视频平台。在综合视频领域中，第一梯队的"优爱腾"市场份额高达79.1%，广播电视媒体中仅有芒果TV进入了第二梯队，但与前者相比仍有较大差距。面对网络视听内容的"长短之争"，有人认为存在传统电视台步履维艰、长视频网站连年亏损、长视频内容公司陷入生存困局等问题。网络视听领域的激烈竞争，给广播电视媒体融合发展带来较多风险，有可能投入较多资源却无法打造头部产品，在新领域的竞争中被迅速淘汰。

第二，广播电视媒体融合发展陷入行业内卷化状态。内卷化理论广泛应用于人类学、文化学、政治学等领域，表征着事物发展过程中的功能锁定现象，即事物在发展到某种形态之后，因偏离直线上升的轨道而出现的无休

---

① 中国网络视听大会.《2020中国网络视听发展研究报告》发布[R/OL].(2020-10-12)[2022-11-06].http://www.ciavc.com/news/ndetails/id/158.html.

② 齐鲁网.山东广播电视台台长吕芃菏泽研讨会演讲全文:收复失地，赢回尊严[EB/OL].(2019-04-22)[2022-11-06].http://news.iqilu.com/shandong/kejiaoshehui/20190422/4250509.shtml.

止的方式复制、自我繁殖，并伴随着内耗加剧和边际效益递减等有外延扩展而无内涵发展的状态。内卷化也意味着事物发展过程中的路径依赖，因外部条件的限制和内部机制的约束，事物在发展方式或治理手段上缺乏创新，习惯于因袭之前惯常采用的旧法。① 广播电视媒体的融合发展也存在严重的功能锁定、路径依赖现象，在传统的广播电视渠道发展趋近饱和的状态下，缺乏有效的创新改革路径，即使在融媒体建设方面也多是延续原有的发展模式，尽管传统媒体之间展开了激烈的竞争，但却难以突破行业限制，未能打造出具有颠覆性、革命性的融媒体产品。

以广播电视媒体的移动端平台建设为例，从中央广播电视总台重点打造的视听新媒体旗舰平台央视频，到湖南广播电视台的网络视听平台芒果TV和广东、上海等地的触电新闻、看看新闻等客户端，再到苏州、无锡、长沙等市级广电媒体的无线苏州、智慧无锡、智慧长沙等客户端以及掌心长兴、爱安吉、邳州银杏甲天下等有特色的县级融媒体中心客户端，各级广电媒体纷纷投入大量的资金和人力到移动客户端建设之中，但其中仅有央视频、芒果TV等少数客户端具有一定知名度，但与商业视听平台的下载量、开机率相比仍有较大的差距。

移动客户端领域本就是一个激烈竞争的领域，其生命周期平均为10个月，1个月时间内通常有85%的用户会删除客户端，而5个月后仅有5%客户端剩余下来，难以长久保持是客户端面临的艰巨挑战。② 对广播电视媒体客户端而言，最严重的问题是缺少独特的定位和差异化内容。如央视频"闪电新闻""智慧长沙""掌心长兴"四个不同级别的广电媒体客户端，均定位于新闻资讯平台，首页包含头条/推荐、电视/视听、时政/时事、直播等版块，形式多为滚动图片、视频、图文等，在互动、社交等方面的开发较少。与"两微一端"等社交媒体账号相比，移动客户端建设的自主可控程度较高，但依然是在以网络媒体为主导的领域内展开竞争。对于多数的普通用户而言，在已有微信、微博、今日头条等平台提供大量资讯内容前提下，下载新闻类客户端的动力明显不足。广播电视媒体客户端如果不能提供独特的资讯内容或社会服务，即使在高成本的宣传推广支持下，也难以获得足够的用户黏度和使用时长，长期发展依然面临着艰巨的考验。

第三，山东地区传统媒体融合发展竞争激烈。山东卫视不仅要面对行业内的激烈竞争，在区域内同样存在大众报业集团、济南日报报业集团、济

① 朱文辉.学术治理的内卷化：内涵表征、生成机理与破解之道[J].高等教育研究，2020(6)：26-33.
② 许宏金.5G革命　新流量时代商业方法论[M].北京：电子工业出版社，2019：168.

南广播电视台等竞争对手，其中主要竞争为成立于2000年的大众报业集团。大众报业集团旗下拥有《大众日报》《齐鲁晚报》《半岛都市报》等多家报刊，大众网、“海报新闻”“齐鲁壹点”等新媒体平台，并在2015年推动山东省互联网传媒集团股份有限公司成立，成为横跨多个领域的大型传媒集团。济南日报、济南广播电视台在融合发展中也各具特色，济南日报报业集团注重发挥城市党媒作用，一体化打造新时代文明实践中心和融媒体中心，其中济南融媒体中心集合了融媒采编指挥、5G实验室、舆情中心等功能，相关系统均由集团旗下的舜网软件研究院自主开发，推动“中央厨房”与济南市各级融媒体共用共享。[①] 济南广播电视台与贝壳视频合作成立“鹊华MCN”，探索电商直播、达人商业活动等，运行四个多月后的签约账号超过百个、粉丝量近千万，成为市级媒体中有代表性的广电MCN机构。[②]

在2019年的第六届山东省互联网大会发布的“山东新媒体综合影响力50强”榜单中，除山东广播电视台的“闪电新闻”、齐鲁网之外，齐鲁晚报的“齐鲁壹点”、大众日报的大众网、舜网的“爱济南”、青岛网络广播电台的“爱青岛”等平台也同样上榜。此外，由大众报业集团主办、山东省互联网传媒集团承办“海报新闻”客户端在2018年12月上线，定位于立足山东、辐射全国，建立起覆盖山东全省16市的采编体系，并推动北京、上海等地新闻中心建设。“海报新闻”尝试5G＋4K/8K超高清视频直播、VR直播、5G＋智慧场馆、5G＋无人机直播等技术，推出了“日出山东”“夜色山东”系列爆款产品，并重点打造海报号，鼓励政府部门、名家大V、自媒体等入驻平台。[③] 尽管“海报新闻”比“闪电新闻”建设晚了近2年，但定位相同的“海报新闻”的快速发展值得重视，如“重点建设海报新闻客户端”被写入山东省政府工作报告，列入2019年政府工作重点任务，软件下载量不断攀升，与“闪电新闻”的差距在逐渐缩小。如果“闪电新闻”无法在技术、内容等方面保持领先优势，有可能被“海报新闻”赶上甚至反超，需要正视竞争对手带来的压力，保持清醒的竞争意识和坚定的改革决心。

山东广播电视台的融合发展存在内部思维转换不到位、内容生产不足、缺乏专业人才、体制改革滞后等问题以及外部的广电行业内卷化、同地区媒

---

① 马利.打造智慧连接、开放共享的全域全媒新生态——济南日报报业集团关于媒体融合的探索与思考[J].传媒，2019(19)：30-32.

② 张颖.专访济南广播电视台党委书记、台长孙世会：MCN竞争趋于理性，成熟标准化才能做到头部[J].电视指南，2020(8)：42-43.

③ 林忠礼，张瑞祯.“海报新闻”建设“全国大端”的思路与实践[J].中国记者，2020(3)：100-102.

体竞争的双重压力,其中最核心的问题是在新的环境下如何选择合适的发展定位,推动山东广播电视台从传统的广播电视机构向视听服务平台转型,处理好山东卫视与"闪电新闻"、Lighting TV 等新媒体产品之间的关系,实现传统媒体与新媒体融合的一体化发展,结合融媒体特点与受众需求,逐步提升视听内容生产能力,用创新思维破解传统媒体的融合困境。

第四节　山东卫视融媒体 SWOT 分析

SWOT 分析法是管理学中战略分析研究的常用方法,适合创业者在对一个或几个业务已有初步设想时,进一步考察相关业务领域是否适合创业者进入并能够在该领域形成竞争优势。该方法由美国经济学家安索夫(Lgor Ansoff)在 1956 年提出。SWOT 是与研究对象密切关联的内部优势因素(Strengths)、劣势因素(Weaknesses)和外部机会因素(Opportunities)、威胁因素(Threats)的首字母组合。其中,优劣势分析主要是着眼于创业者自身的技术与经济等实力以及与竞争对手或可能的竞争对手的比较,而机会与威胁分析侧重于创业者选择的外部环境,包括政治与经济环境、自然与社会环境等以及环境变化和可能带来的影响。在企业创业中应用 SWOT 分析方法,可以从宏观战略角度分析要开创的新事业所面临的机会与威胁,确保创业者做出正确的战略选择。①

在企业竞争战略实施过程中,战略应是"能够做的"(企业的优势和劣势)与"可能做的"(环境的机会和威胁)的有机组合。SWOT 分析方法的具体因素包括:优势因素(S)主要是超越其竞争对手的能力,或者所特有的能提高公司竞争力的元素,如独特的生产技术、低成本的生产方法、先进的生产流水线、优秀的品牌形象、关键领域拥有专长的员工、高质量的控制体系、完善的信息管理系统、忠诚的客户群、强大的融资能力等。劣势因素(W)是缺少或做得不好的方面,或会使自身处于劣势的条件,如竞争技术落后、人力资源不足、竞争能力丧失、体制机制落后等。机会因素(O)是指影响公司战略的外部重大因素和机遇,包括客户群的扩大趋势、产品细分市场变化、新产品与新业务的出现、市场进入壁垒降低、获得并购竞争对手的能力、市场需求增长、向其他区域扩张的可能性、扩大市场份额的机会等。威胁因素(T)是某些对公司的盈利能力和市场地位构成威胁的因素,包括新进入市场

① 陈德智.创业管理[M].北京:清华大学出版社,2001:64.

的竞争对手、替代产品的出现、主要产品市场增长率下降、汇率和外贸政策的不利变动、人口及社会消费方式的不利变动、客户或供应商的谈判能力提高、市场需求减少、经济萧条和业务周期的冲击等。①

对于山东广播电视台而言，推动融媒体建设如同创业者进入一个全新的领域，需要综合分析自身特点与外部环境，找出自身的优势和不足，考察外部的机遇与威胁，同时通过对各类因素的交叉分析，探索与山东广电融合发展相匹配的战略构思，并为之制定相应的发展战略规划。具体思路如图2-1所示。

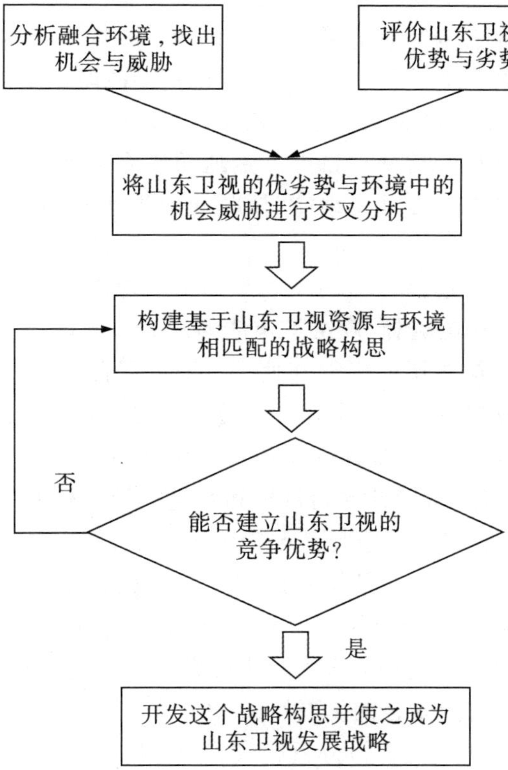

图2-1　山东卫视融媒体SWOT分析步骤

进行SWOT分析包括三个步骤：一是分析企业外部环境，列出外部环境中存在的机会和威胁；二是分析企业内部环境，列出企业目前所具有的优

① 吕巍，周颖，冯德雄.战略管理[M].武汉：武汉理工大学出版社，2010：72-73.

势和劣势;三是编制SWOT分析表格,以外部环境中的机会和威胁为一个维度,以内部环境中的优势和劣势为另一个维度展开分析,可以得到SO(优势机会)、WO(劣势机会)、ST(优势威胁)、WT(劣势威胁)四种发展战略,不同战略适合不同的发展阶段或不同的外部环境。SO战略属于增长型战略,是最为理想的战略,企业希望最大限度利用外部环境提供的机会,将其优势发挥至最大。ST战略属于多种经营战略,企业应该利用自身的优势来对付外部环境中的威胁,但并非意味着企业必须以其自身的实力来正面迎击外部环境中的威胁,可以采取扬长避短、迂回策略达到提升优势、降低威胁的目的。WO战略是扭转型战略,显示了企业的劣势和当前面临的外部机会,企业尽可能克服内部劣势并有效利用外部机会。如果不采取任何行动,实际是将机会拱手让给竞争对手。WT战略是防御型战略,综合了企业劣势和外部威胁,企业应该尽量避免处于这种状态,如果企业不得不面对时,通常只有破产倒闭或破釜沉舟这两种选择。迅速扭转企业面临的不利局面,较为明智的战略通常是进行合并重组,在短时间内迅速壮大企业的实力以抗衡外部威胁。①

媒体融合发展需要选择合适的发展策略。从媒体组织发展的角度看,媒体的长期目标和战略的选择,确定了媒体的发展方向,规定了媒体经营管理机制的建立以及媒体资源的配置和使用。离开了战略目标的经营管理,有可能缺乏长远的发展规划,导致盲目投资和扩张,过于追求短期利益,导致低效、浪费等行为的发生。媒体战略的要点包括主体、目的、核心等因素,主体是人们组成的、具有共同的明确目标和系统性结构的实体,目的是媒体组织为适应未来环境的变化寻求持续与稳定的发展,核心是具有全局性、长远性和纲领性的重大问题。② 具体到山东广电的融合发展,包括对内部技术、资金、人才等因素的分析以及对外部市场、产业、新技术等因素进行考察,需要抓住媒体融合的有利因素,控制化解媒体融合过程中的不利因素和威胁,实现扬长避短、有效融合的发展目标。

通过SWOT矩阵(见表2-9)分析梳理发现,山东广电在融媒体构建与发展过程中的机会因素和优势因素较多,但威胁因素和劣势因素也不容忽视。

① 吕巍,周颖,冯德雄.战略管理[M].武汉:武汉理工大学出版社,2010:74-75.

② 宋培义,卜彦芳,杨强.媒体组织战略管理[M].北京:中国广播电视出版社,2011:2.

表 2-9　山东广电融媒体 SWOT 矩阵分析

外部环境/内部因素	优势因素(Strengths)	劣势因素(Weaknesses)
	1.获得国家、山东省的大力支持 2.“中央厨房”建设基础较好 3.“闪电新闻”更新迭代较快 4.MCN 机构探索较早	1.互联网技术承载能力较弱 2.新媒体平台数量偏少 3.缺少高素质融媒体人才 4.融媒体内容生产能力不足 5.体制机制改革相对滞后
机会因素(Opportunities)	SO 优势机会战略	WO 劣势机会战略
1.山东省经济文化地区优势 2.网络视听行业的快速发展 3.智慧广电建设等政策红利 4.承建山东省县级融媒体中心省级技术平台	1.结合政策红利,推动新闻生产流程再造 2.深化移动优先发展原则,巩固“闪电新闻”先发优势 3.做好县级融媒体中心建设,建设山东省多级联动融媒体协作机制	1.依托政策支持,提升自主平台建设的技术承载能力 2.搭建多元平台探索创新模式 3.进一步推动体制机制改革
威胁因素(Threats)	ST 优势威胁战略	WT 劣势威胁战略
1.广播电视广告市场萎缩 2.省级卫视竞争激烈 3.互联网核心技术获取困难 4.大众报业等同区域的竞争	1.依托智能化技术,重构广电媒体新闻生产流程 2.探索 MCN 转型,整合视听内容产业链上下游环节	1.合并削减传统媒体部门,将资源、人力向新媒体部门倾斜 2.与互联网公司开展深度合作,获取最新的技术支持

从外部环境来看,机会因素包括区位优势、行业扩张、政策红利等,山东省的人口、经济在全国名列前茅,浓厚的儒家文化底蕴与山东卫视“悠久文明、青春中国”的定位相契合,以短视频为代表的网络视听行业快速发展以及国家关于智慧广电发展、5G 建设等政策红利为广电媒体的转型发展创造机遇。山东广电的县级融媒体中心省级技术平台,推动山东广电向基层“下沉”,有助于建立区域多级媒体协作机制。但融合发展也面临一定的威胁因

素,包括行业萎缩、竞争内卷化、技术壁垒、区域竞争等。随着有线电视用户和广告收入不断下滑,传统的广播电视渠道优势被不断消解,但省级媒体之间的竞争却更加激烈,特别是在融合发展中存在功能锁定、路径依赖等内卷化现象。在进军新媒体领域时,广播电视媒体又遭遇了互联网技术壁垒,很难获得互联网的核心技术,在合作中始终是较为弱势的一方,缺少提升议价能力的独特优势。此外,山东广电还要面对大众报业集团等同区域媒体的竞争,特别是移动端的竞争压力加大,“海报新闻”的快速发展给“闪电新闻”带来挑战。

从内部因素来看,优势因素包括政策支持、先发优势、技术特色等,从齐鲁网、山东网络广播电视台、山东手机台到“闪电新闻”的建设,山东卫视的融媒体构建始终得到国家、山东省的大力支持,“中央厨房”、“闪电新闻”客户端、MCN 机构 Lightning TV 等建设较早,具有一定的先发优势,并通过旗下的信通公司开展自主建设,在县级融媒体中心建设中实现了技术输出。劣势因素包括技术受限、渠道单一、人才不足、体制限制等问题。尽管山东广播电视台在融媒体建设中取得了一定成就,但与腾讯、阿里等互联网行业巨头相比,广播电视媒体的技术承载和融媒体内容生产能力不足,山东卫视相关的新媒体平台数量较少,仅依靠“闪电新闻”难以形成矩阵式传播效果,在人事制度、薪酬制度等方面的改革也相对滞后,给媒体深度融合发展带来负面影响。

结合山东广播电视台的内部因素与外部环境,可以进一步考察 SO、WO、ST、WT 四种不同类型的发展战略。其中 SO 战略适合仍处于增长期的山东卫视融媒体平台建设,应进一步发挥国家、山东省有关媒体融合的政策红利优势,以“中央厨房”技术升级改造为核心,推动山东卫视等平台的新闻生产流程再造工作,有效提升融媒体内容生产能力,重点加大对“闪电新闻”客户端的资金、人力扶持,形成山东卫视与“闪电新闻”的“电视＋移动端”双头部发展战略。在已经初步完成山东省县级融媒体中心建设的基础上,推动山东广播电视台与基层媒体之间的深入合作,促进媒体融合“最后一公里”的有效实现,构建区域性多层级媒体联动协作机制。ST 战略的多种经营策略也同样适合山东广播电视台的融合发展,在面对广播电视与网络视听此消彼长的发展趋势下,应采取扬长避短、迂回策略来降低外界威胁,一方面发挥广电媒体在权威内容发布、专业新闻生产等领域的优势,依托智能化技术重构新闻生产流程,巩固“闪电新闻”在山东地区的行业领先优势。另一方面做好 MCN 机构 Lightning TV,扩大在网络视听行业的影响力,重点打造“闪电新闻”“生活帮”等头部 IP 资源,促进多元化融合发展。

面对自身的劣势和外部困境，如果不采取应对策略将丧失发展机遇。WO战略为山东广播电视台提供了扭转劣势的方法，包括依托政策红利的支持，弥补在互联网技术方面的不足，进而提升自主平台的技术承载能力，还可以借鉴字节跳动的多移动端建设策略，结合工作室制度探索新闻领域之内容创新，在短视频、娱乐、社交、政务等领域建设分众化的客户端，探索多元化的融合创新途径。同时深化自身的体制机制改革，借鉴工作室制度推动管理层级从科层制向扁平化过度，推动人事制度、薪酬制度的改革。WT战略提醒了对不利因素的切割或舍弃，有助于在不擅长领域进行防御，山东广播电视台应调整发展策略，关停或合并用户数量减少、盈利能力较差的电视频道与广播频率，缩减传统媒体的规模和体量，将资源转入新媒体部门。在不具备发展空间的技术领域，适当放弃资金、人力的投入，转向与互联网公司的深度合作，借助外部力量提升自身综合实力。

第三章　山东卫视融媒体发展战略

结合对山东卫视等平台融媒体构建的SWOT分析，从优势机会、优势威胁、劣势机会、劣势威胁等角度，分别提出移动化、智能化、平台化、垂直化的发展战略，包括深化移动优先发展原则，推动山东卫视与"闪电新闻"的双核驱动，依托智能化技术进行新闻生产流程再造，推动算法分发智能创新，以及建立区域性平台协作机制，拓展融媒体产业链上下游，完善垂直细分内容生产，探索电声合作的T2O模式，推动山东卫视等平台的融媒体构建与发展。

第一节　移动化发展战略

在对山东卫视融合发展的战略分析中，结合外部的网络视听行业的快速发展、智慧广电建设等机遇，内部的"中央厨房""闪电新闻"客户端建设等固有优势，在优势机会战略（SO战略）中提出移动化发展战略，不断深化"移动优先"发展原则，巩固"闪电新闻"的先发优势，推动"山东卫视＋闪电新闻"的双核心驱动发展战略，加速广电媒体向视听服务平台的转型。

一、深化移动优先原则

移动互联网的快速发展和移动终端设备在大众生活中的普及，彻底地改变了人们的媒介使用习惯。在移动互联网条件下，新闻传播表现出最明显的特征是随时随地传播新闻信息，包括信息的发、受、互动，甚至几乎可以同步完成所有传播行为。[①] 从报纸杂志到广播电视，众多传统媒体在移动互

① 景义新，秦赞.移动互联网条件下视听媒体的新形态、新特征及演进趋势[J].中国电视，2015(8)：84-88.

联网影响下，选择了移动优先发展原则，通过开通社交媒体账号、建设移动客户端等形式，积极推动向移动端的转型。山东卫视等融媒体构建需要深化移动优先的发展原则，进一步明确广电移动客户端的核心地位，确立以移动端视频为主的内容生产导向，积极探索5G前景下的移动产品多元化开发。

一是明确广播电视媒体移动平台的核心地位。根据中国互联网络信息中心(CNNIC)发布的《第50次中国互联网络发展状况统计报告》，至2022年6月，我国手机网民规模达10.47亿，在网民中占比99.6%。① 随着媒体融合进入攻坚克难的深度融合阶段，移动端建设在广电媒体转型发展中显得尤为重要，各级广电媒体均根据自身特色选择差异化的建设路径，中央广播电视总台推出基于"5G+4K/8K+AI"的综合性视听客户端央视频，湖南广电借助芒果TV向"优爱腾"等商业视频网站发起挑战，SMG启动"BesTV+流媒体战略"并成为广电5G应用试点，苏州广电的无线苏州客户端重点打造城市服务信息云平台以及在县级融媒体中心建设中出现的掌上长兴、爱安吉、银杏甲天下等有代表性的县级媒体新闻客户端。

为提升传统媒体对移动平台的重视，部分媒体在融合中采取了相对"激进"的措施，如《纽约时报》在2014年6月，向全体员工群发了一封特殊的邮件，提醒在一段时间内只能用手机或平板电脑访问该报的网站，以暂时关闭PC端的形式突出移动端的重要性。② 移动优先原则需要及时调整原有业务，如SMG曾重点打造专业24小时新闻直播流Knews 24，但仍是以新闻演播室为主直播点、以记者现场连线和演播室访谈为辅的一种传统直播方式，关注度及在线观看人数较少，因此在2018年12月关闭了该业务，将相关资源向移动端进行转移，推进移动优先战略。"闪电新闻"客户端的建设具有时代特色，在上线的同一天，《人民日报》刊登了刘奇葆同志的文章《推进媒体深度融合　打造新型主流媒体》，文中专门提到了"确立移动媒体优先"的发展战略。对于山东卫视融媒体建设而言，需要进一步加强对移动端的重视，不仅在新闻采编工作中将移动端作为主阵地进行内容生产，更要宏观发展层面深化移动优先的原则，将"闪电新闻"客户端提升至所有渠道中的核心地位，将原有的广播、电视、网站的团队和资源向移动端倾斜，在融合创新中注重从内容到形式的全面移动化策略。

---

① 中国互联网络信息中心.第50次中国互联网络发展状况统计报告[R/OL].(2022-08-31)[2022-11-06].http://www.cnnic.net.cn/NMediaFile/2022/0926/MAIN1664183425619U2MS433V3V.pdf.

② 假装在纽约.《纽约时报》刻意捆绑移动端的深意[J].新民周刊，2015(24)：27.

二是增强广播电视媒体移动视听内容生产能力。刘奇葆提出“创新移动新闻产品”,强调要遵循新闻传播规律和新媒体发展规律,重点在准、新、微、快上下功夫。① 移动新闻产品是移动视听内容的核心组成部分,其中在移动中进行新闻生产已经成为发展趋势。据《2017中国媒体内容生产者职业发展状态与工作习惯调查报告》显示,近五成的新闻工作者每日通过移动设备获取新闻信息的时长超过3小时,约两成多的内容是在新闻现场、路途中等移动状态下完成内容生产。② 各级广播电视媒体通过软硬件建设、系统搭建、人员培训等形式提升移动采编能力,如轻便的5G背包提供4K级别的直播视频采集,中央广播电视总台的“两神山”医院建设、攀登珠峰等“慢直播”全面呈现宏大历史事件,山东广电的“畅媒”系统支持记者在手机端进行选题报题、视频直播、多屏分发等工作,提升记者编辑的移动采编能力。

短视频是当前移动视听内容的主要形式,主流媒体纷纷布局短视频领域,通过设立短视频部门、打造短视频节目、搭建短视频平台等形式扩大影响力。与商业平台大量发布的UGC内容相比,主流媒体更偏重于PGC内容生产,借助记者编辑团队制作时政、新闻类短视频。新华社的“媒体大脑·MAGIC短视频智能生产平台”每日可生产短视频新闻上万条,浙江日报报业集团提出“新闻视频化”战略,将图片中心与浙江在线视频新闻部等合并为全媒体视频影像部。③ 以新闻评论类短视频为例,中央广播电视总台依托《新闻联播》推出新闻评论类短视频节目《主播说联播》,央视网与西瓜视频合作推出军事短视频节目《兵器会说话》,深圳卫视与西瓜视频、景行东方财经工作室合作推出财经类短视频节目《财什么经》,山东广播电视台与今日头条等合作制作短视频节目《好看时间》。学者李良荣预言,短视频将成为未来新闻发布的主要方式,但目前以新闻资讯为主的短视频发展相对滞后,尤其是影响力大的新闻资讯短视频产品较少。④

5G技术的发展释放了充足的流量空间,视频在5G生态中将扮演十分重要的角色,越来越多的网络信息将以视频的方式呈现。⑤ 学者彭兰认为,新闻类移动视频的发展包括“短”与“长”两种趋势,短视频新闻目前更多承

① 刘奇葆.推进媒体深度融合　打造新型主流媒体[N].人民日报,2017-01-11(6).

② 苟凯东.移动优先的场景重构与传播创新——以央视新闻移动网为例[J].电视研究,2017(10):7-9.

③ 肖国强,徐斌.党报视频化的探索与思考——浙江日报报业集团“浙视频”成长记[J].新闻战线,2018(11):65-67.

④ 李良荣.短视频将成为未来新闻发布的主要方式[J].青年记者,2018(30):4.

⑤ 赵子忠,李明毫.5G环境下广电的融合创新[J].电视研究,2019(4):12-14.

载软新闻，硬新闻更需要长视频给予的空间，电视媒体凭借调查报道等等优势，将在长视频领域更有存在感。① 与当前火热的短视频相比，5G 技术将为长视频发展提供更多可能性，商业网站和广电媒体均意识到这一发展机遇，如爱奇艺 CEO 龚宇表示 5G 和配套技术的发展将更适合长视频行业发展，湖南广播影视集团兼芒果超媒党委书记、董事长张华立认为长视频是刚需，打造基于长视频内容的“小芒”垂直电商平台势在必行。

对于山东卫视等平台的融媒体构建而言，在移动视听内容生产领域应采取短长结合的策略，一方面完善“闪电云”系统，提升移动内容生产能力，并做好 MCN 机构 Lightning TV 和“光芒计划”，为内容 IP 孵化、短视频生产提供更多资源支持，在短视频领域持续发力；另一方面更要专注中视频、长视频的发展，提升“闪电新闻”的中长视频内容生产能力，探索影视剧、纪录片、综艺节目等类型的长视频内容生产，将“闪电新闻”打造为内容多元化的移动平台。

三是加强广播电视媒体的移动产品开发能力。在国家广播电视总局发布的《关于推动广播电视和网络视听产业高质量发展的意见》中，明确提出“加快建设广电 5G 网络”，强调“加快大数据、云计算、人工智能、IPv6、5G、VR、AR 等新一代信息技术在广播电视和网络视听节目制作播出和传输覆盖中的部署和应用”。② 随着新闻客户端市场呈红海化趋势，竞争惨烈程度升级，同时还要面对与游戏娱乐、社交通信、办公学习、理财购物等应用程序的竞争，传统媒体容易陷入放弃丧失机遇、坚守难以脱颖而出的“鸡肋”局面。③ 因此，在完善移动客户端建设的同时，更需要紧跟与移动传播相关的新技术，提升多元化的移动产品开发能力，在全息投影、VR、AR、MR 等前沿技术领域进行探索，重点探索 5G 技术赋能视频传播和移动场景化传播的新闻产品。

5G 技术赋能下的“大视频”，不仅是视频时长、内容形态和技术层面的定义，而且指未来的信息传播将更多地以视频为表达方式和表现形态，视频传播相关的行业和范围也将进一步扩大。④ 凭借超高速率、超低时延、超大链接能力等特点，5G 技术应用将创造全新的移动视听传播体验。如“5G＋

① 彭兰.移动视频：一种手段、多种表达[J].新闻记者，2020(7)：5-12.

② 国家广播电视总局.关于推动广播电视和网络视听产业高质量发展的意见[EB/OL].(2019-08-19)[2022-11-06].http://www.nrta.gov.cn/art/2019/8/19/art_113_47132.html.

③ 清博大数据新媒体指数团队.中国传统媒体新闻客户端发展报告[J].青年记者，2016(4)：9-14.

④ 卢迪，邱子欣.新闻“移动化”与直播“常态化”：5G 技术推动新闻与直播深度融合[J].现代传播，2020(4)：6-10.

直播”对重大节日活动、体育赛事的全视角全过程呈现,“5G＋全息投影”解决了高延时带来的采访迟滞感,实现了采访对象与记者“隔空交流”的画面,“5G＋VR”支持展会、赛事等活动的虚拟现实画面的高品质呈现,“5G＋AR”帮助记者在采访中快速锁定并识别采访对象,“5G＋无人机”提升高空全景拍摄的画质,“5G＋传感器”获得丰富的传感数据以支持数据新闻生产,“5G＋人工智能”加速机器生产内容效率。此外,“5G＋云”模式的内容分发网络(CDN)快速发展,在传统的网络构架上覆盖新的层级,以云服务的形式实现用户端与服务端之间数据的高效传输,为VR、8K等视频应用业务提供支持。[①] 对于山东广播电视的融合技术选择,需要在5G技术应用方面投入更多资源,短期内通过“5G＋直播”“5G＋VR”“5G＋AR”“5G＋无人机”提供更为多元化的移动新闻产品,长期做好“5G＋人工智能”“5G＋云”相关的智能生产、云采编系统建设,提升移动产品的新闻生产能力。

移动场景化传播的普及为广播电视媒体带来更多发展机遇。移动时代场景的意义大大强化,移动传播的本质是基于场景的服务,即对场景的感知及信息适配,场景已经成为继内容、形式、社交之后媒体的另一种核心要素。[②] 与4G时代网络视听“流量为王”的特点相比,5G技术下的各类应用均将产生巨大的流量,应用场景化将取代流量成为价值的体现和代表物,面向C端的个人信息消费单一场景的应用将发展为面向B端的行业需求多元场景应用。[③] 如新闻采访的场景化应用中,可以更好地融合新闻现场、演播室环境、媒介终端等不同场景,在直播中综合运用互动场景、社交场景、虚拟场景,呈现多元化的移动传播形态,通过不同场景之间的转换与交互,建构一种更好的传播逻辑与传播方式。山东卫视等平台目前仍是以单一场景的新闻产品为主,新闻产品以传统的广电采编风格为主,需要借助VR、AR、无人机等技术搭建多元化的场景平台,并借鉴第一人称视角的Vlog、适合移动端的竖屏视频、与用户及时互动的弹幕、与电商结合的直播带货等形式,不断增强新闻产品的移动场景化应用。

二、推动双核驱动战略

在传统媒体融合发展中,需要兼顾传统业务与新业务,但两者之间存在一定的冲突,如果媒体集团固守传统业务、敷衍应付新媒体业务,那么媒体

---

① 卢迪,米文霞,孙明慧.从4G短视频到5G“大视频”[J].视听界,2020(3):43-49.

② 彭兰.场景:移动时代媒体的新要素[J].新闻记者,2015(3):20-27.

③ 卢迪,米文霞,孙明慧.从4G短视频到5G“大视频”[J].视听界,2020(3):43-49.

融合就会沦为一张皮，而一股脑投资冲向新媒体业务，由于新技术的研发应用与新产品的市场孵化仍然需要时间，短期难以产生回报，那更加给已经面临广告收入下滑的媒体集团带来难以为继的经营危机。① 解决这一问题可以借鉴邓肯(Duncan)在《组织设计的管理》中提出的"组织双元性"(organizational ambidexterity)的概念。组织战略是随着环境的变化而不断演进和发展的，组织可以构建一种二元结构(dual structure)，分别从事两种不同类型的创新，以增强自身变化和能力，来适应外部环境的变化。② 对于广播电视媒体融合发展而言，参照组织双元性的相关理论，可以在转型融媒体过程中采取二元结构的双核驱动发展战略，更好地处理传统媒体与新媒体之间的矛盾，推动电视与移动端的多屏融合，并在体制机制层面开展双元性改革。

一是确立广播电视媒体双核驱动发展战略。关于传统媒体和新兴媒体之间的关系，习近平总书记提出："传统媒体和新兴媒体不是取代关系，而是迭代关系；不是谁主谁次，而是此长彼长；不是谁强谁弱，而是优势互补。"③ 具体到广电媒体与网络视听媒体，聂辰席在第六届中国网络视听大会中，提出打通网络视听和广播电视之间、视听节目制作传播各环节之间的信息孤岛，把网络视听媒体和广播电视媒体优势有效结合起来。在国内广播电视媒体中，"移动+广电"的双核发展战略成为融合的手段。中央广播电视总台在成立后，明确提出"台网并重、先网后台"发展战略，改变"电视为体、网络为用"的工具论看法，强调通过互联网连接电视与用户，连接内容与渠道，连接体制与市场，实现与电视融为一体。

采取双核战略的还有湖南、江苏、浙江等省级广电媒体。湖南广播电视台提出传统媒体和新兴媒体一体两翼、双核驱动的发展战略，明确湖南卫视作为湖南广电的主核心，围绕内容创新进一步加强人才团队培养、生产流程再造，为融合发展夯实基础、提供能量，同时强调芒果TV是湖南广电的新核心，通过立足市场化优势，充分发挥资本的生态效能，为融合发展开拓市场空间、提供动力。江苏广播电视台积极实施"双头部"传播战略，一方面巩固传统媒体平台的头部影响力，发挥传统电视内容方面的头部制作优势，同时

---

① 张静.媒体融合背景下广电媒体组织调整的困境及路径研究——以J广播电视集团为例[J].西南民族大学学报，2019(1)：152-157.

② 张宸璐.组织柔性对企业创新的影响研究：基于组织双元性视角[M].北京：中国经济出版社，2017：50.

③ 习近平.加快推动媒体融合发展 构建全媒体传播格局[J].求是，2019(6)：4-8.

拓展新兴媒体平台的头部影响力,推动荔枝新闻客户端的全国化战略布局,打造新媒体机构荔星传媒,自主技术开发“荔枝直播”服务平台,提升整体传播力和复合影响力。[①] 浙江广播电视台构建“两核三圈”,以做强“中国蓝新闻”“中国蓝 TV”客户端为核心,协同集团广播电视频道、集团新媒体矩阵、全省广电融媒体联盟三大圈落,打造集团媒体新型传播集群。

从广播电视媒体融合定位来看,目前主要有中央广播电视总台、湖南广播电视、江苏广播电视、浙江广播电视明确提出了双核战略,更多的广播电视媒体仍是处于推广移动平台的阶段,如 SMG 的 BesTV＋、广东广电的“触电新闻”、河南广电的“大象融媒”等,这与各家媒体的资源禀赋、融合路径有着密切联系,多数媒体尚不具备双核驱动的发展基础。对于山东卫视融合发展而言,需要做好发展战略的顶层设计,在提升“闪电新闻”的社会影响力和平台承载能力的基础上,选择合适的时机提出“山东卫视＋闪电新闻”的双核驱动发展战略,进一步提升移动端的战略地位,为其投入更多的资金、人力资源,进一步深化融媒体资讯中心的改革,打造以“闪电新闻”客户端为核心,包括闪电云、Lightning TV、闪电智库等在内的“闪电”系列融媒体产品,推动山东广播电视开展双核驱动发展战略。

二是推动广播电视媒体支持下的多屏融合。尽管电视与手机在应用场景、内容风格等方面有所不同,但同时也存在多屏融合的可能性。如在短视频领域,中国广视索福瑞媒介研究发布的《短视频用户价值研究报告 2018—2019》显示,短视频用户并未因电视的传播形式而进行割裂,“短视频＋电视”成为重要的收视组合。同时使用电视媒体的短视频用户达到 71.3%,收看过电视媒体制作发布的短视频内容的用户为 86.4%。电视节目短视频能够激发用户关注和收视意愿,有 73.2%的用户会因电视节目短视频对该节目产生兴趣。[②] 尽管电视影响力有所下降,但新媒体用户并不排斥电视,对源自电视的视听内容仍有较高的收看意愿。

学者胡正荣分析了视听介质的演进历史,认为当前视听介质已经从单屏发展到多屏,正在迈向跨屏时代,将来是全息、无屏视听生态系统。[③] 在多屏、跨屏融合过程中,小屏大屏互动、小屏反哺大屏成为普遍现象。中央广

① 王朝明.专访江苏省广播电视总台党委书记、台长卜宇:解码江苏广电“双头部”传播战略[J].中国电视,2020(18):16-19.

② 杨雯.CSM 发布短视频调查报告:多屏互动已成行业趋势[N].中国新闻出版广电报,2019-02-27(7).

③ 中国网.胡正荣谈构建 5G 时代智能跨屏视听新生态[EB/OL].(2019-08-14)[2022-11-06].http://news.china.com.cn/txt/2019-08/14/content_75098281.htm

播电视总台在多个节目中探索双屏互动，在节目录制的同时进行网络同步直播，推动观众与嘉宾之间进行交流，利用移动端用户的活跃度反哺大屏幕，提升了大屏的收视率。[①] 上海广播电视台、上海文化广播影视集团有限公司(SMG)推动大屏与小屏的受众互动、内容互哺、影响力互补，《人间世》《水下你未见的中国》等精品内容在网端首发，同时也不断丰富电视荧屏，成为融合传播的现象级产品。[②] 在多屏互动中，大屏与小屏内容生产界限逐步模糊，形成内容互补、多屏共振的传播格局。

在融合平台搭建中，多家广播电视媒体通过建设媒体云等形式，实现多终端的内容融合。湖南广电推动基于芒果 TV 的“一云多屏”统一架构，将PC、移动、智能终端、OTT、IPTV、DVB(数字视频广播)＋OTT 混合业务尽可能集中到一个云上，让不同端产生互动，形成统一的信息技术架构，推动产品形式、接口规范、媒资管理的统一。[③] SMG 推出的视频流媒体平台BesTV＋，是集内容、服务于一体的多元产品矩阵，通过大小屏联动、内容用户打通等手段，以一个账户多渠道分发的形式覆盖有线电视、IPTV、OTT 以及 App 等多渠道多终端，服务不同垂直应用场景的内容需求。[④] 浙江广电打造“一平三通”，以中国蓝融媒体中心为支撑平台，不断推进内部打通、里外贯通、跨界融通，完善“一云多端、一键多发、一呼多应”的“广播电视＋”新型作业模式。[⑤] 山东卫视在多屏融合方面也有较多探索，如《好看时间》实现了小屏的内容反哺，将影响力大的短视频内容推送到电视端二次使用，但多屏融合、媒体云建设仍有较大发展空间，可以通过闪电云系统的搭建，进一步完善山东卫视与“闪电新闻”的跨屏融合，促进大屏与小屏之间内容互补。

三是推动广播电视媒体搭建双元组织结构。组织双元性通常分为结构性双元和情境性双元两类。结构型双元是指企业通过创造双元结构，同时施展调整和适应能力的行为。在这类结构下，实行探索的子单元和实行应用的子单元，在组织设计上或组织形式上是相互独立的，尽可能将探索和应用相互隔离、互不干扰，从而实现两者的共同开展。独立的子单元由共同的

---

① 邱益光.探索大小屏互动融合新闻报道新方式[J].科技传播，2018(2)：36-37.

② 宋炯明.上海“看看新闻 Knews”：激发“大屏”“小屏”共振互哺[EB/OL].(2020-06-10)[2022-11-06].https://lmtw.com/mzw/content/detail/id/187491.

③ 吕焕斌.媒体融合的芒果实践报告[M].北京：中信出版社，2019：218.

④ 东方明珠.SMG、东方明珠启动流媒体战略，“BesTV＋”焕新上线[EB/OL].(2020-09-03)[2022-11-06].https://www.prnasia.com/story/290342-1.shtml.

⑤ 吕建楚.确立“新三观”，着力构建“两核三圈，一平三通”融媒传播体系[EB/OL].(2017-11-30)[2022-11-06].http://www.zjstv.com/zcloud/4632003.html.

战略意图、全局性的价值观念和一定组织机制整合联系起来。情境性双元是指企业内部同时施展适应能力和匹配能力的行为,通过建立一套组织过程和组织情景,来鼓励、支持员工保证两者的同时进行。情境性双元强调通过培养具有伸展性、纪律性、支持性和信任性的组织文化,形成支持双元的组织体系、氛围和流程管理,帮助个体或者团队在探索和应用之间自主做出时间、人力、设备等资源分配。两者的本质差异,在于处理探索和应用之间矛盾时采用差异化方法还是一体化方法。前者减少了新旧元素之间的相互干扰,有利于快速获得学习效应,但容易导致子结构之间缺乏联系,协调成本较高。而后者有助于激发个体的主动性和创造性,提高发现和把握机会的能力,但人力资本投入大,情境氛围建设周期较长。①

多数广播电视媒体在融合初期采取的是结构性双元模式,通过组建新媒体公司或融媒体中心的方式,设立一个相对独立的融媒体机构。《人民日报》的“中央厨房”模式在推广初期,是在不影响原部门和工作的前提下,根据个人兴趣、主动申报等方式,自由组合为 3 至 5 人的内容主创团队,由“中央厨房”提供推广、运营、技术等支持,团队基本遵循“自审—中央厨房采编联动平台审校—报、网、端三大总编室再次审核”的模式,在具体工作考核上实行一室一策。② 这种模式的好处在于不破坏原有的组织结构,为新部门提供个性化的政策支持,保护初期的创新顺利发展。但随着媒体融合的不断深入,融合创新的探索与传统模式的运转之间矛盾必然增多,单独的融媒体部门难以承载整个媒体平台的融合转型,需要从结构性双元向情境性双元转换,即采取一体化的方法推动融合转型,包括在宏观层面采取双核驱动的发展战略,在技术层面依托“中央厨房”重构新闻生产流程,在机构层面推动传统部门的重组与转型,使媒体构架从传统的金字塔式转为较为扁平化的结构,实现广播电视媒体的组织重构与全员转型。

山东广播电视台的组织机构改革正处在从结构性双元向情境性双元转换过程中。融媒体资讯中心在多次调整后,扩大了业务范围和影响力,为整个机构的转型起到示范带头作用。在未来的融合发展中,山东广播电视台应从以融媒体资讯中心为主导的部门试点,向整个集团层面的全面转型过渡,打造具备互联网基因的组织文化,形成支持双元结构的组织体系和管理流程。在面对创新与传统矛盾时,既要做好基础的广播电视工作,保护传统

---

① 张宸璐.组织柔性对企业创新的影响研究:基于组织双元性视角[M].北京:中国经济出版社,2017:39-41.

② 程忠良.人工智能时代“中央厨房”式媒介融合路径的追问[J].编辑之友,2019(5):49-53.

部门员工的利益，同时也要采取一体化改革措施，压缩传统业务生产流程和团队规模，逐步淘汰不适应融媒体环境的部门，注重激发普通员工的主动性和创造性，推动广播电视媒体双元组织建设工作。

第二节　智能化发展战略

媒体融合发展与智能化应用密切相关，正如媒介理论家保罗·莱文森(Paul Levinson)提出的媒介演化人性化趋势。他认为“技术发展的趋势是越来越像人，技术在模仿、复制人体的感知模式和认知模式”[①]。在对山东卫视融合发展的战略分析中，结合外部的网络核心技术获取困难、广播电视媒体竞争激烈等压力以及内容部的智能化应用与 MCN 模式探索，在优势威胁战略(ST 战略)中提出智能化的发展战略。从新闻选题、信息采集、信息加工，到内容分发、智能反馈等环节，人工智能技术在新闻内容生产的各个领域得到广泛应用，智能化应用转型成为主流媒体融合发展的重要手段(见图 3-1)。在媒体融合发展的转型中，通过智能音视频剪辑、新闻要素设备、受众情感分析等应用，智能化广电媒体正在模拟和延伸人类智能，探索智能化发展的新途径。

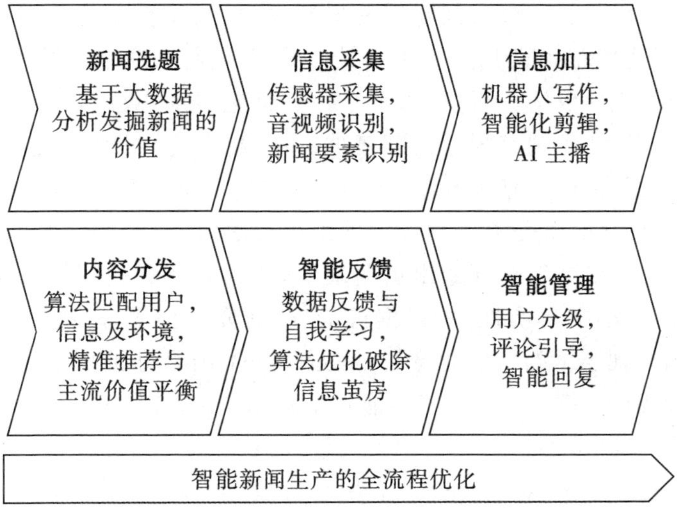

图 3-1　智能新闻生产的全流程优化

① 莱文森.软利器：信息革命的自然历史与未来[M].上海：复旦大学出版社，2011：3.

一、重构新闻生产流程

哥伦比亚新闻研究网站上发表了一篇预测未来新闻采访流程的文章：2027年的某一天，一位记者先是从路边的传感器获得空气质量超标的警告，然后在社交媒体话题趋势的算法提醒下，意识到“空气质量及儿童呼吸困难”将成为热点，通过增强现实眼镜浏览了话题相关图片和视频，接着使用文本分析程序扫描政府文件，通过语音文本分析程序判断采访对象的情绪，完成稿件后由计算机自动纠错、人工编辑审核，最终签发到若干智能平台。①

尽管这篇文章是对未来的设想，但其中的传感器采集、智能眼镜、大数据分析、语音识别、情绪分析、智能审核、算法分发等智能技术，在新闻领域中已有较多应用。智能媒体通过赋予技术以拟人思维，借助大数据和云计算等手段，实现了信息从生产到传播、反馈的全流程自动化。② 人工智能正在重构传统的新闻生产流程，在新闻选题、信息采集和加工、内容分发、效果反馈等环节中，大幅度提升新闻生产效率与传播效果，智能化转型成为传统媒体融合发展的重要手段。

一是通过大数据分析进行智能选题，发掘有价值的新闻内容。传统的新闻选题方法主要是结合社会热点，依据记者、编辑自身的采编经验，寻找合适的选题与角度。随着大数据技术的发展，传统的人工模式在处理海量数据时显得力不从心，个人判断容易出现失误，漏掉重要的新闻选题，或是未能选择合适的报道角度。人工智能技术使记者可以站在数据的“肩膀”上，依靠智能化的数据分析技术，可以预知话题热度、寻找热门话题的深化方向与新角度，并发现旧报道的新延伸方向、挖掘冷门话题的价值等。③ 当前，智能化选题在社交媒体内容分析中应用较多，如美联社使用 News Whip 公司提供的社交网络分类监测系统辅助报道决策，该系统会判断哪些内容传播最广泛，并帮助编辑部做出选题决策，而汤森路透使用算法预测工具，帮助记者判断推文真实性，并依据可信度、新闻价值等监测可能发生的新闻。④ 广播电视媒体的智能化选题，在运用文本内容分析技术的同时，更需要将声音识别、影像分析与人工智能技术相结合，探索音视频智能化选题的

---

① Alex Siegman.A day in the life of a journalist in 2027：Reporting meets AI [EB/OL].(2017-04-11)[2022-11-06].https://www.cjr.org/innovations/artificial-intelligence-journalism.php.

② 程明，赵静宜.论智能传播时代的信息生产：流程再造与信息连通[J].编辑之友，2020(9)：56-61.

③ 彭兰.智能时代的新内容革命[J].国际新闻界，2018(6)：88-109.

④ 万可.美英新闻媒体人工智能应用实践及启示[J].中国传媒科技，2017(7)：19-20.

新应用，结合网络视听内容分析预测发展趋势，辅助广播电视媒体获得更好的选题与报道角度。

二是完善智能化信息采集过程，提升新闻要素识别的精准度。传统的新闻采访活动主要依靠记者，如访谈、拍照、录像等形式集中在人类自身活动的空间中。5G 与物联网技术的结合，将使传感器采集信息得到广泛应用，为社会环境的监测提供全天候、多方位的新手段，有助于快速获取某个区域的各类精准数据，如查看人流密度、交通状态、情感变化等，在采集信息的深度、广度和准确性等方面显著提升。特别是在智能语音识别技术帮助下，可以从音视频中获得海量数据信息，为音视频的内容分析应用提供了支持。人工智能技术还有助于新闻要素的识别和鉴别，人工智能的意义包括帮助圈定新闻关联内容，对其所处语境、讲话人意图进行分析，探索文字背后蕴藏的情绪，并从大型定量数据中挖掘线索，对这些人物关系网进行辨别和分析。通过智能化的新闻要素识别，有助于提升新闻信息采集效率和质量，利用大数据开展更多维度的分析，积累有价值的数据与内容。

三是加强文字、图片、音视频等智能化内容生产应用。在新闻内容生产领域，美联社的 Word Smith、腾讯的 Dreamwriter、新华社的“快笔小新”、今日头条的“张小明”等写作机器人已有广泛引用，新华社的“新小萌”、光明日报的“小明”等 AI 虚拟主持人在“两会”报道等活动中也发挥了重要作用。美国科技创新公司叙述科学创始人之一的克里斯蒂安·哈蒙德（Kristian Hammond）预计，到 2025 年，全球 90％的新闻将由写稿机器人撰写完成。[①]数据分析技术开启了媒体对精准度的追求，包括事实呈现的精准、深层剖析的精准、趋势预测的精准、规律提炼的精准、问题判断的精准等，人工智能技术充分体现了在新闻生产效率方面的优势。[②] 在图片、音视频智能化生产方面，人工智能技术同样表现出色，不仅可以为稿件自动配发新闻图片与背景图，对音视频的处理与识别也在不断完善，可以批量生产短视频内容。如新华社的“媒体大脑”推出的“AI 洞见”，在 2018 年世界杯期报道中，通过实时捕捉球场上的精彩瞬间，以可视化的形式剖析球场情况，提高高光视频的制作效率和质量，并将相关技术迁移到突发事件、会议新闻等类型的报道中。[③]中央广播电视总台在国庆阅兵式中应用智能剪辑技术，自动编辑 70 余个机

① 彭增军.巧夺人工？人工智能与新闻自动化[J].新闻记者，2020(1)：54-58.

② 彭兰.智能时代的新内容革命[J].国际新闻界，2018(6)：88-109.

③ 人民日报社编.融合体系——中国媒体融合发展年度报告(2018～2019)[M].北京：人民日报出版社，2020：171.

位画面内容并生成86个短视频。[①] 2019年10月,山东广播电视台推出了系列智能化产品,包括闪电视频智能剪辑机器人、闪电指数数据新闻机器人和闪电新闻AI主播“小齐妹”等,由机器实现动态数据制作和配音,生产时间仅为数十秒。未来发展中需要进一步结合日常新闻生产需求,推动智能化技术的普及。

四是引入算法传播技术,提升信息传播的有效到达。在互联网技术影响下的信息传播活动,正在从人找信息向信息找人转变,出现了以今日头条为代表的算法推荐型信息聚合平台。今日头条将用户、信息和所适应的环境三者加以匹配,其工作原理是运用算法抽象提取用户、信息和环境信息,建立数据化的处理模式和三者相匹配的模式。[②] 传统媒体也在积极引入算法传播,如人民日报客户端将主流算法推荐系统作为重点,以主流价值导向驾驭算法,通过对算法优化实现精准推荐与体现主流价值判断的平衡。[③] 算法推荐给传统的传播渠道带来颠覆式革命,大投入、大产出、满足多数受众的大众传播模式,将逐步被精细化、多元化、满足特定用户需求的分众化传播替代。对于运行成本较高的广播电视媒体,更需要结合受众分析完善推荐算法,为受众提供更为多元化、个性化的视听内容。

五是完善基于大数据的反馈分析,提升算法传播的精准度。人工智能技术基于自我反馈与自我学习功能,可以延伸人的思维能力,并弥补人类精力有限、认知延迟的短板,在传播流程中充当理性且不知疲倦的传播观察者与信息调节者。今日头条依据用户在不同新闻内容上的停留时间,判断其阅读喜好与浏览习惯变化,并实时组合推送不同的个性化阅读信息。微信朋友圈与微博首页的广告信息展示,也借助智能算法,分析使用者的点击习惯并匹配多样化的品牌信息。[④] 尽管目前的算法分发存在信息茧房等问题,但这也是因为算法仍然不够完善,通过算法优化、人工调整等方法解决问题,平衡好用户偏好与新闻价值关系。

六是借助数据分析技术开展智能管理与社交互动。《纽约时报》(New York Times)在2015年启动由Jigsaw开发的“珊瑚计划”,运用算法技术对

---

① 邵晓晖.人工智能时代,媒体行业应如何“攻”与“守”?[EB/OL].(2020-06-23)[2022-11-06].https://www.sohu.com/a/403765433_613537.

② 陈昌凤,虞鑫.智能时代的信息价值观研究:技术属性、媒介语境与价值范畴[J].编辑之友,2019(6):5-12.

③ 丁伟.用“智慧”赋能传播[EB/OL].(2019-11-18)[2022-11-06].https://baijiahao.baidu.com/s?id=1650514431261258663&wfr=spider&for=pc.

④ 程明,赵静宜.论智能传播时代的信息生产:流程再造与信息连通[J].编辑之友,2020(9):56-61.

不同用户进行分级画像，按照结果决定哪些用户是可靠的，他们的评论不必经过人工审查就可以发布，并将评论优先级加以排序，提升了用户管理与信息审核的效率。评论的引导也引入了算法技术，如《赫芬顿邮报》(H-uffington post)采用语义分析算法工具JULIA管理新闻评论，算法程序仅由两人负责，即可对《赫芬顿邮报》每天千万数量级的新闻评论做出管理和回应，并且该算法具备不断学习的能力，可以掌握各类语言并与不同留言会话。①

学者廖祥忠将媒体融合划分为媒体融合、融合媒体和智能媒体三个时期，提出我国当前处于融合媒体的中期，认为智能媒体主要是内容生产端的革命，并引入AGC(AI Generated Content，人工智能生成内容)的概念，认为智能媒体将依托AGC，全面整合PGC和UGC，形成崭新的内容生产格局，整个媒体产业链条将实现全面智能化。② 对于山东卫视的融合发展而言，应抓住人工智能技术与媒体融合相结合的机遇，既要与字节跳动、百度等互联网公司进行深度合作，提升在智能化生产、算法推荐等环节的技术能力，更要搭建自主可控的智能化生产平台，将人工智能技术纳入新闻选题、信息采集、信息加工、信息分发、效果反馈等采编环节，对传统的新闻内容生产流程进行彻底改造，提升内容生产的效率和质量，增强传播的精准度与效果，建构全新的智能化新闻生产流程。

二、搭建广电智能平台

近年来，我国出台了一系列的人工智能技术扶持政策，如工业和信息化部在2017年发布《促进新一代人工智能产业发展三年行动计划(2018～2020)》，提出智能化成为技术和产业发展的重要方向，其中将在视频图像身份识别系统、智能语音交互系统等领域重点投入。③ 科技部等六部门印发《关于促进文化和科技深度融合的指导意见》，提出探索将人工智能运用于新闻采集、生产、分发、接收、反馈中，全面提高舆论引导能力，让个性化定制、精准化生产、智能化推送服务于正面宣传。加快高质量广播电视内容供

---

① 仇筠茜，陈昌凤.黑箱：人工智能技术与新闻生产格局嬗变[J].新闻界，2018(1)：28-34.

② 廖祥忠.从媒体融合到融合媒体：电视人的抉择与进路[J].现代传播，2020(1)：1-7.

③ 工业和信息化部.促进新一代人工智能产业发展三年行动计划(2018～2020年)[EB/OL].(2017-12-13)[2022-11-06]. https://www.miit.gov.cn/zwgk/zcwj/wjfb/zh/art/2020/art_de90191568e94fb0b358864d30c67ae9.html.

给，推动超高清内容制作、交易、版权保护全链条体系建设。[①] 政府针对人工智能技术的系列政策，为传媒行业发展的智能化转型提供了政策保障，有助于媒体融合进一步深化与完善。

国家广播电视总局在《关于促进智慧广电发展的指导意见》中提出，推动智慧广电内容生产体系、节目制播体系、传播体系、安全与监管体系、科技创新体系的建设，推进智能网络、人工智能、区块链等新技术的研发与应用。[②] 山东省科学技术厅等部门印发了《关于加快推动山东省文化和科技深度融合的实施意见》，提出支持省市主要媒体新闻客户端探索使用人工智能、大数据、云计算等信息技术，建设人工智能舆情分析平台，全面提高舆论引导能力，让个性化定制、精准化生产、智能化推送服务于正面宣传。[③] 山东广播电视台应依托相关政策的扶持，在智能家庭平台、智能研发机构、人工智能编辑部、智能全场景传播平台、智能舆情分析平台等领域加大投入，重点探索 AI 主播、智能语音等新应用，注意避免技术依赖、信息茧房等问题，搭建自主可控的智能融媒体平台。

一是推动智慧广电与智慧家庭平台建设。在山东省广播电视局印发的《关于加快推动我省广播电视和网络视听产业高质量发展的实施意见》中，提出构建"智慧广电＋"生态体系，围绕人工智能、大数据、区块链等重点领域开展研究开发，支持智慧广电家庭物联平台建设，发挥广播电视互联互通、用户资源优势。[④] 智慧广电的发展机遇，是培育以智能电视为核心的智慧家庭服务，将电视大屏打造为数字家庭生活的应用中枢，实现从看电视到用电视的转变。当前，智慧家庭入口的竞争十分激烈，智能家居产品多带有互动功能，电信运营商也在积极布局智慧家庭业务，如何让电视屏成为用户愿意选择的智慧家庭入口是一个巨大的挑战。[⑤] 智慧广电建设为山东广电的融合发展带来难得的机遇，通过参加广电行业的"智慧广电＋"生态布局，

---

① 科技部等.关于促进文化和科技深度融合的指导意见[EB/OL].(2019-08-13)[2022-11-06]. http://www.gov.cn/xinwen/2019-08/27/content_5424912.htm.

② 国家广播电视总局.关于促进智慧广电发展的指导意见[EB/OL].(2018-11-16)[2022-11-06]. http://www.nrta.gov.cn/art/2018/11/16/art_3713_50808.html.

③ 山东省科学技术厅.关于印发《关于加快推动山东省文化和科技深度融合的实施意见》的通知[EB/OL].(2020-04-13)[2022-11-06]. http://gd.shandong.gov.cn/articles/ch02458/202004/d38fa806-229a-43ee-b95f-582a6812bb4b.shtml.

④ 山东省广播电视局.关于加快推动我省广播电视和网络视听产业高质量发展的实施意见[EB/OL].(2020-01-10)[2022-11-06]. http://gd.shandong.gov.cn/articles/ch02460/202001/fa2cccc3-e8bf-4b19-816c-a133bc69de27.shtml.

⑤ 赵子忠，李明毫.5G 环境下广电的融合创新[J].电视研究，2019(4):12-14.

将相关业务拓展至大数据、智慧家庭、公共服务等领域，同时采用灵活的手段参与智慧家庭入口的争夺，通过提供有价值的本地资讯、社交互动、公共服务，努力成为本地用户智慧家庭服务的首选入口。

二是组建人工智能研发机构与智能编辑部。面对人工智能技术的快速发展，国家级媒体纷纷搭建技术研发平台。人民日报社成立智慧媒体研究院，注重主流算法的研究，加强对人民日报客户端、人工智能媒体实验室、全媒体智慧云等产品的孵化。新华社与阿里巴巴合作成立新华智云科技有限公司，组建智能化编辑部，将人工智能技术引入新闻生产中，依托"媒体大脑"、AI合成主播等产品推动智能化转型。央视网组建人工智能编辑部，发布"I学习""智晓""融媒智控云矩阵"等人工智能产品，推动智能创作、加工、运营、推荐、审核的一体化。① 山东卫视在融合发展中，人工智能技术的研发能力较弱，应依托"山东广电 & 百度智慧媒体实验室"加强自身的智能技术研发能力，依托旗下的信通公司组建小规模的人工智能技术团队，重点做好"闪电新闻"的智能化转型，并选择合适的时机组建智能编辑部，建立自主可控的智能新闻内容生产平台。

三是打造智能化的全场景传播平台。学者段鹏认为，智能化带来传播生态的变化，主要体现在时空拓展和场景细化的传播语境下，人的主体性、体验性得到前所未有的提升。② 通过算法计算，今日头条等平台可以为用户、内容、场景提供较好的匹配，让用户轻松获得需要的信息。未来随着5G技术的发展，用户在单一形态的信息内容之外，将追求更具场景氛围的用户体验。如场景转换、场景连接，可以让用户在虚拟现实的场景下更好地进行情景对话，增强现实逼真感。用户衡量产品的价值，将从呈现方式转变为场景真实与否，场景连接是否顺畅，场景代入感是否强烈。③ 山东卫视的智能化场景平台建设应以"闪电新闻"客户端为基础，将信息内容嵌入到特定的场景中，将人工智能与VR、AR、全息投影等技术相结合，打破真实世界与虚拟世界的界限，为用户提供更为逼真的沉浸式体验，满足多元化、定制化的场景需求。

四是建设智能化的舆情分析平台。学者喻国明等提出，现阶段网络舆情分析的不足主要是"人机不协调"问题，人工智能技术的应用有助于实现

① 甘险峰，郭洁.5G与人工智能技术赋能下媒体融合的新发展——2019年中国新闻业事件回顾[J].编辑之友，2020(2)：75-86.

② 段鹏.智能化演进：广电媒体深度融合历史机遇与发展策略[J].编辑之友，2020(3)：5-10.

③ 曾祥敏，齐虹翕.5G技术背景下智能媒体发展初探[J].电视研究，2019(6)：14-17.

网络舆情分析领域中的人机互动与双向协同,在数据预处理、热点发现、对策分析等环节发挥重要作用。[①] 人工智能技术的发展给舆情行业带来巨大冲击,以人工分析为主的传统舆情研究方法,将被以算法分析加人工判断的模式替代,舆情分析的效率和质量将与算法是否完善密切相关。山东卫视融媒体构建不仅需要重构新闻生产流程,还应借助人工智能技术提升舆情分析能力,为"闪电智库"发展提供技术支持。由于舆情工作的特殊性,相关技术应确保自主可控,山东卫视应持续在这一领域投入资金和人力,推动舆情分析、智库等工作转型升级。

五是重点探索 AI 主播、智能语音、智能修复、智能审核等新应用。AI 主播目前已有广泛应用,如央视网的"小智"、东方卫视的"小冰"、浙江广电的"小范儿"等,但多数仍是在大型活动报道中的"试用",日常化的新闻报道中尚未普及。山东卫视可以在 AI 主播"小齐妹"的基础上,加强唇动、表情、音色等 AI 人物形象研发,结合不同类型节目推出更多的个性化 AI 主播,建立带有山东特色的"AI 主播家族",打造以 AI 主播为主的日常新闻节目。智能语音技术是另一个突破点,随着在线音频平台的发展和智能音响的普及,网络音频传播进入全场景时代,用户对新闻资讯类内容需求较为旺盛。[②] 山东卫视可以选择与天猫精灵、小度音箱等智能硬件设备平台合作,将广播电视的内容资源与智能语音技术相结合,建设智能新闻播报、智能服务信息交互、智能文化内容播出等平台,探索广播电视内容资源的智能化转型。智能修复是视听领域的潮流,如爱奇艺采用自主研发的 Zoom AI 技术开展"国剧修复 重铸风华"老片修复专题,对影视内容进行高精细度、高标准的修复,让《西游记》《红楼梦》等经典国产电视剧换发新的光彩。山东卫视可与技术公司开展合作,对《武松》《今夜有暴风雪》《高山下的花环》等影视作品进行修复,通过经典作品的魅力吸引更多的观众。内容审核是大型媒体的重要工作,人工智能技术在处理海量信息方面有着独特优势,如杜克大学记者实验室(Duke's Reporters Lab)在 2021 年推出 Media Review 系统,利用结构化数据技术帮助检查虚假视频和图片,对可疑视频进行标记,为 YouTube 等平台提供上传视频真实性判断的即时信息。[③]

在充分借力人工智能技术的同时,也应当注意技术依赖、信息茧房等问

① 喻国明,马思源.人工智能提升网络舆情分析能力[J].网络传播,2017(2):85-87.

② 何慧媛.智媒时代音频传播的机遇与入局策略[J].青年记者,2019(21):9-10.

③ 王沛楠,史安斌.2021 年全球新闻传播新趋势——基于六大热点议题的访谈[J].新闻大学,2021(2):51-59.

题。有报告称，西方新闻业由于过度迷恋技术呈现，将面临患上技术依赖综合征的风险，包括对人工智能的固守、对VR和AR技术的倚重以及过分依赖于社交平台分发渠道，并因此导致对算法调整的恐慌。我国媒体在融合转型过程中，也存在一定的技术依赖现象。传统媒体投入了大量的资金与人力进行技术升级改造，但在内容制作等领域的改进却较为缓慢。因此，应正确看待新技术在媒介融合中的作用，根据媒体自身特色合理引入技术，将主要精力放在内容生产等领域，保持传统媒体的核心竞争力。对于人工智能技术引发的信息茧房问题也需要引起重视，在聚合信息的同时注意打破偏见，这需要通过技术层面的算法优化，利用不断积累的数据建立更丰富立体的用户画像，为用户、信息、场景建立更完善的分发机制，同时在价值观层面更要坚守主流价值观念，在算法权重、用户管理、内容审核等层面引入人工管理，确保信息分发精确性和客观性，促进广电智能平台的健康发展。

第三节　平台化发展战略

2014年，美国媒体人乔纳森·格里克(Jonathan Glick)在《平台媒体的崛起》(Rise of the Platisher)一文中首次使用Platisher一词，将Platform(平台)与Publisher(出版商)组合为一个新单词，称其融合了发布者与平台之间的优势。[①] Platisher一词引入国内后被译为平台型媒体，引发了较多的讨论。喻国明等认为面向未来的媒体转型融合发展的主流模式应该是与互联网逻辑相吻合的平台型媒体。[②] 在对山东卫视融合发展的战略分析中，结合外部的智慧广电政策、承建县级融媒体中心省级技术平台等机会因素，针对内部的技术承载能力较弱、融媒体内容生产能力不足等问题，在劣势机会战略(WO战略)中提出平台化的发展战略，推动山东卫视等平台从传统的广播电视内容制作播出机构转变为提供技术支持、聚合内容信息的网络视听平台。

一、构建区域平台媒体

关于"主力军进入主阵地"的问题，山东广播电视台台长吕芃认为，"传

① CLICK. Rise of the platisher: it's something in between a publisher and a platform. [EB/OL]. (2014-02-07)[2022-11-06]. https://www.recode.net/2014/2/7/11623214/rise-of-the-Platishers.

② 喻国明，弋利佳，梁霄. 破解"渠道失灵"的传媒困局："关系法则"详解——兼论传统媒体转型的路径与关键[J]. 现代传播，2015(11)：1-4.

统的电视端、广播端、平面媒体端依然是重要的宣传阵地，但是我们必须承认，它已经不是主阵地了”①。宣传工作主阵地的转移，与互联网公司主导的平台型媒体崛起关系密切，如腾讯的QQ、微信等社交平台，阿里巴巴的淘宝、支付宝等电子商务平台，百度的搜索引擎平台，字节跳动的今日头条、抖音等，均是拥有海量用户的平台型媒体。在商业媒体的冲击之下，传统媒体纷纷开通“两微一端”账号，希望通过平台的技术和流量吸引更多注意力，但这种被动操作导致对平台的依赖变强，未来有可能沦为商业平台的“打工者”。

面对平台型媒体的挑战，传统媒体也在采取应对措施，尝试从单一的传播机构向平台型媒体转型，以获取更多的用户数据和内容资源。学者宋建武等梳理了我国主流媒体建设的媒体平台，将其分为生态级平台、内容类平台、渠道型平台、服务型平台和管理类平台五类，湖北广电的长江云、湖南广电的芒果TV、北京歌华有线、浙报集团的浙江政务服务网、央视国际的4G播控平台等分别是各类的代表。② 按照宋建武的分类，山东广播电视台属于生态级媒体平台，但在实际建设中兼具内容类平台、管理类平台的属性，应通过组建媒体技术中台、区域技术支撑平台、视听类内容聚合平台、“网红”孵化平台，实现从广播电视媒体向平台型媒体的转型。

一是组建山东广播电视媒体技术中台。中台理念来源于芬兰游戏公司Supercell采用的“部落”组织策略，后被阿里巴巴等公司引入国内，尝试组建“大中台，小前台”的组织和业务体制。所谓“中台”，是指为了更好地响应用户和满足用户需求，把面向各业务和终端的公共服务汇集到一起的，真正为前台而生的高级别能力复用平台。③ 在借鉴互联网公司中台基础上，传统媒体也尝试搭建技术中台，如央视网的大数据中台将网站、移动客户端、互联网电视等多终端平台数据打通，每天采集20亿～30亿条用户数据，具备每天处理100亿条数据的能力。央视频客户端在技术架构上采用“大中台＋小前台”设计，其中“大中台”由视频中台、数据中台和AI中台组成，“小前台”即央视频客户端，这种设计可以有效打通前后台的用户数据和内容数据，有利于充分调动系统内外的各种优质资源。④

① 齐鲁网.山东广播电视台台长吕芃菏泽研讨会演讲全文：收复失地，赢回尊严[EB/OL].(2019-04-22)[2022-11-06].http://news.iqilu.com/shandong/kejiaoshehui/20190422/4250509.shtml.

② 宋建武，黄淼，陈璐颖.平台化：主流媒体深度融合的基石[J].新闻与写作，2017(10)：5-14.

③ 郭全中.智媒体构建中的中台建设[J].新闻与写作，2019(11)：71-75.

④ 廖江衡.中央广播电视总台央视频5G新媒体平台正式上线[J].电视研究，2019(12)：2.

山东广播电视技术平台的融合发展,需要借鉴阿里巴巴、中央广播电视总台的中台建设经验,以用户的需求和技术发展为导向,将“闪电云”系统建成智能化的媒体中台,将不同类型项目中通用的功能从前台和后台中剥离出来。媒体中台按照业务形态包含业务中台、数据中台和智能中台,三者分别提供媒体通用能力、数据分析及洞察能力、智能化技术支撑能力的支持。[①]山东广播电视台应在“闪电云”平台基础上,以“中央厨房”为技术核心推动业务中台建设,加速选题策划、现场报道等新闻生产流程的改造,并将业务重心从广播电视转向互联网领域,为短视频生产、移动直播等网络视听内容生产提供业务支持。通过与百度、字节跳动等互联网公司开展技术合作,以“闪电新闻”为依托加强数据中台建设,对客户端的内容、用户、运营等数据进行分析,在数据学习中调整移动平台的发展方向。在支持县级融媒体中心建设过程中,推动省、市、县不同层级媒体之间的数据整合,突破行业壁垒的限制,将数据资源整合到“闪电新闻”平台之中。在智慧广电建设中,引入视频结构化分析、标签化处理、语音语义识别、AI主播等智能化技术,为前台业务提供更完善的智能化技术支持。

二是搭建区域性技术支撑平台。技术中台在为媒体融合发展提供支持的同时,也可以进一步扩展到特定的行业或区域,成为更具影响力的技术支撑平台。如《华盛顿邮报》在被亚马逊收购后推出新型数字出版系统 Arc Publishing,解决了媒体创建网站、客户端技术及内容管理系统等问题,不仅为《华盛顿邮报》自身提供技术支持,还承担了《洛杉矶时报》《加拿大环球游报》等平台的网站、客户端搭建。[②] 我国的省级媒体主要是搭建区域性技术支撑平台,如湖北广电的长江云、海河传媒的津云等,均是所在区域的媒体技术支撑平台。长江云按照一地一端原则推出覆盖全省117个“云上系列”客户端[③],津云在支持天津市各区融媒体中心建设的同时,还为国内74家合作伙伴提供技术支持和安全保障。[④] 在“一省一朵云”的政策支持下,省级媒体应抓住省级技术平台建设机遇,推动新媒体技术向基层的输出,带动市县级融媒体中心的技术平台搭建。

山东省将县级融媒体中心与新媒体大平台建设写入政府工作报告中。

---

① 肖勇,邹力.中台理念驱动融媒体生产体系构建[J].中国报业,2020(19):42-43.

② 张聪.超越边界:国际一流媒体的融合实践[M].北京:知识产权出版社,2019:31-32.

③ 张建红.实施平台战略 创新融合路径——长江云平台建设的思与践[J].新闻战线,2018(19):44-46.

④ 韩颖新.津云新媒体集团因地制宜,实现采编优势互补[J].网络传播,2019(2):60.

作为省级技术支撑平台，山东广播电视台的“闪电云”在省内的县级融媒体中心建设中发挥了巨大作用，推动全省建设任务的较早完成。在各地县级融媒体中心挂牌后，仍有更多的媒体融合需求，对于“闪电云”平台发展而言，需要在做好已有的媒体服务的同时，进一步探索党建、政务、公共、增值等服务的技术支持。在“闪电云”推广过程中，可以通过开展融媒培训班、提供定制化开发、人员岗位交流等形式，持续为山东各地的市县级融媒体中心提供支持。在未来政策许可的时候，还可以考虑跨地域的技术输出，通过市场化的手段，为山东之外区域的融媒体平台搭建提供服务。

三是依托“闪电新闻”打造网络视听类内容聚合平台。在微博、微信、今日头条、抖音等互联网平台中，平台自身生产的内容非常少，主要以微博账号、微信公众号、头条号等平台号的形式，邀请传统媒体、政府部门、组织机构、自媒体人等入驻平台以及大量的普通用户生产的碎片化内容，形成了聚合信息流量的内容平台，部分“大V”账号具有了不亚于传统媒体的影响力。面对商业平台型媒体的挑战，传统媒体也在积极构建自主可控的平台，打造具有影响力的平台号体系。央视频在建设中提出账号森林概念，以开放共享平台的理念和兼容并蓄的姿态，建构一个集纳全网优质内容创作者和优质账号资源的多元化内容群，形成高品质原创IP账号汇集的内容森林体系。央视频号矩阵包括时政、教育、社会等30种门类，每个门类下汇聚了来自专业机构、权威媒体和优秀个人创作者的优质视频资源。[①] 无论是商业内容聚合平台，还是传统媒体打造的内容聚合平台，均在不断完善账号体系，通过流量、资金等支持抢夺优质内容资源。

关于平台型媒体，山东广播电视台数据舆情中心主任谭鲁民强调开放的重要性，表示“闪电新闻”将面向全台记者、编辑，全省各级媒体机构、媒体人，以及为省内机构的各级党政机关、企事业单位提供开放服务。[②] “闪电新闻”平台目前已经吸引了部分账号，但“闪电号”数量和质量仍有不足，尚未形成内容森林体系，目前主要以“齐鲁网”“闪电夜读”等自办平台账号发布信息为主，其他类型的账号发布信息量较少，内容、形式也比较单一，缺乏与网友之间的互动。因此应借鉴商业内容聚合平台的发展模式，将各类内容资源吸引到“闪电新闻”平台中，在做好PGC生产的同时，以“闪电号”的形式

① 高艺.从央视频App探析国家新型主流媒体的智能融合路径[J].电视研究，2020(6)：49-51.

② 李娇阳，尹承谦，白少光，张侃.谭鲁民：山东广电将打造陪伴式、全天候、跨终端的新闻开放平台[EB/OL].(2020-12-09)[2022-11-06].http：//sd.iqilu.com/share/article/7310308.

引入更多的UGC和OGC内容,推动平台的内容多元化。① 打造"闪电号"内容森林体系,在短期应先清除长期不活跃的"僵尸号",并依托Lightning TV将个性化的UGC账号和具有权威性的PGC账号内容复制或平移到"闪电号"中,通过多元化的内容吸引更多流量和关注,而在长期发展中需要培育基于"闪电新闻"平台的专属账号,通过政策扶持等形式将"闪电号"作为政府部门、社会机构的主要发布平台,以流量、资金支持等形式孵化基于"闪电号"特色的"网红",并在医疗、教育等领域打造具有专业性的"专家账号",构建完善的"闪电号"内容森林体系。

四是通过Lightning TV打造"网红"孵化平台。学者曾祥敏等提出媒体"平台化"可以探索灵活的"孵化式"生产模式。平台作为孵化器,可以为小型工作室或者项目团队提供资金、技术、推广运营等方面的支持,鼓励员工进行内容创新。这种鼓励内部"创业"的模式,因自由组建,可搭建高效配合的团队成员,在运营成本上低,一旦成功,产品市场化转换率高,即使失败,试错成本也较低。② 部分广播电视媒体采用工作室制度或进行"孵化式"生产探索,如湖南广播电视台、安徽广播电视台、深圳广播电视台等,在台内建立多个工作室或成立MCN机构,工作室制度让团队获得较高的自主权限,通过相对灵活的管理机制实现对传统组织管理模式的创新。

山东广播电视台的MCN机构Lightning TV,已经初步具备"网红"孵化功能,形成"闪电新闻""生活帮""一切为了群众""问政山东""山东台主持人丛丛""张大琪"等有影响力的"网红"视频类账号。其中"闪电新闻"是移动客户端的平台账号,"生活帮""一切为了群众""问政山东"是电视节目账号,"山东台主持人丛丛""张大琪"是主持人账号,均是依托传统媒体自身品牌衍生出的新媒体账号,但与商业MCN机构孵化出的"网红"账号相比仍有差距。Lightning TV在继续挖掘自身资源的同时,应向商业MCN机构转型,结合山东地域特色与本地用户需求,在更多的垂直内容领域和"草根"人物中进行孵化,培育带有山东特色的新型"网红",构建以网络视听内容为主的账号孵化平台。

学者喻国明等提出,传统媒体的颓势根源在传统传播渠道的中断或失

① PGC为Professionally-generated Content缩写,即专业生产内容,UGC为User-generated Content缩写,即用户生产内容,OGC为Occupationally-generated Content缩写,即职业生产内容。相关概念见刘振兴.浅析UGC、PGC和OGC[EB/OL].(2014-01-20)[2022-11-06].http://yjy.people.com.cn/n/2014/0120/c245079-24169402.html.

② 曾祥敏,齐歌夷.媒体"平台化"建设路径与方略研究[J].新闻与写作,2017(11):29-37.

灵,任何内容产品如果不能嵌入到社会关系渠道中,哪怕再有价值、传播的力度再大也有可能死在社会传播的“最后一公里”,无法达至终端用户的接触界面。① 对于山东广播电视台的平台化转型而言,需要破解广播电视渠道失灵问题,将主阵地转向互联网空间,通过与微博、微信、今日头条等商业平台的合作,将内容产品嵌入到商业内容聚合平台中,在平台发展中争取一定的话语权,同时不忘自主可控平台的搭建,依托技术支持、平台共建、内容聚合、“网红”孵化等形式,实现从广电媒体向网络视听服务平台的转变。

二、拓展融媒体产业链

产业链(Industry Chain)是产业经济学中的一个概念,是指各个产业部门之间基于一定的技术经济关联,并依据特定的逻辑关系和时空布局关系客观形成的链条式关联关系形态。产业链中存在着上下游关系和相互价值的交换,上游环节向下游环节输送产品或服务,下游环节向上游环节反馈信息。② 在广播电视领域中,随着社会分工的扩大以及民营资本的进入,形成了包括生产、交易、播出等层次的产业链,以及市场调查、节目创意等环节。③ 产业链各个环节并非一成不变,随着互联网行业的冲击,广播电视产业链从上下游到各个环节均发生了转变,与其他行业之间的产业链也在逐渐融合,形成体量更为庞大的信息服务行业产业链。

以互联网与广播电视两个行业为例,我国的互联网行业定位为信息产业,采取了和传统媒体不同的宽松规制,形成了接近有效竞争的“寡头竞争、双层多元”市场结构,优势企业间的“寡头竞争”对其经营形成约束,避免市场垄断,极低准入壁垒下形成的“可竞争市场”保持了全行业的竞争活力。而广播电视行业长期保持“核-粒模式”市场结构,即优势机构中央广播电视总台一家独大,其他电视台份额很低,多数电视台经营被限制在一定的行政区域内容,导致市场结构缺乏竞争活力,难以形成规模经济。④ 尽管广播电视媒体通过融合不断进行调整,但“三网融合”等操作更多是在播出端而非

① 喻国明,弋利佳,梁霄.破解“渠道失灵”的传媒困局:“关系法则”详解——兼论传统媒体转型的路径与关键[J].现代传播,2015(11):1-4.

② 孙杰光等.现代服务业发展概论[M].北京:中国金融出版社,2017:259.

③ 蔡盈洲.从电视到短视频:一种演化的视角[J].中国电视,2020(9):74-78.

④ 易旭明.媒体融合背景下的中国传媒产业规制转型——基于互联网媒体与电视规制效果比较的视角[J].新闻大学,2017(5):112-119.

整个产业链，惯性思维阻碍了整个产业的数字化进程。[①] 山东卫视可以从进军网络视听领域、扩大泛内容生产、加强区域文化产业建设等角度拓展产业链，探索市场化的发展途径。

一是进军网络视听产业。在互联网不同类型的平台中，视频网站与广播电视均属于视听媒介范畴，两者之间的亲缘性最为明显。视频网站和短视频的发展，被视为电视内容产业链的延伸，成为电视产业发展的有力推手。[②] 当前的网络视听产业链构成要素主要包括：内容提供方、平台运营商、技术支持商、版权分销商、广告商、用户终端和网络视频用户。[③] 在网络视听相关产业链中，广播电视机构主要是参与内容制作环节，如湖南广电芒果TV、四川广电的熊猫视频、湖南有线的橙子短视频等，制作了大量的娱乐化的内容，而中央广播电视总台的央视频、浙江广播电视台的短视频频道"蓝媒视频"、广东广播电视台的触电新闻短视频孵化中心等，尝试制作多元化的短视频内容。但在平台、运营、技术、终端等环节，广播电视媒体的参与程度较低。如在网络视听平台中，综合视频领域的"优爱腾"占据的市场份额近八成，短视频方面则是抖音与快手两强并存的局面。目前，影响力较大的广播电视平台仅有芒果 TV，但也仅是进入综合视频领域的第二梯队，在短视频领域仅有"津云"推出类似抖音的"津抖云"客户端，但平台影响力明显不足。

山东广播电视台应大力进军网络视听产业，在开展网络视听内容制作的同时，向平台、技术等领域探索，将"闪电新闻"从新闻类客户端提升为综合类网络视听平台，在做好新闻内容的基础上，增加综艺、娱乐、影视剧、纪录片等内容，进一步拓展短视频内容生产。在网络视听技术领域，加大对技术团队的支持力度，在与视频网站合作中获取更多核心技术，不断完善"闪电新闻"的技术性能和使用体验。随着"中视频"概念提出，1～30 分钟的视频被视为短视频升级和长视频下沉的合二为一的产物。[④] 尽管这一概念仍有争议，但其在时长、制作方式等方面的特性值得重视。中视频的内容偏重生活、知识类，这是广播电视媒体的优势领域，因此可以尝试在融合转型中拓展中视频，依托 Lightning TV 聚集相关内容制作力量，向尚未深度开发的

① 刘荃.技术、资本与制度——中国电视产业数字转型的困局、条件与路径[J].新闻大学，2016(3)：136-141.

② 蔡盈洲.从电视到短视频：一种演化的视角[J].中国电视，2020(9)：74-78.

③ 邢彦辉."互联网＋"视域下网络视频产业链的优化[J].当代传播，2017(3)：90-93.

④ 航通社."中视频"是一个伪概念吗[EB/OL].(2020-10-23)[2022-11-06].http://www.woshipm.com/it/4228680.html.

中视频领域进行探索。

二是推动“泛内容”产业发展。“泛内容”是指相对于只做新闻内容的“窄”,扩大到各种内容都做而出现的内容“泛化”现象。目前已有多家媒体尝试“泛内容”实践,如南方日报社在新闻内容之外,从事“佛山领导决策参考”等智库研究、“珠三角工匠精神展示馆项目”等平台活动、“第三届‘珠洽会’策划传播”等策划传播、“南方＋禅城频道”等新媒体服务。上海报业在推出澎湃、上观新闻等新媒体平台的同时,在财经服务领域推出“摩尔金融”,在个性化信息产品领域打造“唔哩”,在综合信息服务领域推出“周到”平台,探索市场化发展之路。这些“泛内容”项目不仅创造了良好的社会价值,也带来较好的商业模式。① 传统媒体在产业链多元化探索中,选择与自身行业关联度较高的“泛内容”领域,能够实现产业链条的延伸,与原有业务的贴合度也比较高,更容易形成产业聚集效应。

山东卫视在产业链拓展过程中,可以重点选择智库与舆情进行探索。主流媒体开展智库建设被视为融合转型的内在需求,也是发挥自身优势和响应国家战略的举措,形成新闻生产与智库产品之间相互支撑、相辅相成的良性互动。② 从媒体转型智库被视为媒体融合发展的新途径。山东广播电视台的“闪电智库”是向智媒体转型的重要产品,应在政务服务、城市建设、行业发展等方面投入更多力量,为山东地区发展建言献策,全方位发挥媒体智库的优势。与智库紧密相关的还有舆情工作,山东广播电视台的大数据舆情云平台为舆情分析研判提供了支持,制作的《闪电舆情专报》成为向省委省政府提供科学决策的重要媒介,接下来应结合县级融媒体中心建设,在省县两节媒体合作之下推动舆情工作的基层拓展,为突发事件处置、舆论引导、社会治理等工作贡献力量。

三是加强区域文化产业建设。与广播电视业务相关的网络视听、“泛内容”等均属于文化产业的范畴。国家“十四五”发展规划提出繁荣发展文化事业和文化产业,提高国家文化软实力,强调深化文化体制改革,完善文化产业规划和政策,加强文化市场体系建设,扩大优质文化产品供给。③ 山东省对文化产业发展极为重视,先后出台《加快发展文化产业的意见》《关于深

---

① 范以锦.“泛内容”变现:延伸媒体产业链的新路径[J].新闻与写作,2018(4):57-60.

② 刘红兵.媒体智库与智慧媒体——南方报业传媒集团打造传媒智库、推进智慧转型的实践与思考[J].传媒,2019(4):9-11.

③ 中共中央关于制定国民经济和社会发展第十四个五年规划和二〇三五年远景目标的建议[N].人民日报,2020-11-04(1).

化文化体制改革　加快文化产业发展的若干政策》等文件，将文化产业作为经济发展的支柱产业，创意产业是文化产业发展的主导方向[①]，推动文化产业的规模发展、集聚发展、融合发展，鼓励原创内容生产和非公有资本投资文化产业。[②] 山东省从 2006 年开始举办山东文化产业博览会，在 2018 年将文化创意产业列入山东新旧动能转换的"十强产业"，在 2019 年将文化产业发展写入《政府工作报告》中，提出"加快数字山东建设""推进媒体融合发展"等建设目标。

山东广播电视台的广播电视服务属于文化产业的核心层，可以向外围层的网络文化服务、文化休闲娱乐服务等领域进行拓展，构建基于广播电视媒体的文化产业，积极参与山东地区文化产业发展建设。作为区域性媒体平台，山东广播电视台应依托文化产业政策，争取政府资金、文化产业用地等扶持措施，积极参与到文化产业项目、文化产业园建设、扶持小微文化企业孵化等活动中，将媒体融合发展纳入文化产业建设之中。在参与文化产业发展时，还应考虑到"文化通约性"的问题，即在保持特色文化资源纯粹性的基础上，最大限度地提高文化产品和服务可接受程度。[③] 在参与生产文化产品或服务时，山东卫视应充分体现"悠久文明、青春中国"的特色，在展现儒家文化底蕴和历史积淀，体现山东地区的悠久文明特色的同时，也要考虑消费者群体对文化产品的需求，特别是重视青年群体的文化偏好，用更加多元包容的文化产品获得受众的认同与理解。

在商业互联网平台建设中，无论是国外的谷歌、脸书，还是国内的腾讯、阿里巴巴、百度，平台型媒体均是从单一领域起家，随后不断开拓整合更多垂直领域，最终形成完整的生态闭环。[④] 主流媒体建设自主可控的平台，并非要取代商业平台，而是要处理好主流媒体与商业平台之间的关系，在内容、渠道合作基础上进一步升级探索技术、平台、内容等领域的深度合作，形成多元竞逐、共生共荣的良性生态。[⑤] 山东广播电视台在融合发展中应顺应互联网发展趋势，采取平台化建设和产业链拓展的多重手段，持续推进媒体融合力度、探索多元化的融合手段，在技术层面打造媒体技术中台和区域性

---

① 山东省人民政府办公厅印发关于深化文化体制改革　加快文化产业发展的若干政策的通知[J].山东政报，2008(2)：23-26.

② 山东省人民政府关于加快发展文化产业的意见[J].山东省人民政府公报，2014(28)：14-17.

③ 杭敏，李唯嘉.区域特色文化产业发展研究[M].北京：社会科学文献出版社，2019：212.

④ 王枢，徐建勋.论传统媒体的平台化转型[J].新闻爱好者，2019(7)：51-55.

⑤ 人民日报社编.融合体系——中国媒体融合发展年度报告(2018～2019)[M].北京：人民日报出版社，2020：113.

技术支撑平台,向网络视听类内容聚合平台和“网红”孵化平台转型,通过进军网络视听产业、推动“泛内容”产业和参与区域文化产业建设,实现广播电视产业链的拓展,将“闪电新闻”从新闻客户端升级为具有影响力的网络视听平台,实现“主力军进入主阵地”的融合发展目标。

第四节 垂直化发展战略

5G 时代将是信息极度丰盈的时代,意向经济(Intention Economy)将替代注意力经济(Attention Economy)成为新的经济模式。意向经济是针对用户个体需求,通过具有竞争力的、有针对性的服务盈利。① 在对山东卫视融合发展的战略分析中,结合外部的广告市场萎缩、卫视竞争激烈等压力因素,以及内容部的内容生产能力不足、体制机制改革滞后等问题,在劣势威胁战略(WT 战略)中提出垂直化的发展战略。推动山东卫视等平台向意向经济代表的垂直化领域转型,在教育、医疗、财经等领域提供精细化服务,同时探索与电商平台合作的 T2O、直播带货等商业模式,抓住城镇化建设带来的下沉市场拓展机遇。

一、完善垂直内容生产

在市场营销学中,垂直细分又称“纵向细分”,指按产品从原材料到最终用户经过路线的环节划分市场。② 近年来,垂直的概念被引入新闻传播领域,如社交媒体的垂直化是指社交媒体根据目标受众个性化需求,通过细分专业领域而制定专业化、精细化的网络社区服务平台,以满足目标受众的信息需求。③ 对广播电视领域而言,内容生产仍以大众化为主,如央视一年一度的春节联欢晚会,在节目的选题、内容等方面要考虑全国观众的需求,涵盖歌曲、舞蹈、相声、小品等多种形式,但大众化内容生产需要考虑不同范围的受众需求,反而在市场竞争中缺乏优势,尽管在制作规模方面持续投入,却难以带动观众数量和观看时长的增长。也有部分节目选择了垂直化路线,采取“小而精”的发展策略,将创新着力点深入到更为精准的垂直领域,从文化、家装、美食、亲子等题材入手,力求把握更为细分的受众市场,精耕

① 张超.5G 技术驱动下新闻生产转向与主流媒体顶层设计[J].中国出版,2020(15):16-20.

② 李孝全,毕永丽.现代市场营销学[M].东营:石油大学出版社,1993:232.

③ 娄凯.个性化时代行业类垂直社交媒体的运营发展路径[J].传媒,2017(22):46-47.

细作，稳中求胜。[①]

个性化和特色化成为衡量媒体内容质量的重要指标，优秀的新媒体产品必定能够满足用户需求，同时更能引领用户需求。[②] 如在快速发展的短视频领域中，视频流量与商业价值并不直接画等号，有些粉丝不多的垂直账号却有着很强的商业变现能力，这是因为在细分领域中，其粉丝拥有更明确的用户需求和更高的忠诚度，强互动关系下的精准流量更容易引起广告主的关注。[③] 近年来，垂直类短视频数量增长呈井喷之势，除了布局较早的美食、美妆、生活常识类短视频，医学、汽车、财经、母婴、动漫等短视频也日渐增多。广播电视媒体的融合发展，在内容生产方面需要从大众化向分众化、垂直化转变，将适合电视传播的频道制转为适合网络传播的工作室制或 MCN 模式。对于山东卫视的融合转型而言，应结合原有频道频率资源，在新闻领域重点做好时政、民生的垂直化内容生产，在休闲娱乐领域向文化、影视、体育内容倾斜，在生活服务领域向少儿、医疗内容侧重，并借助 MCN 机构 Lightning TV 挖掘多元化的内容。

一是在新闻领域重点做好时政民生类内容生产。时政内容是广电媒体的核心内容，山东卫视的《早安山东》《山东新闻联播》、新闻频道的《新闻午班车》聚焦区域新闻，在本地新闻报道方面具有较强影响力，可以通过“闪电新闻”系列账号整合节目资源，选择有特色的内容进行短视频生产，在抖音、快手等短视频平台大力推送。民生领域中最具影响力的节目是《问政山东》，该节目的抖音号粉丝突破百万，以短视频的形式展现问政节目精彩内容，并推出“问政山东·我来说”系列衍生视频，及时发布节目预告、拍摄花絮等内容，主持人李莎凭借辛辣尖锐的风格引发网友关注。在账号运营方面，山东广播电视台应通过 Lightning TV 做好“闪电新闻”“问政山东”等账号推广，结合短视频、直播等网络视听需求，制作具有山东特色的时政民生类内容。

二是在休闲娱乐领域探索文化、影视、体育等内容生产。无论是传统媒介还是新媒介，打发时间、放松和社交是大部分人使用媒介的最重要动机。[④]

---

① 肖学功.深耕电视垂直领域，聚焦电视产业转型[J].当代电视，2019(3)：102-114.

② 高山冰，陈尔维.垂直深耕·技术驱动·社交思维——从 Vox Media 看视频媒体创新融合[J].电视研究，2020(6)：85-86.

③ 胡正荣，李荃.回归内容价值实现：智慧全媒体时代下短视频行业发展的破局关键[J].中国编辑，2020(6)：4-8.

④ 喻国明，刘淼.媒介动机如何影响人们的媒介使用——基于“全民媒介使用与媒介观调查”的描述与分析[J].新闻爱好者，2020(6)：10-15.

在休闲娱乐内容中，文化类内容是最具优势的领域，在“悠久文明青春中国”的频道定位下，《国学小名士》《美丽中国》《现在的我们》等节目体现了山东的历史积淀和文化特色，《闯关东》《大染坊》《老农民》《红高粱》等鲁剧也有显著的地域文化特色。在文化类节目和鲁剧基础上，可以推动相关短视频账号的发展，对“山东卫视国学小名士”“山东卫视此时此刻”等短视频账号的内容生产进行重新编排，在切条内容发布的同时，可以进一步生产适合手机观看的竖屏短视频。在影视内容方面，“山东电视影视频道”等账号可以借鉴“毒舌电影”的生产模式，将部分经典的鲁剧影视内容转化为竖屏短视频，通过个性化的内容解说，推广鲁剧品牌和齐鲁文化，通过短视频吸引更多的粉丝关注。体育类内容方面，应依托新组建的山东体育频道发展有限公司，推动“体育＋产业”融合发展模式，并选择合适的体育节目和主持人打造体育类账号，在本地赛事、全民健身、趣味体育等领域进行创新。

三是在生活服务领域向少儿、医学类内容倾斜。山东广播电视台在少儿内容生产方面具有一定基础，少儿频道自办的《马哥七妹宝贝屋》《锵锵校园行》《雏鹰少年》等节目覆盖了不同年龄段的儿童，在艺术培训、品牌赛事、衍生品等方面也有较多投入，打造了“小主播微课堂”“研学游”“小主持人大师班”等系列产品。[①] 在人口密集、重视教育的山东地区，儿童成长与教育始终是社会关注的热点，但在网络视听领域中，却少有专业的儿童类短视频账号，部分少儿节目可以选择向短视频平台转型，打造具有影响力的少儿类IP资源。在医学领域，山东广播电视台旗下的海看公司推出医养服务，依托“老伴智慧养老综合服务云平台”，为不同用户群体提供专业化、个性化、一条龙的健康医疗保健服务，并推出“医顺通”智慧健康服务，为用户提供从健康教育、专业就医到健康保健的一体化服务。医疗话题始终是社会关注热点，如介绍养生知识的“BTV养生堂”、进行医学科普的“丁香医生”的抖音号粉丝分别达到了1500万和900万。山东卫视缺少知名度较高的医疗养生节目，但可以选择与省内医疗机构的专业人士进行合作，打造具有医学专业背景和媒体公信力的医学类新媒体账号，提供医疗、养生等视听内容。

四是探索频道制向工作室制度、MCN模式转型。传统媒体的组织构架难以适应垂直化内容的生产需求，部门机构尝试建立融媒体工作室，如人民日报社以兴趣为节点整合报社人员，基于专业化、垂直化的用户细分市场确定工作室类型，在人员层面鼓励跨部门、跨媒体、跨地域、跨专业整合，采用

---

① 张立，王硕.守正创新——山东广电融媒体营销探索与实践[J].电视指南，2019(Z1)：52-53.

“一室一策”的工作考核机制激发生产活力。[①] 安徽广电成立了60多个融媒体工作室，分为部门和个人两类，其中个人融媒体工作室的形式更加灵活，由台内员工按照兴趣爱好自由组合，在业余时间开展工作室的内容创作。比工作室制度更进一步的是MCN模式，通过建立以项目制为主导的扁平化组织结构，依托优质IP资源培育不同类型的项目团队，并根据其价值提供流量保障和资金支持。在MCN模式转型的具体操作中可以采取两步走的策略，初期在兼顾原有工作的同时，将MCN纳入员工的绩效考核中。长期发展中需要推动人事制度改革，建立适应市场竞争的MCN机构管理制度，为员工提供更具吸引力的薪酬与激励措施。

五是打造定位精准、功能各异的垂直化客户端。在搭建“闪电新闻”这类综合性平台的同时，也可以尝试培育适合分众传播的、功能单一的垂直化客户端。如字节跳动公司以今日头条起家，先后在短视频、问答社区、生活资讯等领域进行产品拆分，旗下抖音、西瓜视频、多闪、悟空问答等客户端均有较强的影响力。[②] 山东卫视可以结合节目内容特点，在“闪电新闻”基础上拆分出时政、民生、文化、体育、医疗等不同类型的客户端，如将《问政山东》节目与各地政务工作相结合，搭建独立的“问政山东”客户端，或是依托《国学小名士》等知名度较高的节目，将节目内容播放与网络互动聚合到客户端中。在打造客户端组群的基础上，对发展较好的客户端重点培育，打造小而精的垂直化客户端。

二、拓展商务合作模式

针对融合转型，山东广播电视台融媒体资讯中心主任王忠提到“两个根本转变”，从传统广播电视媒体向全媒体转变，从事业主体向市场主体转变，而融媒体的目标是从传统的新闻报道宣传，转向更加专业化的资讯数据服务，进而提供融媒传播整体的智慧解决方案。[③] 在跨界合作方面，山东广播电视台采用T2O和直播带货探索多元变现，通过《家乡好物》等节目实现大小屏之间的互动创新，通过“鲁力助农”等直播带货活动助力特色产品销售，并承担省级短视频直播基地的建设，与快手合作建设快手融媒学院。在未

① 曾祥敏，杨丽萍.论媒体融合纵深发展“合”的本质与“分”的策略——差异化竞争、专业化生产、分众化传播[J].现代出版，2020(4)：32-40.

② 传媒评论.孵化垂直频道：新闻客户端新策略[EB/OL].(2018-04-26)[2022-11-06].https://www.sohu.com/a/229525558_644338.

③ 收视中国.王忠：发力短视频，探索广电媒体新业态[EB/OL].(2020-09-22)[2022-11-06].https://www.sohu.com/a/419956691_738143.

来的融合发展中，山东地区的下沉市场值得持续拓展，应与商业公司开展多元化合作，拓展广电媒体的业务范围，提升市场竞争能力。

一是完善电视与商业平台的T2O商务模式。T2O(TV to Online)是指电视与商业平台进行跨界合作，将产品从电视端转移到线上销售的电子商务模式。这一模式的主要机制是在T端做推广，在O端做销售，将商品从电视端传播，到网上即时消费，再到线下实时体验，形成一个闭合的产业价值链。[①] 东方卫视的《女神的新衣》打造"即看即买"模式，观众可以边看节目边刷手机，针对喜欢的衣服和设计在网上购买。随着智能化技术的发展，电视内容与智能家电之间可以进行更好的联动。日本NHK研发的Hybridcast Connect X平台，混合了电视与消费物联网，当用户观看一档美食节目时，该平台可以感知冰箱中缺少哪些烹饪节目中所需的食材，进而通过手机App提醒购买，用户可选择付款并获得送货上门。[②]

山东广播电视台可以借鉴东方卫视、NHK的做法，将山东卫视的大屏与"闪电新闻"的小屏相结合，推动智慧家居等平台搭建，在对用户数据分析的基础上，为山东卫视热播的影视剧、综艺节目等提供即看即买、多屏互动等支持。以《家乡好物》节目为例，在目前采取"大屏与小屏互动、大小屏相互引流"的创意基础上，可以与政府扶贫工作紧密结合，重点做好对山东各地的优质工业、农业特色产品介绍，创新表现形式和技术手段，增加节目内容的趣味性与互动性，同时在网络销售、线下服务等环节中严把质量关，确保"好物"的质量与信誉。

在商业模式创新方面，山东广电尝试搭建"融媒超市"，按照电视媒体、网络媒体、移动客户端等不同媒体属性，开发出硬广资源、软广资源、专题资源、项目资源和组合资源等多类型的广告产品，并对广告产品进行统一定价、统一推广，分类组合打包形成广告产品组，并根据客户需求为客户量身定制组合方案。客户可以按需所取、自主搭配，在PC端即可完成一键下单、统一结算。[③] "融媒超市"的发展规划是传统T2O模式的改进，可以为企业客户提供完善的融媒体传播整体解决方案，形成以广播电视媒体为核心的电子商务运营模式。但做好"融媒超市"并不容易，需要能够为客户提供所需要的渠道资源，协调好与商业公司之间的分工，不断提高自身的影响力和

① 许硕，杨溢.T2O电子商务模式发展策略研究[J].电子商务，2015(6)：37-38.

② 毛卫兵，李远东.人工智能在广电"智慧家庭"平台的应用探讨[J].广播与电视技术，2018(5)：46-51.

③ 王忠.专访王忠：从本领恐慌到本领重塑，实现融媒体服务下沉[J].电视指南，2019(2)：44-45.

竞争力。

二是探索直播带货等新型运营模式。阿里巴巴在2016年推出淘宝直播,随后电商直播行业快速发展,出现了薇娅、李佳琦等高知名度的带货主播。至2020年6月,我国电商直播用户规模达到3.09亿,成为2020年增长最快的个人互联网应用。特别是在抗击新冠肺炎疫情和复工复产期间,直播带货成为全社会的热点话题,电商平台、传统媒体、政府部门加入其中,政府官员、主持人、明星等纷纷试水直播带货,形成极具场景化特色的电商新模式。广播电视媒体也积极抓住这一机遇,选择合适的节目与电商进行合作,如湖南卫视《越淘越开心》节目团队与淘宝直播合作推出《镇店之宝》,发掘"小而美"的特色淘宝店铺,也有些电视节目与公益直播带货相结合,《王牌对王牌》《极限挑战》等将公益助农环节加入节目之中,开启广电公益直播带货的多元化探索。还有些广播电视媒体自办直播活动,如在武汉"解禁"当天,湖北经视联合全国多家省市广播电视台推出《重启大武汉　助鄂大联播》直播节目,并开办"中国荆楚味　湖北农产品"促销活动,助力湖北农产品的直播销售。浙江广播电视台好易购频道举办"2019脱贫攻坚公益直播",邀请帮扶县县长代表和淘宝主播参与,提升数字经济环境下脱贫攻坚的精准性。

直播带货并非电视购物的翻版,因为两者有着不同的运行机制。电视购物主要依靠电视自身的渠道优势,效果主要依靠电视台的品牌,而直播带货依靠主播的个人魅力,包括人设魅力和营销表达能力。直播带货可以使主播与观看者产生更直接的接触,甚至形成面对面、熟人交流的感觉,更容易将个人魅力转换为经济收益。① 直播带货体现了互联网行业的"行为召唤"(call to action, CTA)原则,结合用户的习惯和偏好,诱使用户采取一些列的操作,为视听传播提供了全新的商业模式。山东广播电视台积极开展直播带货的尝试,在2020年3月与腾讯微视、贝壳视频合作进行县长优选电商直播活动,打造"这就是山东|鲁力助农"系列网络公益活动,推介泰安、淄博等地的特色产品。② 在2020年11月,与国美电器等联合举办"山东消费年·暖冬消费季"系列活动,由Lightning TV的丛丛、黄凯、孙亮等主持人参与十六地市的巡回直播活动,开展针对山东夜经济发展、步行街商圈提升、

---

① 彭兰.移动视频:一种手段、多种表达[J].新闻记者,2020(7):5-12.

② 齐鲁网·闪电新闻.不只有直播带货!"这就是山东丨鲁力助农"系列网络公益活动正式启动[EB/OL].(2020-03-29)[2022-11-06].http://sd.iqilu.com/v7/share/article/6652291.html.

老字号传承创新等不同主题的直播。① 值得注意的是，以公益为主的广电直播带货发展具有不确定性，在复工复产、脱贫攻坚等活动结束后，公益类的直播带货会逐渐减少，因此有必要向商业直播带货转型，通过 Lightning TV 培育具有专业知识背景的专业带货达人，探索带有本地特色的直播带货模式。

目前，山东各地正在积极推进短视频直播基地建设。济南市发布了《大力发展电商经济　打造直播经济总部基地的实施方案》，定位于“新媒体之都”，并着力打造一批直播经济基地，建设一批产业直播经济集群，推动直播、短视频制作产业成为济南市重要新兴产业，将济南打造成为全国著名的直播经济总部基地。山东的其他城市也在积极布局短视频领域，青岛市在即墨区设立网红直播基地，威海市在综保区建立新媒体直播基地，临沂市在兰山区建成直播产业园区 13 处。山东省对短视频的重视为山东卫视融合发展带来机遇，在山东省广电总局批复同意下，获得了推进省级短视频直播基地建设的工作，同时与字节跳动共建新媒体孵化园，与快手合作建立快手融媒学院，在主播实战培训、账号内容搭建、平台数据分析、电商基地实践教学等方面开展培训。山东卫视应充分发挥政策优势，在与商业平台的合作中提升商业运营能力，选择合适的垂直领域进行深耕细作，并利用媒体资源进行网红孵化、内容传播，在与商业公司合作过程中争取到更多的话语权限。

三是更多关注小城市与乡村用户，持续拓展下沉市场的空间。无论是以电视为主的 T2O 商务模式，还是依托商业平台的直播带货，均需要重视一线、二线城市以外的下沉市场探索。所谓“下沉市场”，是指除去一线和新一线城市以外的地域，总面积超全国的 97%，人口占到全国人口 80%以上，具有非常大的商业潜在优势。随着我国人口城镇化率的提高，尽管下沉市场人群的收入和消费绝对值不高，但其增速明显提升，慢节奏的生活环境和较低的生活压力，使用户拥有更为旺盛的消费意愿，甚至不输一线、二线城市人群，网络零售额在不断攀升，整体的商业消费升级正在加速。拼多多、趣头条等平台的快速崛起，让人们关注到“小镇青年”“五环外人群”等群体，中小城市和农村市场正在成为互联网企业拓展的对象。

山东地区的“下沉市场”值得重点关注。目前，山东省内没有一线城市，青岛、济南、烟台等城市跻身新一线城市和二线城市，但多数地级市处于三四线城市之列，农村人口比例也比较高。随着城镇化建设和农业转移人口

① 齐鲁网·闪电新闻.“山东消费年·暖冬消费季”活动启动，巡回不间断接力直播全媒体打造暖冬消费季[EB/OL].(2020-11-11)[2022-11-06].http://ksd.iqilu.com/v7/share/article/7225404.

市民化工作的开展，山东在 2019 年的常住人口城镇化率达到 61.51%，有 14 个地区入选国家新型城镇化综合试点。[①] 在庞大人口基数、缺少大型城市、城镇化率提升等因素影响下，山东地区的下沉市场具有广阔空间，相关群体的收入和消费能力在不断提升，将会产生较高的消费意愿，这为山东卫视拓展下沉市场带来机遇。山东卫视在中小城市和农村市场中继续推动 T2O 商务模式，借助电视大屏带动电子商务在下沉市场中的普及，为不擅长使用智能手机的中老年群体提供网络购物、智能互动等服务。同时还应加强“闪电新闻”客户端推广，选择合适的电商平台推动直播带货，结合扶贫工作为农产品销售提供更多渠道，提升城镇青年群体的购买意愿，实现下沉市场的多元化商业变现，将缺少大城市的不足转化为拓展下沉市场的发展机遇。

① 杨玉金，王越.山东 14 个地区入选国家新型城镇化综合试点　数量居全国首位[EB/OL].(2020-07-23)[2022-11-06].http://news.iqilu.com/shandong/yaowen/2020/1112/4697462.shtml.

第四章　山东卫视融媒体发展措施

至 2020 年 12 月，山东卫视覆盖人口达到 12.5 亿人，全国月到达人数超过 4 亿人。① “闪电新闻”客户端装机量突破 3400 万，全平台覆盖用户超过 4.5 亿，全年的直播场次超过 1 万场，年生产短视频超 8 万条，单条点击量最高突破 2 亿人次。② 在取得融合发展成绩的同时，山东卫视也存在融合程度不足、影响力较弱等问题，结合 SWOT 分析和移动化、智能化、平台化、垂直化等发展战略，应从舆论引导、技术承载、多元传播、内容供给、支持县级融媒体中心建设、MCN 转型等方面采取措施，推动山东广电从传统的广播电视机构向网络视听服务平台转型。

第一节　建设主流舆论阵地

习近平总书记在党的十九大报告中强调，要坚持正确舆论导向，高度重视传播手段建设和创新，提高新闻舆论传播力、引导力、影响力、公信力。③ 对于主流媒体而言，没有融媒体平台的建立，新闻舆论工作难以开展，缺少新闻舆论工作的落实，也会导致融合发展偏离目标。主流媒体融合发展需要坚持正确的方向，因此无论媒体融合如何深度发展，都应当坚持“三个不

---

① 山东卫视.山东卫视 2021 年优质资源分享会成功举办《无边界商学院》企业家思享会同步举行[EB/OL].(2020-11-20)[2022-11-06].http://news.iqilu.com/shandong/yaowen/2020/1120/4704368.shtml.

② 齐鲁网.山东广电：深度融合从未止步，破圈发展一往无前[EB/OL].(2020-12-09)[2022-11-06].http://news.iqilu.com/shandong/yuanchuang/2020/1209/4719878.shtml.

③ 习近平.决胜全面建成小康社会　夺取新时代中国特色社会主义伟大胜利——在中国共产党第十九次全国代表大会上的报告[N].人民日报，2017-10-28(1).

变”——作为党的舆论阵地的定位不变，党管媒体和政治家办台办网的原则不变以及新闻立台的理念不变。[①] 山东卫视应从做好重大主题宣传报道、积极开展网络舆论引导、搭建国家治理平台等方面入手，推动党的舆论阵地建设，实现新闻舆论“四力”的有效提升。

一、做好主题宣传报道

秉承新闻立台原则，广播电视媒体在正面宣传中具有公信力优势，如在2012～2020年的“中国信用小康指数”调查中，电视凭借高覆盖率和良好的观众基础，始终在媒体公信力排行中占据前列。[②] 在抗击新冠肺炎疫情的特殊时期，电视的收视率、时长等数据均有提升，观众对电视的信任程度也超过了其他类型的媒体。同时，电视人在阐释国家方针政策、回应社会发展需求、塑造国家内外形象等方面尽职尽责，实现了通过电视与国家和民族发展的宏大愿景相连。[③] 山东卫视融媒体构建应充分发挥广电媒体公信力优势，以重大主题宣传报道为抓手，不断提升正面宣传的质量和水平。

重大主题宣传报道包括党和政府的大政方针，关乎全局的工作部署以及一段时间的中心工作，如改革开放和社会主义现代化建设所取得的成就，关乎人民的根本利益的重大举措、重大事件等。[④] 2020年，各大主流媒体围绕脱贫攻坚话题开展系列报道，山东广播电视台开设了《走向我们的小康生活》《牢记嘱托　走在前列　全面开创》《牢记嘱托　扎实实施乡村振兴战略》《村村都有好青年》《乡村振兴　山东力量》等节目，并在齐鲁网和“闪电新闻”客户端推出多个专题版块集纳全台脱贫攻坚相关报道，全景式、深层次展示山东脱贫攻坚重大举措和成就。[⑤] 通过脱贫攻坚相关主题的宣传报道，提升了山东卫视、“闪电新闻”等平台的影响力，有助于主流舆论阵地的建设与完善。

2020年11月，中共中央发布《关于制定国民经济和社会发展第十四个五年规划和二〇三五年远景目标的建议》，提及开启全面建设社会主义现代

---

① 牛春颖，杨骁.新闻出版广电总局田进：媒体融合要坚持3个“不能变”[EB/OL].(2016-08-19)[2022-11-06].http://www.xinhuanet.com//zgjx/2016-08/19/c_135614147.htm.

② “中国信用小康指数”由《小康》杂志社进行评选，电视媒体公信力在2012年至2018年排名第一，在2018年至2020年排名第二。

③ 廖祥忠.从媒体融合到融合媒体：电视人的抉择与进路[J].现代传播，2020(1)：1-7.

④ 丁柏铨.重大主题宣传：特点、现状与优化[J].新闻与写作，2020(10)：74-81.

⑤ 吕芃.发挥优势　融媒宣传　凝聚力量——山东广播电视台脱贫攻坚宣传的探索与实践[J].中国广播电视学刊，2020(10)：10-13.

化国家新征程、坚持创新驱动发展、构建高水平社会主义市场经济体制、加快发展现代产业体系、形成强大国内市场等重要内容。① 结合国家“十四五”发展规划与山东地域特点，山东卫视应做好庆祝中国共产党成立百年、全面建成小康社会等重大主题报道工作。如全面建成小康社会意味着我国完成第一个百年奋斗目标，未来将开启全面建设社会主义现代化国家新征程。山东卫视应在“十四五”期间紧抓这一主题，对山东地区的经济实力、科技实力、综合实力提升进行宣传报道，重点关注工业化、信息化、城镇化、农业现代化等领域的发展。此外，巩固拓展脱贫攻坚成果、持续推进新型城镇化、推动黄河流域发展等议题，也具有开展重大主题宣传报道的价值，需要持续投入技术和人力进行报道，并在新技术、新手段支持下开展报道形式与内容的创新。

做好重大主题报道并不容易，以往的某些报道存在照抄文件讲话、缺乏深度等问题，导致投入大量的人力和物力却未能引起注意，陷入自说自话的困境。为破解重大主题报道困难，应从选取独特角度、创新材料组合与报道架构、以讲故事形式优化宣传途径等方式，提升重大主题宣传的效果。② 山东卫视应继续发挥广电媒体的宣传优势，将中国共产党百年、全面建成小康社会等选题与山东地区的历史沿革、经济发展、民生情况等相结合，延续《传家宝里的新中国》等接地气的节目风格，从百姓的日常生活中寻找讲述宏大历史事件的切入点，以好故事、好角度吸引受众关注，讲好山东故事、宣传山东典型人物。同时，还应引入新技术创新报道思路，如无人机拍摄呈现广阔的视野，VR 助力全方位展现重大事件场景，AR 辅助提供详细的背景信息，综合运用各类技术手段，提升重大主题宣传报道的水平。

二、开展网络舆论引导

网络空间中的舆论环境较为复杂，近年来“两个舆论场”“大舆论场”等概念引发广泛讨论。新华社原总编辑南振中认为，存在两个并不完全重叠的舆论场，即主流媒体着力营造的媒体舆论场和人民群众议论纷纷的口头舆论场。③ 学者丁柏铨对此进一步细化，分析“大舆论场”中的官方、新闻媒体、公众三种主体，三者之间相互作用、相互影响。官方舆论影响和制约着

---

① 中共中央关于制定国民经济和社会发展第十四个五年规划和二〇三五年远景目标的建议[N].人民日报，2020-11-04(4).

② 丁柏铨.重大主题宣传：特点、现状与优化[J].新闻与写作，2020(10)：74-81.

③ 南振中.把密切联系群众作为改进新闻报道的着力点[J].中国记者，2003(3)：5.

新闻舆论，新闻舆论在相当程度上传达了官方舆论，而公众舆论受官方舆论和新闻舆论影响，但有时部分舆论也会表现出一定的“离心”倾向。[①] 纷繁复杂的网络舆论空间，意味着主流媒体要打破不同舆论场之间的界限，建设在公众中有影响力的主流网络舆论平台。

主流媒体的融合发展与舆论引导相辅相成，应避免出现为融合而弱化舆论主导权的现象。中宣部副部长、国务院新闻办公室主任徐麟，在2020年中国新媒体大会上谈到媒体融合导向问题，认为“决不能将这一重大战略低层次、片面化理解为吸粉引流、增加收入”，并强调“要牢牢把握新闻舆论工作的主动权主导权，坚决防止借融合发展之名淡化党的领导，坚决防范资本操纵舆论的风险”[②]。山东卫视应当以壮大主流思想舆论为己任，维护好自身的公信力和影响力，避免出现追逐流量、过度商业化等问题，通过搭建舆情云平台、丰富舆情产品、完善“闪电智库”、建设网评员队伍等形式，积极开展网络舆论引导工作，承担主流媒体应有的社会责任。

山东广播电视台应进一步完善大数据舆情云平台建设。2017年9月，山东省委书记刘家义在调研山东广电时，在舆情大数据云平台前提出“舆情报告要专报省委领导”。山东广播电视台依托该平台完成多期《闪电舆情专报》，呈送省领导并得到多次的批示，并为50余个单位实现舆情内容精准投放服务。山东广播电视台大数据舆情云平台建设较早，在舆情行业中已有一定的影响力，但仍存在较大的发展压力，既要面对清博大数据、新浪舆情通等商业公司的压力，也有人民网舆情数据中心、新华网舆情在线等央媒的竞争。省内媒体也纷纷投身舆情行业，大众报业集团的“齐鲁智慧媒体云”“齐鲁蛙眼舆情大数据平台”和山东省互联网传媒集团的“大众舆情监测云平台”均有一定的竞争实力。因此应加强大数据舆情云平台的建设力度，拓展在政府部门和本地企业的服务范围，完善舆情服务的精准投放工作，为客户提供多元定制的舆情信息服务，依托广电媒体的公信力优势重点提升舆论引导的效率和质量。

依托大数据舆情云平台支持，山东广播电视台推出“闪电舆情”等信息服务产品，提供全媒体监测、信息预警、个性化监测、舆情信息数据图表展示、专业舆情报告等服务以及一站式的融媒体舆情处置应对方案，并为政

---

① 丁柏铨.略论“大舆论场”——对舆论格局和舆论引导的新思考[J].新闻与写作，2020(1)：64-71.

② 徐麟.在2020中国新媒体大会上的致辞［EB/OL］.(2020-11-20)［2022-11-06］.http：//www.scio.gov.cn/xwbjs/zygy/38848/38851/Document/1692866/1692866.htm.

府、企业提供专业的舆情实践培训。[①] 山东广播电视台的主要舆情服务对象是政府部门和大型国有企业。政府部门的舆情服务重点在于全方位的舆情监测和对突发事件的应急处置，因此可以结合地域特点为其提供定制化的舆情监控方案，对相关的重点网站、自媒体账号进行监测，并结合具体情况提供应对策略，确保在第一时间发现问题、及时化解。企业的舆情服务重点在于企业形象的维护，主要是网民对企业产品或服务的评论，可以为其提供基于社交媒体的舆情监控方案，按照关键词的方式进行内容监测，结合行业特点为企业提供舆情方面的培训，提升企业员工媒介素养和舆情应对能力，有效维护企业的品牌和形象。

开展网络舆论引导的重点在于建立专业的引导平台和网评员队伍，在重大事件中及时发声、敢于发声，推动正确价值观念的有效传播。山东广播电视台的舆论引导应分为三个层次：第一层次是媒体自办的理论宣传和舆论引导平台，如齐鲁网“理响中国”理论融媒体平台，涵盖理论资源展示、理论成果共享、社会热点评论等多项理论服务。“闪电新闻”的“触角”“地评线”“51 听”等栏目也发布了大量评论内容，成为融媒体平台舆论引导的核心力量。第二层次是基于智库的专家学者评论团队，从专业视角为受众提供信息，如访谈节目《闪电会客厅》结合政府部门重要政策设置议题，对话专家和相关部门负责人，生动解读政策观点并推动政策落实。依托“闪电智库”推出的“闪电评论”栏目，在《民法典》出台、“十四五”发展建设等重大话题中及时发出声音，提供了智库团队的专家视角。目前在“闪电智库”的相关文章底部，会注明“本文代表作者个人观点，不代表齐鲁网·闪电新闻立场，仅供参考”，这类的免责声明虽规避了言论风险，但在一定程度上割裂了智库专家与“闪电新闻”的关系，可以在完善专家邀请机制、提升文章内容审核质量的基础上，减少“免责声明”的使用频率。第三层次是组织机构、自媒体等以“闪电号”形式发布的新闻时事评论，如“潍坊媒体联盟”“敏言网事”“刘言抨语”等账号，对时政、文化、环保、体育等内容发表了较多评论。但第三层次的账号在“闪电号”中数量比较少，发布的内容总量偏少，需要继续提升“闪电号”的吸引力，鼓励更多的高质量账号入驻平台。

三、搭建社会治理平台

国家治理是指国家政权的所有者、管理者和利益相关者等多元行动者

---

① 齐鲁网.山东广播电视台融媒体资讯中心项目资源——数据舆情[EB/OL].(2017-06-07)[2022-11-06].http://www.iqilu.com/html/hezuo/rmcs/2017/0607/3575151.shtml.

在一个国家的范围内对社会公共事务的合作管理，目的是增进公共利益，维护公共秩序。① 党的十八届三中全会正式提出“推进国家治理体系和治理能力现代化”，使用“社会治理”这一概念替代“社会管理”。国家“十四五”规划中明确提出“加强和创新社会治理”，强调“健全党组织领导的自治、法治、德治相结合的城乡基层治理体系”以及“加强和创新市域社会治理，推进市域社会治理现代化”。② 随着国家治理体系的逐步完善，主流媒体在社会治理中发挥的作用也受到重视。新华日报社社长双传学认为，主流媒体在国家治理现代化中，既是国家治理现代化的工作对象、重要内容，又是党和政府全面推动国家治理现代化所倚重的战略力量。③ 主流媒体的融合发展，是推动国家治理现代化的重要手段，有助于新型社会治理平台的搭建与运行。

在新闻舆论工作中，习近平同志强调“用得好是真本事”。他指出：“媒体融合发展不仅仅是新闻单位的事，要把我们掌握的社会思想文化公共资源、社会治理大数据、政策制定权的制度优势转化为巩固壮大主流思想舆论的综合优势。”④各级媒体的融合转型，不应局限于新闻宣传工作之中，而是要进一步纳入社会治理工作之中，积极推动新型治国理政平台的搭建，完善主流价值观念传播和网络舆论引导工作。山东卫视的融合转型同样是社会治理工作的一部分，可以通过打造问政节目、融入政府中心工作、搭建有序的网络公共空间等方式，积极推动国家治理体系的现代化。

主流媒体参与社会治理的主要途径是进行舆论监督。山东卫视在开办舆论监督节目方面具有独特优势，如《问政山东》不仅在电视端播出，在抖音平台中也发布了800余条短视频，获得141万粉丝和750万次点赞。⑤《问政山东》的选题原则是“领导关注、群众关心、典型意义、能够解决”，即围绕政府的中心工作和人民群众最关注的内容，寻找典型案例并使曝光问题得到有效解决。⑥ 通过梳理节目选题发现，冲突性话题与典型性问题最能引发网友关注，如“‘一次办好’跑了4次也没办好”反映出德州地区的营商环境不佳，“大货车超载现象严重”揭示了长期存在的交通管理问题，相关短视频在抖音平台上获得10万次以上的点赞量。辛辣尖锐的节目风格有助于增强舆

---

① 何增科.廉洁政治与国家治理[M].北京：中央编译出版社，2017：2.

② 中共中央关于制定国民经济和社会发展第十四个五年规划和二〇三五年远景目标的建议[N].人民日报，2020-11-04(4).

③ 双传学.主流媒体参与国家治理现代化：定位与进路[J].新闻与写作，2020(10)：96-100.

④ 习近平.加快推动媒体融合发展 构建全媒体传播格局[J].求是，2019(6)：7.

⑤ “问政山东”抖音账号数据统计时间为2020年12月28日。

⑥ 原宝国，田进.现象级电视问政类节目《问政山东》养成记[J].中国记者，2019(9)：52-57.

论监督效果，主持人李莎的多次追问让官员"红脸出汗"，有时还会"不礼貌"地打断问责对象的长篇大论。这种访谈中的话语打断，原本会破坏对话的完整性，但在问政节目中却起到避免拖沓、直面问题、保证节目顺畅的作用。①

山东广电不断加强舆论监督节目的力度，《问政山东》成为山东省委省政府重点推动的节目。至2020年12月，《问政山东》累计解决具体问题910多项，推动制定有关政策措施550多项。随着《问政山东》节目不断深化，该节目影响力已经超越一般的电视节目，成为政府中心工作的一部分。舆论监督节目的发展应避免虎头蛇尾，因此既需要政府部门为节目提供指导性意见和支持政策，同时还应保持一定的独立性，维护辛辣尖锐的节目风格，并做好节目的长效回访机制，做好新增《问政进行时》节目，确保问政话题"件件有回音"。

在开办问政节目的同时，山东卫视应与各级政府部门保持良好关系，充分挖掘政府资源和相关的社会资源。山东广播电视台台长吕芃分析了媒体与政府资源的关系，强调"主动融入，积极对接，深度融入，而不是消极被动的应付式的融入"，并提醒"千万不要觉得政府资源、政治宣传任务是我们的负担，这恰恰是我们作为主流媒体最大的优势所在，也是我们的安身立命之本"②。与商业媒体相比，传统媒体与政府的关系更为密切，也更有责任与义务去参与社会治理的相关工作。山东卫视应将融合发展工作纳入政府部门的中心工作中，依托"闪电新闻"的技术平台优势，推动"新闻＋政务＋服务"的一体化发展，为社会治理提供技术保障和平台支持，充分利用政府资源为公众提供服务。

完善社会治理工作还需要构建公开透明的网络空间。为维护人民群众的知情权和言论自由，主流媒体的融合发展应积极推动社会各方意见的交流，促进正确的社会共识的形成。学者朱春阳提出新型主流媒体不应当通过行政级别授予，或凭借垄断获得单向信息投放能力，而应在推动更高程度的社会共识达成基础上来实现议程主导。③ 山东卫视在进行主流价值观念宣传和舆论监督的同时，更应通过"闪电新闻"构建为群众服务的网络议事公共空间，为不同类型的群体提供表达意见的平台，促进不同群体之间进行

① 张岚.浅析问政类节目中的话语打断现象[J].新闻传播，2014(11)：272-273.

② 齐鲁网.山东广播电视台台长吕芃菏泽研讨会演讲全文：收复失地，赢回尊严[EB/OL].(2019-04-22)[2022-11-06].http://news.iqilu.com/shandong/kejiaoshehui/20190422/4250509.shtml.

③ 朱春阳.全媒体视野下新型主流媒体传播效果评价的创新路径[J].新闻界，2019(12)：11-16.

公平理性的对话，在公共空间中开展信息甄别、议程设置，并依托深度报道、专家评论等形式，在重大问题上开展舆论引导工作，在社会治理中发挥凝聚共识的作用。

第二节　增强技术承载能力

2018 年 2 月，《三联生活周刊》通过"中读"客户端开展会员卡销售活动，但因购买用户过多导致客户端崩溃，此后平台修复的进度缓慢。[①] "中读"客户端崩溃并非个案，总台的央视频、湖南广电的芒果 TV 等主流媒体制作的客户端，也曾出现过系统崩溃、画面卡顿、登录闪退等问题，给用户使用带来不便，反映出传统媒体的技术能力不足。技术问题反映出传统媒体的技术团队规模不足。山东卫视融媒体构建的移动化发展战略，需要不断增强自身技术承载能力，在 5G 网络建设、信息计算传输等前沿领域进行探索，拓展超高清视频、虚拟现实等视听技术应用，并通过扩大技术团队规模、组建技术研发平台等方式，提升技术研发与应用的能力。

一、加强前沿技术探索

美国经济学家布莱恩·阿瑟(Brian Arthur)认为，技术的进化没有可以预先决定的确切顺序，我们也无法事先知道哪些现象会被捕捉并被利用，也无法知晓哪种组合会被创造，这些不确定性，让技术的进化具有了偶然性。[②] 技术进化的偶然性给媒体融合发展带来困难，如基于广电网络的 CMMB 手机电视曾被寄予厚望，该技术通过卫星和地面无线广播方式实现广电节目内容接收，这在 4G 移动网络尚未普及之前具有很大优势，但随着 4G、5G 技术的普及应用，移动通信网络流量承载能力大幅度提升，导致 CMMB 手机电视很快被市场淘汰。山东卫视在融合发展中应以此为戒，根据自身的技术基础制定合适的技术发展路线，重点探索 5G、大数据等前沿技术领域，如在新闻采编方面应用传感器收集处理信息，在 5G 网络建设方面参与 5G 广播技术研发，在信息计算领域关注量子技术的发展，及时将前沿技术引入广

---

① 钟传.《三联生活周刊》的尴尬，暴露了传统媒体的一个通病[EB/OL].(2018-02-27)[2022-11-06].http://www.allchina.cn/Adpage/infomation.asp? id=92232.

② 信息化协同创新专委会.《技术的本质》布莱恩·阿瑟：技术将如何塑造经济形态与分配规则？[EB/OL].(2019-08-03)[2022-11-06].https://www.sohu.com/a/331334210_781358.

电领域并进行技术转化。

在新闻采编领域,传感器新闻的发展与应用值得重点关注。传感器新闻(sensors journalism)是指运用传感器技术探测、采集、分析、加工新闻信息,进而制作以数据化信息为主要内容的一种新的新闻生产方式。① 随着5G技术在我国投入商用,其超高速率、超低时延的特点受到关注,但超大链接能力的特点尚未得到足够的重视。这一能力不仅意味着在高密度人群区域中可以及时传输数据,更重要的是为海量物联网设备数据处理提供了支持,可以对人和物的数据进行实时采集、传输与处理,这将为新闻采编工作带来革命性影响。

通过大量的传感器记录位置、情感等数据,使信息内容收集、处理的范围得以拓展。如澎湃发布的《武汉解封首日,人们都去了哪里?》中,通过"百度迁徙""飞常准"等数据平台,以用户的手机作为智能传感器,详细记录武汉解封后人们的移动轨迹。② 山东卫视应通过数据中台建设推动传感器新闻的应用,依托"闪电新闻"客户端分析用户的地理位置、浏览记录、搜索习惯、社会网络关系等数据,通过数据中台对相关数据进行存储、计算、加工,进而为用户提供精细化的配置和差异化信息服务。还可以与拥有大量传感器的政府部门、商业公司进行合作,将相关数据作为新闻生产的内容要素,丰富数据新闻的制作素材,提升新闻呈现的可视化效果。

在5G网络建设方面,山东卫视应积极参与中国广电5G网络建设工作。中国广电在5G网络建设方面具有一定基础,拥有广电宽带电视集成平台等特色业务牌照、基础电信业务经营许可、国内分发网络等增值电信业务经营许可等资源。广电5G网络专有的700MHz被称为"数字红利"频段,具有传播损耗低、覆盖广、穿透力强等特性,仅为4.9GHz频段建址规模的1/6至1/7。③ 较低的成本为广电5G网络建设带来机遇,广播电视媒体应依托原有电视用户群体,通过业务捆绑等方式快速发展5G用户,并寻求差异化的发展路线,加速广电5G技术的更新迭代。

5G广播技术是中国广电在5G领域中的特色技术。国家广播电视总局在《广播电视技术迭代实施方案(2020～2022年)》中,明确提出推进5G广播

① 李蓉.传感器新闻:新闻的生产变革与价值重构[J].中国出版,2019(20):51-54.

② 真数.武汉解封首日,人们都去了哪里?[EB/OL].(2020-04-10)[2022-11-06].https://www.thepaper.cn/newsDetail_forward_6893972.

③ 张晓宝.中国广电曾庆军详细解读:广电5G建网规划、5G NR广播前景等热点[EB/OL].(2020-11-24)[2022-11-06].http://www.dvbcn.com/p/118428.html.

技术研究应用,支持积极参与3GPP 5G标准制定,建立和完善我国5G广播标准体系。国家广播电视总局旗下的广播电视科学研究院,成立无线交互广播电视工作组与5G广播和视频工作组,发布了《5G广播技术方案》与《5G广播技术应用》两份白皮书。5G广播的三大业务形态包括传统电视频道广播服务、新型交互化视频广播服务、融合多媒体信息广播服务,其中基于蜂窝基站的5G NR广播技术是未来发展方向。5G NR广播可以广泛应用在电视、手机、平板、穿戴设备、汽车中控台等各种形态5G通用终端。5G NR广播功能非常全面,其中被关注最多的是广播电视信号的传输,被网友称为"在5G手机免费看广播电视"或"免流量/免SIM卡看电视","免费"属性对网友有很强的吸引力。因此,山东卫视应积极参与5G NR广播技术发展,可选择与中国广电、华为等公司进行合作,在新闻采访、节目传输等环节中尝试使用5G NR广播技术,利用"免费看电视"的特点吸引用户,加速广电5G网络的建设与发展。

在信息计算与传输领域,最前沿的量子技术值得关注。我国首颗量子通信卫星"墨子号"在2016年成功发射,随后的实验中实现了千公里级基于纠缠的量子密钥分发,将处于理论验证阶段的量子通信技术带入实际使用验证阶段。与5G等基于经典电磁波通信的传输技术相比,量子通信的速度更快、传输效率更高,量子计算机的计算速度较电子计算机可提升两万倍到一亿倍,并且具有经典电磁波通信无法比拟的高度保密性。① 当前,量子技术仍处于初级探索阶段,很多基础性的问题没有得到解决,但可以预期的是量子计算、量子通信等技术将带来新的技术革命,有可能成为未来最具颠覆性的通用技术,将助力云计算、物联网、人工智能等技术继续提速,也有助于媒体技术更新迭代。

随着量子技术的发展,基于半导体的摩尔定律将有可能失效,将被风投家史蒂夫·尤尔韦松(Steve Jurvetson)提出的罗斯定律替代,其计算能力将以指数级增长。② 2020年12月,我国潘建伟等科学家构建76个光子的量子计算原型机"九章"引发关注,该机器求解数学算法高斯玻色取样只需200秒,而当前世界最快的超级计算机要用6亿年,使我国成为全球第二个实现"量子优越性"的国家。尽管广播电视媒体在量子技术领域缺少研发能力,

① 段鹏,文喆,徐煜.技术变革视角下5G融媒体的智能转向与价值思考[J].现代传播,2020(2):29-34.

② Faisal Khan.量子计算时代到来,摩尔定律将要失效?[EB/OL].(2019-06-16)[2022-11-06].https://www.sohu.com/a/321011824_132567.

但可以与科研机构、技术公司进行合作,如中国广电与中国科学院合作共建“海南星地一体环岛量子保密通信网络”,并同步推出“量子保密视频会议机顶盒融合产品”。[①] 山东卫视在这方面可以与省内量子通信科技有限公司等进行合作,尝试参与量子保密通信“齐鲁干线”等项目的建设,借助前沿技术推动自身的技术能力提升。

二、拓展视听技术应用

移动通信技术发展是提升视听传播效果、延伸人类感觉的重要手段,5G以全新的网络构架,解决了当前视听传播的技术瓶颈,使视听信息传播呈现“信息视频化、视频超高清化”特点。当前,视频传输已经从标清、高清进入4K标准,未来将提升为8K标准。4K视频在播出时需要60～75Mbps的传输带宽,而8K视频需要100Mbps的传输带宽,5G网络建设为超高清视频传输提供了技术保障。[②] 作为主打视听传播的广播电视媒体,山东卫视应积极拓展视听技术应用,重点做好4K/8K超高清视频技术应用,在VR等领域进行沉浸式传播探索。

超高清视频是广播电视媒体融合发展的核心技术。在工业和信息化部等部门联合印发的《超高清视频产业发展行动计划(2019～2022年)》中,提出“4K先行、兼顾8K”的总体技术路线,将大力推进超高清视频产业发展和相关领域的应用,在广播电视领域加大超高清电视采集制作、总控播出、互动分发、数据中心、管理平台等系统建设投入,并加强超高清视频点播平台建设以及超高清电视在有线电视、卫星电视、IPTV和互联网电视的应用。[③] 山东省出台了《山东省加快超高清视频产业发展行动计划(2019～2022)》,提出依托山东广播电视台和骨干文化传媒企业,加强4K超高清电视节目制作能力建设,促进超高清内容多维度融合及呈现。[④] 国家和山东省推动超高清视频产业发展的政策,为山东卫视大力发展视听传播新技术提供了支持,应在4K/8K超高清视频技术中进行重点突破。

---

① 苗梦佳.量子通信获中央会议点名,中国广电顺势而动![EB/OL].(2020-10-19)[2022-11-06].https://www.sohu.com/a/425751172_451230.

② 《5G新媒体行业白皮书》发布 呈现应用案例 前瞻未来发展[J].网络传播,2019(12):44-47.

③ 工业和信息化部,国家广播电视总局,中央广播电视总台.关于印发《超高清视频产业发展行动计划(2019～2022年)》的通知[EB/OL].(2019-02-28)[2022-11-06].http://www.gov.cn/gongbao/content/2019/content_5419224.htm.

④ 山东省加快超高清视频产业发展行动计划(2019～2022年)[EB/OL].(2020-03-20)[2022-11-06].http://www.yanzhou.gov.cn/art/2020/3/20/art_29146_2539778.html.

在超高清视频领域，4K技术已经较为成熟，山东卫视在这方面的探索比较早，在2014年制作4K风光片《魅力荣城》，在2015年尝试进行赛事的4K直播，并在2016年开始建设4K演播室。[①] 2020年8月，山东广电引入“旗舰版”的5G+4K全IP26讯道超高清转播车，该车具备多功能融媒体制作模式，可以与台内的“中央厨房”无缝衔接，并建立以IP化架构为核心的4K超高清制作系统，同时完成3套以上的独立节目制作，能够满足奥运会等大型国际赛事及各类活动转播要求。[②] 山东省在超高清视频发展规划中提出，在2022年开办1～3个4K电视频道，提供20套以上4K直播点播业务，超高清内容制作能力达到每年2000小时。作为省内最主要的广播电视媒体，山东广播电视台应根据国家广播电视总局的《广播电视技术迭代实施方案(2020～2022年)》要求，借鉴广东影视、欢笑剧场频道等4K超高清频道的建设模式，先推出兼具新闻、文化、影视等内容的综合性的山东4K频道，在有一定基础后再进行市场细分，打造内容多元的4K频道。同时还要重点提升4K超高清视频内容的生产能力，依托“旗舰版”转播车等4K设备做好新闻采访、赛事转播、纪录片等超高清视频内容的生产，在满足自有频道播出的同时，也可以适当向其他4K频道进行内容输出。

在建设4K频道、丰富4K内容的同时，山东卫视也应当兼顾8K技术的探索。在国际电信联盟发布超高清电视标准中，8K超高清电视标准为7680×4320的分辨率、HDR高动态范围、BT.2020标准的色域范围、12bit的量化深度、120fps的频率以及22.2声道的环绕立体声技术。[③] 尽管8K技术目前仍处于试验测试阶段，但已成为广播电视行业长期发展目标，中央广播电视总台在北京冬奥会前夕开通8K高清实验频道，山东省也计划在家庭娱乐、文化创意等领域开展8K推广工作。山东省在8K电视硬件制造、高清视频应用等方面具有一定优势，海信发布了全球首款85英寸8K Pro双屏电视85U9E，夏普公司在烟台成立8K高清影像技术研发公司并启动8K120英寸超高清电视的生产，青岛移动与海信公司合作进行8K超高清视频业务探索。山东卫视可以与海信、夏普等电视硬件制造商进行业务合作，共同探索

① 马悦.山东广播电视台技术队伍转型与发展——访山东广播电视台技术规划部主任宋键[J].现代电视技术，2018(11):22-25.

② 尹承谦等.5G+4K+全IP+超高清！山东广播电视台定制“旗舰”转播车交付启用[EB/OL].(2020-08-29)[2022-11-06]. http://news.iqilu.com/shandong/yuanchuang/2020/0829/4633962.shtml.

③ 胡智锋，雷盛廷.技术驱动下的审美、媒介、接受——对8K超高清电视的观察与思考[J].编辑之友，2020(4):53-59.

8K超高清视频内容生产与应用，也可以与中国移动等通信公司合作，拓展8K超高清视频传输业务的应用领域，实现在8K技术领域的引领效果。

5G技术还能够解决VR视频的画质和时延问题。尽管VR在4G时代已有较多尝试，但低画质、长时延的问题始终没有得到解决，时延问题甚至会导致用户产生严重的眩晕感。5G凭借超高速率、超低时延等特性，将为沉浸式视听的流畅展现、实时交互提供保障。目前，5G＋VR已经在赛事、演唱会直播中得到广泛应用，如中央广播电视总台的“五人制足球争霸赛”运用5G＋VR＋4K技术为球迷们提供全新的赛事体验和视觉盛宴，四川广电的 *Panda with me* 运用VR360°＋8K＋3D技术制作熊猫纪录片，让观众借助VR眼镜零距离接触熊猫。山东广电也通过旗下的山东广电视觉科技有限公司，对山东“两会”等活动进行5G＋VR报道，为用户提供全景式的观看体验。

据市场调研机构Omida预测，在2025年全球将有4500万活跃VR用户，VR玩家购买的VR游戏总额将达到40亿美元，其中约90％的贡献将来自游戏。山东卫视应加大在VR领域的支持力度，在做好VR纪录片、世界VR电竞大赛的同时，将VR技术应用到新闻报道、体育赛事之中，并与商业公司合作进行VR游戏开发，率先占领VR游戏的市场份额。值得注意的是，分辨率是影响VR体验的最关键因素，目前普遍采用的全视角4K数据传输无法真正满足VR需求，只有达到8K的分辨率才可以达到较好的观看体验。[①] 因此，山东卫视应积极推动VR技术与广播电视技术的融合，重点探索8K＋VR技术应用，全方位提升沉浸式视听的用户体验。

三、提升技术研发能力

传统媒体一般将自己视为媒体机构而非技术公司，技术团队占比较小，工作内容也局限于传统媒体技术，难以满足融媒体的发展需求。已有不少传统媒体开始重视新媒体技术并调整定位，如中央广播电视总台定位于国际一流的原创视音频制作发布的新媒体机构，湖南广播电视台通过“双核驱动”战略大力发展芒果TV平台，SMG启动“BesTV＋流媒体”发展战略。山东广播电视台同样需要意识到新媒体技术的重要性，将“闪电新闻”提升到与山东卫视同等重要的程度，在顶层设计中明确新媒体平台的重要性，并从扩张技术团队规模、组建技术研发机构等方面进行改革，推动技术在新闻采

---

① 包孝东.华为包孝东：VR潜力巨大，但需要更好的网络传输技术去支持[EB/OL].(2017-11-10)[2022-11-06].http://www.sohu.com/a/203539578_99972665.

编领域的应用与完善。

在明确发展定位的同时，传统媒体迫切需要吸引技术人才。习近平总书记在党的新闻舆论工作座谈会中强调媒体竞争关键是人才，媒体优势核心是人才优势。① 根据《2019 年全国广播电视行业统计公报》，全国广播电视从业人员 99.44 万人，其中工程技术人员 15.26 万人，占比仅为 35%。② 相比之下，互联网公司的人才优势更为明显，如腾讯公司在 2019 年的研发人员占比高达 66%，其中 60%的项目团队规模在 20 人以下，平均每天完成用户需求 3802 个，体现了腾讯“小步快跑、敏捷开发”的策略。③

传统媒体的组织构架也不利于技术团队的扩展。由于新闻生产与技术保障在媒体内部分属不同领导管理，导致许多媒体的内容生产与技术支撑团队分离，技术部门仅仅承担安全生产播出的责任，对研发、引领、支撑等理应承担的责任关注较少，严重制约节目创新和融合产品的研发。④ 因此，传统媒体应建立独立自主的新媒体技术团队，并在高层领导中设置首席技术官（CTO），负责技术研发、服务应用等工作，在媒体重大决策中承担责任。技术团队建设与扩张可以提高技术研发与应用效率，使技术人才全流程参与新闻生产传播过程，进一步推动传统媒体的融合转型。

媒体融合发展需要将新闻采编与技术研发相结合。山东广播电视台旗下的新媒体技术团队主要包括信通、海看两家公司，其中信通公司业务范围包括计算机软硬件开发、网络工程、信息科技技术咨询、音视频系统设计，承担了山东广播电视台“中央厨房”和“闪电新闻”客户端的建设以及山东省县级融媒体中心省级技术平台，海看公司业务范围包括增值电信业务、广播电视节目制作等，开展海看 IPTV、海看智慧广电、海看文体等业务。这两家公司为山东卫视融合发展提供技术动力，但目前的技术研发集中在新闻客户端、广电“中央厨房”、数字电视等领域，在超高清视频、5G、人工智能等前沿领域投入较少，研发能力、团队规模等方面仍有不足。山东卫视的融合发展应借鉴互联网公司的人才模式，扩大技术团队的规模并调整团队结构，提升

① 习近平在党的新闻舆论工作座谈会上强调：坚持正确方向 创新方法手段 提高新闻舆论传播力引导力[N]人民日报，2016-02-20(1).

② 广电总局.2019 年全国广播电视行业统计公报[R/OL].(2020-07-08)[2022-11-06]http://www.nrta.gov.cn/art/2020/7/8/art_113_52026.html.

③ 第一财经.腾讯研发人员占比 66%，放在 A 股排名几何？[EB/OL].(2020-03-09)[2022-11-06].https://www.erhainews.com/n11135357.html.

④ 唐宁，唐然.智媒时代广电媒体内容与技术深度融合的启示[J].中国广播电视学刊，2020(2)：62-64.

技术人员在机构中的比例,从融媒体内容生产实际需求出发,优化技术团队组织构架,进一步提升技术公司的研发能力。

技术实验室建设有助于新媒体技术的研发与应用,如BBC的新闻实验室(BBC News Lab)、《卫报》的移动创新实验室(Guardian Mobile Innovation Lab)、《纽约时报》的Story [X]组等,在文字语音转换、移动传输效果研究、计算机视觉、VR产品开发等领域推动技术进步,并结合编辑室和产品团队实际需求推动技术落地。相比之下,国内传统媒体技术研发较为单一,如人民日报传媒技术股份有限公司、新华网融媒体未来研究院等,多以新闻业务、舆情研判等实用性技术为主。① 2020年11月,山东广播电视台与广播电视科学研究院进行合作,建设融合媒体技术联合实验室,共同探索符合融合媒体发展之路,从组织管理体系、发展机制等多方面进行技术和内容的创新。② 与广播电视科学研究院合作,可以为山东卫视融合发展提供更多的广播电视前沿技术,有助于超高清视频、5G广电等技术的探索与落地。在进行自主研发的同时,山东卫视也可以考虑与互联网公司深化合作,在与百度、字节跳动等公司现有合作的基础上,尝试在搜索、算法等技术方面进行学习借鉴,提升在网络技术方面的研发实力。

正如《纽约时报》Story [X]组的负责人马克·拉瓦雷(Marc Lavallee)所说,开发新技术前要看清该技术的本质,有些技术可能只是风行一时,如果我们看不清技术的本质,不能认清它在这个行业的生命周期,就将它推向编辑部和读者,会给媒体带来较大的风险。山东卫视的技术研发也应当采取谨慎态度,选择处在上升周期的新技术进行探索,避免陷入对工具和技术的盲目崇拜之中,选择与自身业务关联度高的技术进行转化,明确技术研发是为视听内容生产服务,坚持将技术研发与人文关怀相结合,防范新技术在媒体融合发展中可能产生的负面作用,确保技术真正为媒体融合发展服务。

第三节 打造多元传播矩阵

关于传统媒体的融合发展,学者郭全中提出“增量改革”的思路,增量是

① 鞠靖.技术视角下的媒体融合[J].新闻记者,2019(3):52-55.

② 张伟,穆广辉.优势互补齐发展、战略合作促共赢!广科院+山东广电融合媒体技术联合实验室成立[EB/OL].(2020-11-22)[2022-11-06].http://news.iqilu.com/shandong/yaowen/2020/1122/4705244.shtml.

相对存量提出的概念。所谓存量改革，是对现有存量的彻底改革，在存量涉及面广、需要改革的利益太多、太复杂，存量改革困难重重的情况下，可以考虑以增量改革倒逼存量改革。[①] 广播电视媒体融合发展需要处理好存量与增量的关系，存量是对电视端的改革，在激烈的竞争中已经很难提升收视率，但在增量对应的新媒体领域中却较为容易进行拓展。结合实际发展中面临的困难和问题，山东卫视融媒体构建的移动化发展战略可以借鉴"以增量稀释存量"的方法，依托"闪电新闻"拓展在移动传播领域的影响力，带动电视频道"精简精办"的改革，在与商业平台多元合作中实现矩阵式传播，提升自身的传播力和影响力。

一、增强移动传播效果

在移动互联网发展的影响下，传统媒体意识到移动客户端建设的重要性。至 2019 年，广播电台、电视台的自有渠道(传统终端与自建客户端之和)平均用户数分别达到 602 万、3511 万，已经超过了在第三方平台的账号平均用户量。但媒体自有客户端存在两极分化现象，广播、电视自建客户端的下载量均值分别为 479.7 万、3302.4 万，但下载量的中位数却为 17.3 万、10.3 万，下载量最大的广播、电视客户端分别占据下载总量的 34%、77%。[②] 数据表明，广播电视媒体在移动端的建设中已经取得了初步成效，但发展状态并不均衡，资源集中在少数的头部客户端中。"闪电新闻"客户端在 2020 年 12 月的装机量突破 3400 万，在省级广电媒体客户端中排在芒果 TV、大象新闻、触电新闻、中国蓝 TV、阿基米德之后。"闪电新闻"客户端的建设，应推动其定位从新闻客户端升级为综合平台，探索多客户端的发展模式，重点拓展短视频、中视频等领域的发展。

经过组织架构调整与采编流程再造，"闪电新闻"客户端开设了时政、视频、环球、影像、体育、娱乐等 20 多个特色栏目，能够提供全台频道频率的同步直播与点播服务，全平台覆盖用户超过 4.5 亿，全年的直播场次超过 1 万场，年生产短视频超 8 万条，全年流量达 50 亿+，单条点击量最高突破 2 亿人次。[③] "闪电新闻"已成为山东广播电视台最重要的品牌，无论是"闪电云""闪电智库""闪电号""Lighting TV"等融媒体服务，还是新增的《闪电直播

---

① 郭全中.传统媒体转型的实施框架研究[J].新闻与写作，2015(2)：48-52.

② 唐胜宏，王媛媛，王京.2019 媒体融合传播指数总报告[J].传媒，2020(15)：14-15.

③ 齐鲁网.山东广电：深度融合从未止步，破圈发展一往无前[EB/OL].(2020-12-09)[2022-11-06]. http://news.iqilu.com/shandong/yuanchuang/2020/1209/4719878.shtml.

间》《闪电大视野》等节目,均冠以“闪电”系列名称,强化“闪电新闻”在融合传播中的核心地位。

“闪电新闻”客户端的发展应向新闻专业化、内容平台化的方向发展。“闪电新闻”在2020年12月推出新版,重点升级优化“时政”版块,大幅增加时政新闻的容量、份量,突出政治性、广泛性、时效性,推出省市领导视频活动报道集、专题报道、政务服务等特色版块。① “闪电新闻”的升级应不断完善算法推荐、智能审核等新技术应用,结合《闪电直播间》等新增内容,进一步拓展在短视频、直播等领域的新闻内容传播。在注重新闻专业性的同时,“闪电新闻”客户端也可以考虑向综合性的平台型媒体转型,如通过《问政山东》增加更多的问政服务功能,利用鲁剧等优质内容资源推送长视频内容。多元服务转型应分阶段开展,在初期选择问政、影视等资源比较丰富的领域,在逐步稳定后可以根据用户需求,增加不同类型的内容和服务,将“闪电新闻”打造为山东地区最重要的移动平台入口。

在移动客户端建设方面,还可以考虑在“闪电新闻”基础上推动多客户端模式。以今日头条起家的字节跳动公司,先后推出抖音、西瓜视频、多闪、悟空问答等不同类型的客户端,有效提升企业的市场占有份额。重要的主流媒体通常也有多个客户端,如中央广播电视总台的“央视新闻”“央视频”,湖南广电的芒果TV“芒果云”,SMG旗下的“看看新闻”“阿基米德”“话匣子”,海河传媒中心的“津云”“津抖云”等,分别针对新闻、短视频、音频等不同类型服务。山东卫视可以在打造“闪电新闻”的基础上,根据不同模块的使用程度,将有特色的业务适度拆分出来组建单独的客户端,如依托影视剧、综艺节目资源打造“闪电TV”客户端,或是依托《问政山东》节目,借助政府资源打造单独的“问政山东”客户端,也可以借鉴“抖音”模式为Lighting TV孵化的账号内容建立“Lighting TV”客户端。移动客户端的建设需要具备试错精神,能够在建设过程中持续投入充足的经费和人力,以工作室的方式由小团队承建多个客户端,根据其特色制定差异化的发展规划,针对用户反馈不断进行优化,实现客户端的转型与淘汰。

二、推动电视频道改革

电视的渠道优势正在不断消解,人均收视率时长从2015年的156分钟降至2019年的124分钟,整体收视总量也逐年下滑,2019年的日平均到达

① 殷明姝.全面升级,深融智远！闪电新闻客户端四大亮点等你来看[EB/OL].(2020-12-09)[2022-11-06].http://sd.iqilu.com/share/article/7307963.html.

率仅为48.9%。[①] 尽管山东卫视在2020年的覆盖人口增至12.5亿人，全国月到达人数超过4亿人[②]，但在卫视的激烈竞争中，山东卫视仅排在第六或第七的位置，与湖南卫视、浙江卫视、江苏卫视、东方卫视等相比仍有较大差距，短期难以进入省级卫视的第一梯队。山东广播电视台应持续推进存量端的改革，在对各个频道进行调查分析基础上，将其划分为重点建设、维持发展、合并转型、逐步关停四类，采取差异化的发展策略与改革措施。

2000年，电视广告收入持续增长，“四级办台”政策逐步演化为“四级办频道”。至2020年4月，全国地级以上电视播出机构共有372家，共开设电视频道1199套，加上县级广播电视播出机构2075家，全国电视频道总数多达3000余家。[③] 针对电视频道过多、节目同质化的问题，国家广播电视总局出台了系列改革措施，在《2018年新闻出版广播影视工作要点》中提出“要鼓励精办频道频率，按照分众化、差异化的要求明确定位，严格规范不同频道频率的节目播出构成”，在2019年全国广播电视传媒机构管理工作会上提出“进一步加强播出机构和频率频道管理，加快推动频道精简精办和媒体融合发展”。[④] 电视频道“精简精办”包括两层含义：“精简”是在电视频道数量上做减法，通过“关停并转”等形式对电视台内部频道数量进行压缩；“精办”是在电视频道质量上不断提升，通过引进新的技术手段和内容生产理念，对内部生产团队的创新意识和创作能力进行培训，进而保证频道内容的高质量产出。[⑤]

在电视频道“精简精办”政策推动下，天津、上海等地改革幅度较大，天津海河传媒中心关停“高清搏击”“时代风尚”等6个频道，上海广播电视台对多个频道进行合并重组，将原有的4个频道简化为“都市频道”“哈哈炫动卫视”，关停“人文频道”“东方电影”。中央广播电视总台、北京广播电视台、浙江广播电视台、广东广播电视台等也进行了频道关停合并。[⑥] 山东广播电视台在融合转型中，积极推动电视频道改革，主动停办“欢乐童年”“齐鲁剧

---

① 王平.2019年电视收视市场回顾[J].收视中国，2020(2)：16.

② 山东卫视.山东卫视2021年优质资源分享会成功举办　《无边界商学院》企业家思享会同步举行[EB/OL].(2020-11-20)[2022-11-06].http://news.iqilu.com/shandong/yaowen/2020/1120/4704368.shtml.

③ 张国涛，李轩.“精简精办”：中国电视频道高质量发展的现实抉择[J].现代传播，2020(7)：7-12.

④ 国家广播电视总局传媒机构管理司.高建民出席全国广播电视传媒机构管理工作会[EB/OL].(2019-10-18)[2022-11-06].http://www.nrta.gov.cn/art/2019/10/18/art_112_47811.html.

⑤ 张国涛，李轩.“精简精办”：中国电视频道高质量发展的现实抉择[J].现代传播，2020(7)：7-12.

⑥ 赵天成.频道面临“关停潮”，但主流电视台依然坚挺[EB/OL].(2020-07-16)[2022-11-06].https://baijiahao.baidu.com/s?id=1672342275775378081&wfr=spider&for=pc.

场”,并转让“收藏天下”[①],推动公共频道从“新闻＋人文”向单一的新闻频道转型。

电视频道“精简精办”政策并非简单地关停并转,需要对电视频道经营不善的问题进行具体分析。尽管电视行业整体呈现下滑趋势,但考虑到广播电视行业的投资成本和舆论引导的重要作用,应结合频道的人力资源、技术条件、收视市场、受众基数等因素,开展精准的频道价值评估报告,预测频道在未来一到三年间有无盈利或重新起步的能力,通过制定分级流动和制度规范标准,以理性化、制度化方式为电视频道退出整改提供规则示范。[②]山东广播电视台应对旗下的电视频道进行评估分析,可以将频道划分为重点建设、维持发展、合并转型、逐步关停四类。

山东卫视、齐鲁频道是需要进行重点建设的频道。山东卫视应围绕“悠久文明　青春中国”,重点做好新闻类、文化类内容生产,并依托“闪电新闻”大小屏互动,提升在融媒体领域的影响力,力争进入省级卫视的第一梯队。齐鲁频道作为地面综合频道,应在做好本地新闻内容生产的同时,注重高品质综艺节目的打造,延续在地面频道中的优势地位,并为“闪电新闻”提供更多的视听资源。

针对不同类型的地面频道,应根据频道定位、收视率、广告收入等情况进行评估,为其提供差异化的发展策略。如公共频道调整为新闻频道后,应做好《闪电直播间》《闪电大视野》《闪电触角》等新增节目,注重与“闪电新闻”客户端的大小屏互动,将融媒体内容作为电视新闻素材的重要来源。生活、综艺、少儿、影视等频道定位比较明确,而且内容生产能力、盈利能力较好,应结合频道定位推动垂直化的新媒体内容生产。农科频道作为三农专业电视频道,承担着实施乡村振兴战略的责任,在展现脱贫攻坚效果、推动城镇化建设等方面意义重大,应进一步加大建设力度。体育、国际等频道的盈利能力较弱,可以考虑将其合并或关停,如体育频道可考虑并入综艺频道,其余盈利能力较弱的频道可以逐步关停,通过频道改革实现资源的重组。电视频道的“精简精办”目的在于转变资源配置模式,提升频道内容生产能力,追求电视频道的高质量发展。此外,频道改革还可以与融媒体平台建设相结合,将精简后的频道团队和节目资源转化为相关主题的融媒体工作室,由 Lightning TV 提供专业的账号孵化指导,从电视生产向网络视听内容生产转变。

---

① 吕芃.推动频道精简精办　努力实现高质量发展[J/OL].综艺报,2019(21)[2022-11-06].https://baijiahao.baidu.com/s? id=1650043544700093146&wfr=spider&for=pc.

② 张国涛,李轩.“精简精办”:中国电视频道高质量发展的现实抉择[J].现代传播,2020(7):7-12.

三、开展融媒矩阵传播

在抗击新冠肺炎疫情报道中，山东广播电视台采取“一次采集、多元生成、全媒传播”的模式，以电视端的《山东新闻联播》和移动端的“闪电新闻”为主阵地，在“闪电新闻”开通“战疫”频道，在齐鲁网首页开设专区，并通过微信公众号等商业媒体平台发布信息，实现频率频道全覆盖、大屏小屏全展示、媒体融合全互动、节目形式全呈现。① 新冠肺炎疫情报道体现了融媒体矩阵式传播优势，通过自建平台与商业平台，及时为公众提供疫情动态和防控知识，全面展现山东在新冠肺炎疫情防控中发挥的重要作用。

山东广电的融媒体矩阵建设，需要兼顾自有渠道与第三方平台，不仅要做好“闪电新闻”、齐鲁网、Lighting TV 等平台的建设，还要与各级媒体、商业平台之间开展合作，为央媒提供新闻选题和素材，为县级融媒体中心搭建技术平台，为不同类的商业媒体和自媒体提供丰富的新闻材料，在与外部平台合作中推动正面宣传报道，展现山东地区的美好形象，开展网络舆论引导工作。山东广播电视台应加大对外开放力度，在技术、内容等领域寻求更多合作，及时入驻有影响力的平台型媒体，并与商业公司开展深度合作，探索有发展潜力的垂直化平台，通过连接更多的用户实现传播效果最大化（见表4-1）。

表 4-1　山东广播电视台 2017～2020 年合作情况

时间	合作对象	合作形式	合作内容
2017 年 11 月	腾讯	山东广播电视台与腾讯新闻启动城市伙伴合作计划	内容合作
2017 年 12 月	浪潮	山东广播电视台与浪潮战略合作	技术合作
2019 年 5 月	华为	山东广播电视台与华为战略合作	技术合作
2019 年 12 月	抖音	山东广播电视台与抖音战略合作	孵化合作
2020 年 7 月	快手	山东广播电视台 & 快手战略合作	孵化合作
2020 年 7 月	阿里巴巴	山东广播电视台与阿里巴巴战略合作	培训合作

---

① 张楚晨，高昌洁，郝娟.战“疫”报道中的融媒矩阵传播——以山东广播电视台为例[J].现代视听，2020(2):29-31.

续表

时间	合作对象	合作形式	合作内容
2020年11月	广播电视科学研究院	山东广播电视台与国家广播电视总局广播电视科学研究院战略合作	建立实验室
2020年12月	百度	山东广播电视台&百度智慧媒体实验室	技术合作
2020年12月	字节跳动	山东广播电视台&字节跳动新媒体孵化园	孵化合作
2020年12月	新华网	新华网客户端与闪电新闻客户端战略合作	平台合作

主流媒体与互联网公司合作具有互补性,主流媒体需要互联网公司的技术和流量支持,而互联网公司需要在合作中获得政策支持,提升与政府部门沟通的效率。两者的合作让主流媒体获得更多的用户与关注度,互联网公司也能打造良好的口碑,实现双赢目标。山东卫视融媒体构建,需要与商业公司开展深度合作,如与华为、浪潮等公司进行技术合作,与抖音、快手等短视频平台进行孵化合作,与腾讯、阿里巴巴、百度、字节跳动等平台进行技术合作与内容共享。

科研机构和商业平台为山东广播电视台带来技术支持,如广播电视科学研究院的广电前沿技术,浪潮的云计算、大数据技术,华为的IT基础设施、5G技术,百度的智能写作、纠错等智能技术。培训领域也是合作的重点,与阿里本地生活服务公司合作建立的"数字化直播培训学院",与快手合作建立的"快手融媒学院",可以为互联网就业培训、短视频制作、电商业务等提供专业化服务。在"网红"孵化方面,百度为山东广电主持人提供专项扶持,抖音通过运营指导、达人支持等方式帮助打造MCN矩阵。但应当注意双方合作的方式,如字节跳动新媒体孵化园先后与浙江广电、北京广电、云南广电多家媒体合作,快手与江西广电、辽宁广电、成都广电、沈阳广电、湖南经视等多家广电媒体开展战略合作,这说明相关合作主要由商业平台主导,山东广播电视台仅是系列活动的参与者,难以获得平等的合作地位。

在与国内主要商业媒体平台开展合作的基础上,山东广播电视台应进一步深化合作,重点在技术合作领域进行突破,包括对5G、人工智能等技术的引进,在超高清视频等视听领域进行探索,推动前沿技术的应用与转化。

在运营与培训方面，结合不同平台特点推动账号孵化，增加“闪电新闻”“山东台主持人丛丛”“张大琪”等账号的流量热度，并在合作培训中为内部员工、县级融媒体中心工作人员提供专业培训，挖掘有潜质的“网红”资源。

山东卫视还可以与其他主流媒体进行合作，如选择合适的账号资源入驻“人民号”“央视频号”“新华社现场云”等主流媒体平台，参与湖北广播电视台发起的“区块链新闻编辑部”等新技术合作平台。此外，还可以选择与天涯、B站、知乎、果壳、豆瓣、小红书等垂直化平台进行合作，以 Lighting TV 孵化形式寻找合适的团队，参与热点话题、二次元文化、科普知识、知识问答、图书电影评论、时尚潮流等内容的生产，通过内容共享、平台共建等形式，以较低的成本获得个性化的资源与垂直化的传播渠道，打造自建平台与商业平台型媒体相结合，其他主流媒体和垂直平台为辅的多元化融媒体传播矩阵。

第四节 提升内容供给能力

习近平总书记在视察解放军报社时提出，“对新闻媒体来说，内容创新、形式创新、手段创新都重要，但内容创新是根本的”，并强调，“要善于思考，深入发掘好材料的内涵，梳理和阐发好材料中蕴含的隽永的精神和深刻的道理，运用丰富的新闻语言、形式、方法、技巧创作出精品力作来”[①]。山东卫视融媒体构建智能化发展战略，需要发挥广播电视媒体在内容生产方面的优势，在融合发展中拓展“五智模式”的应用，通过智能技术应用、频道改革、节目改版等增强内容生产能力，在内容创作中加强主体性和叙事技巧，结合视听内容生产需求探索供给侧结构性改革，打造优质的视听节目品牌，全面提升内容供给能力。

一、增强新闻内容供给

根据中国广视索福瑞媒介研究（CSM）数据统计，新冠肺炎疫情初期的电视收视率大幅度提升，人均收视超过 3 小时，新闻时事类节目收视时长涨幅超过 45%，主流媒体的权威新闻内容获得了观众的肯定，成为抗击疫情期间民众的主心骨与社会的定盘星。在疫情严重的 2020 年 4 月，山东卫视收

① 习近平在视察解放军报社时强调：坚持军报姓党坚持强军为本坚持创新为要 为实现中国梦强军梦提供思想舆论支持[N].人民日报，2015-12-27(1).

视率连续一周高居全国榜首,背后体现出的便是“破圈跨界”的责任,一线记者编辑及时走向了抗疫第一线,彰显了媒体人的责任担当。为增强新闻内容供给能力,山东卫视应坚守新闻立台原则,通过频道改革、节目改版等措施,全面提升新闻内容供给能力。

在媒介融合发展的大背景下,山东广播电视台应坚守新闻立台原则,注重提升新闻内容的生产能力。所谓新闻立台,是指以新闻、新闻节目和正确的舆论、思想、审美、视听市场导向等为广播电视媒体的立身之本,是我国广播电视媒体作为党的新闻事业重要组成部分必须贯彻始终的办台方针。[①]对于卫视频道的定位,国家广播电视总局在《关于进一步加强电视上星综合频道节目管理的意见》中,明确提出“电视上星综合频道是以新闻宣传为主的综合频道”,主要任务是“围绕中心,服务大局,宣传地方成就,展示区域特色,反映社情民意,引导社会热点”,要求“加大新闻类节目播出比例”。[②] 新闻立台原则包含了两层含义:一是在定位上要充分发挥广播电视媒体的宣传功能;二是在内容制作、节目播出上突出新闻类节目的重要性,维持较高的新闻内容生产播出比例,将新闻作为广播电视媒体发展的核心内容。

山东卫视遵循新闻立台原则,在新闻资讯方面提升生产能力,《山东新闻联播》《每日新闻》等电视栏目每天推出的新闻资讯时长超过400分钟,“闪电新闻”客户端每日发布原创新闻资讯500余条。[③] 在融媒体环境下,应继续坚守新闻立台原则,将新闻采编作为内容生产的首要工作,依托融媒体中心整合各方资源,借助新技术、新手段提升新闻生产水平,重点做好《山东新闻联播》等新闻类节目,推进地面频道中涉及新闻的内容生产,借助公共频道改革的机会提升新闻节目制作水平。

在国家广播电视总局“频道精简精办工作”的要求下,山东广播电视台公共频道的定位从“新闻＋人文”简化为单一的“新闻”频道,频道呼号将变更为“山东广播电视台闪电新闻频道”,主打“陪伴式”媒体概念,致力于打造一个全天候、跨终端的新闻开放平台。改版后的每日自制新闻节目时长将超过7小时,新增滚动资讯节目《闪电直播间》、新闻杂志栏目《闪电大视野》、新闻调查类节目《闪电触角》,并在《问政山东》基础上增设《问政进行时》,

① 王晓峰.加强新闻立台的制度安排、建设和创新[J].现代传播,2011(4):15-19.

② 国家广播电视总局.广电总局就进一步加强电视上星综合频道节目管理答问[EB/OL].(2011-10-26)[2022-11-06].http://www.nrta.gov.cn/art/2011/10/26/art_2198_39307.html.

③ 唐瑞峰.广电MCN转型进入“攻坚期”,拥抱产业或将成解决盈利与供应链难题新思路[J].电视指南,2020(15):30-33.

《早安山东》《新闻午班车》等新闻节目也将增加节目时长。公共频道的改革不仅是增加新闻节目的数量和时长，更重要的是以互联网思维进行电视平台改革，将传统的线性直播改为24小时在线的Livestream流，以“闪电新闻”为总品牌加强线上直播互动。新闻节目内容以山东省为主，但不局限于本地，充分整合全网可用资源，全面满足本地受众对视频新闻的需求。

省级电视台的公共频道创办，源自国家广播电视总局发布的《关于加强广播电视有线网络建设管理意见》，强调“在县级广播电视实行三台合一的基础上，由省级电视台制作一套公共节目供所辖各县电视台播出，从中空出一定时段供县级电视台播放自己制作的新闻和专题节目”[①]。公共频道创办目的在于治理县级广播电视台乱播滥放问题，集中力量为市县级媒体内容提供播出渠道。[②] 但在实际发展中，公共频道建立后并未取消县级广播电视台，各省的公共频道定位也各不相同，如河南广播电视台选择了多元内容的综合性定位，北京广播电视台偏重交通旅游，广东广播电视台则是“娱乐+民生”。山东广播电视台将公共频道调整为新闻频道，有助于频道的新闻专业性提升，不仅增加了电视端的新闻生产能力，也推动“闪电新闻”与电视端的内容共享，在“大屏与小屏联动”中全面提升新闻内容的供给能力。

二、提升内容创作水平

关于电视剧等内容创作，中央宣传部副部长、国家广播电视总局局长聂辰席表示，坚持以人民为中心的创作导向，努力创作弘扬正能量、充满艺术性的新时代精品力作，满足人民文化需求，增强人民精神力量。[③] 山东卫视融媒体构建应不断提升内容创作水平，在视听内容生产中体现主流媒体的主体性，通过转换叙事逻辑、小叙事讲述大主题、灵活运用网络元素等形式以及探索短视频、竖屏剧等新形式的创作手法，并严格把关内容审核工作，稳步提升内容创作水平。

广播电视媒体在内容生产中需要突出自身的主体性。在众声喧哗的融媒体传播时代，主流媒体需要在宣传报道中体现自身的自主性、独特性和主动性。[④] 如在抗击新冠肺炎疫情最艰难的时期，山东广播电视台的11名记

---

① 国家信息产业部，国家广播电影电视总局.关于加强广播电视有线网络建设管理的意见[J].中国有线电视，2000(1)：6-7.

② 王芳.新时期我国电视公共频道现状及发展策略研究[J].西部广播电视，2020(22)：25-27.

③ 聂辰席.用更多标杆性的精品力作推动电视剧创作上新台阶[N].光明日报，2020-12-10(15).

④ 胡智锋，李斐然.新环境下中国主流媒体内容生产的新趋势[J].中国电视，2020(9)：66-69.

者随山东援助湖北医疗队奔赴黄冈、武汉等地，全台数百名工作人员活跃在医院、企业、社区、田间参与抗击新冠肺炎疫情工作，主动开展抗击疫情报道，体现了山东卫视的主体性。凭借专业制作水准和社会责任体现，山东卫视收视率在一段时间内高居全国榜首。在媒体融合发展之中，山东广播电视台应继续发挥主体性作用，将主流价值观念融入具体的内容生产中，通过山东卫视、“闪电新闻”等平台，积极传播主流价值观，在复杂的社会舆论中开展正面宣传和舆论引导。

在开展重大主题报道时，可以尝试转换叙事逻辑，从小叙事的角度阐释宏大主题。在以往的一些宏大主题报道中，技法方面的创新明显不足，媒体的选题通常选择高层次、大场面、英雄人物，充满了口号式、说教式的内容。依靠这类叙事陈规很难诠释主流价值观的复杂内涵，在受众心中留下单调空洞的刻板印象，导致宏大叙事所承载的主流价值难以落地。[①] 为破解这一难题，可以采取小叙事的形式来阐述宏大主题，发掘小叙事与主流价值观念的一致性。如山东卫视的《传家宝里的新中国》，将结婚证、锉刀等普通的家庭物品作为“传家宝”，讲述家中的历史故事，以个人视角展现新中国发展的宏大历史进程。山东卫视在新闻报道等内容创作中，应更多聚焦普通的基层工作人员，关注他们在日常工作中的贡献以及生活中遭遇到的困难和实际需求，通过小叙事的角度提升节目的亲和力，全方位展现国家发展、社会进步等重大主题。

为吸引年轻群体的关注，在内容制作中还应充分运用网络元素，推动主流文化与大众文化的融合。在当前多元包容的网络文化环境中，即便是一向以严肃著称的《新闻联播》主播们，在衍生节目《主播说联播》中也展现出不同的一面，康辉、李梓萌等以轻松幽默的语言讨论热门话题，运用“凉凉”“No zuo no die”等网络语言。《问政山东》的主持人李莎在短视频中，也经常使用“刷了屏”“真心有点累”等网络语言，在视频中还加入“OMG!”“BOOM!”等弹幕效果。使用网络语言和弹幕，让严肃的话题更加通俗易懂，打破了观众对电视节目的刻板印象，在保证内容规范严谨的前提下，以更接地气的方式传播话题内容。

广播电视媒体在探索短视频、竖屏剧等新形式时，需要不断创新创作手法。如短视频强调完整有效地呈现富有表现力的画面，必须在视频一开始就呈现出亮点内容，才能吸引用户观看并留下深刻印象，在视频标题、字幕、

---

① 王庆，王思文.“小叙事”何以“载大道”——主流电视媒体对社会热点的价值引导[J].当代电视，2020(6)：102-106.

镜头、构图、音乐等方面，也需要根据短视频特点进行创作，并根据不同平台特色调整短视频的风格。以移动端为主要载体的竖屏剧，给内容创作带来更多要求，竖屏视频中的人物占据面积较大，情节推进更加依赖于人物对话与互动，作品多是弱主线或无主线方式。① 时长的缩短、画面形式的转换，意味着无法将电视内容直接搬到移动端，需要在内容制作中进行全方位调整。山东卫视应与抖音、快手等短视频平台进行合作，探索网络视听内容的生产规律，并依托"闪电新闻"客户端开展短视频、竖屏剧等新形式的视频生产探索。

山东卫视还应当注意内容审核问题。近年来，无论是商业媒体还是传统媒体，在内容审核方面均出现过严重的错误，如腾讯视频在台风"利奇马"报道中，因文案编辑失误出现"山东全省人死亡"的重大表述错误，四川广电新闻频道在暗访调查报道中出现不当画面。在短视频和网络直播中，部分账号为吸引流量不惜以暴力、色情、虚假、恶搞元素博人眼球，输出如"未成年妈妈""自残式恶搞"等低俗内容。② 山东卫视应加强内容审核力度，借助人工智能技术建设智能审核平台，组织专业的内容审核团队，构建"人工智能＋人工"的双重审核机制，杜绝传播谣言、传播淫秽色情内容、危害国家安全、侵犯个人隐私等现象，避免出现编辑失误、恶意炒作等问题，特别要对引用的网络内容严格把关，避免引用不当、侵犯著作权等问题，稳步提升内容生产水平。

三、供给侧结构性改革

孙杏林等在《山东省广播电视和网络视听产业高质量发展调研报告》中提出，要在省级层面建立支持优秀作品创作生产的长效机制，聚焦讴歌党、讴歌祖国、讴歌人民、讴歌英雄，聚焦全面建成小康社会、中国共产党成立一百周年、党的二十大等重要时间节点，聚焦弘扬齐鲁优秀传统文化和沂蒙精神。③ 山东卫视应充分体现"悠久文明，青春中国"的频道定位，进一步拓展智云、智品、智传、智网、智库的"五智模式"应用，在内容创作中聚焦传统文化和时代精神相关主题，推动电视节目供给侧结构性改革，解决内容同质化问题，将《国学小名士》《传家宝里的新中国》《家乡好物》等打造为精品节目。

关于传统文化与时代精神的表达，山东广播电视台台长吕芃表示："悠

① 黄竞天.5G 赋能——竖屏剧突破限制的新机遇[J].电视研究，2020(8)：29-31.

② 马涛，刘蕊绮.短视频内容产业发展省思：重构、风险与逻辑悖论[J].现代传播，2019(11)：17-22.

③ 孙杏林，倪广宏，周琛.山东省广播电视和网络视听产业高质量发展调研报告[J].现代视听，2020(5)：9-12.

久文明不能放,总书记到山东视察,对山东提出了很高的要求。其中有一条要求是山东在弘扬中华传统优秀文化,弘扬社会主义核心价值观,特别是挖掘齐鲁文化元素方面,要走在全国前列。”[①]展现时代精神需要从社会热点中找寻灵感创意,关注最能体现时代特色的主题内容,如“十四五”时期的庆祝中国共产党成立百年和全面建成小康社会等主题。在山东卫视的众多节目中,《传家宝里的新中国》《我的城　我的歌》与庆祝中国共产党成立百年契合度较高,《家乡好物》《2021 山东春晚》能够较好体现脱贫攻坚、全面建成小康社会的主题,应投入更多资源打造精品节目品牌。

《传家宝里的新中国》邀请普通人带着具有特别意义的“传家宝”,到演播室中讲述奋斗故事。在新推出的第二季《我们的新时代》中,将重点展示新时代优秀共产党员的感人故事。《我的城　我的歌》通过“城市之音”展示城市故事,在第二季《寻声记》中将目光投向中国共产党带领中国人民进行革命、建设、改革取得伟大成就的历史。这两个节目与庆祝中国共产党成立百年的主题高度契合,应作为重点节目进行品牌打造,在内容制作时注意技巧和方法,从观众的需求、情感和生活场景出发,通过讲述故事、再现经典等形式反映出时代精神特点。

《家乡好物》是直播带货与电视综艺相结合,以“电视大屏晒货、直播小屏卖货”的形式,推广山东各地的特色产品销售节目,紧扣脱贫攻坚、全面建成小康社会的主题。在 2021 年,《家乡好物》升级为大型场景互动生活服务节目《鲤赞新生活》,由山东卫视主持人吴思嘉等人组成“KF girls”(锦鲤女孩)女团进行实力带货。历年的山东卫视春节联欢晚会,均是集合全台力量打造的重大综艺节目,是山东广播电视台最重要的 IP 资源。2021 年,晚会中融入“国风二次元”“冠军选手”“全国最惦记你的人”等元素,引发了观众的期待。《家乡好物》《2021 山东春晚》等节目,通过对扶贫、小康社会等元素的运用,展现山东在全面建成小康社会过程中所取得的成就。

在彰显时代精神的同时,山东卫视还应传承鲁剧与国学两大特色,做好传统文化相关的影视剧与综艺节目制作。在影视剧方面,应延续《闯关东》《大染坊》《老农民》《红高粱》等经典鲁剧的制作水平,以齐鲁文化、儒家文化、沂蒙精神等元素为核心,依托“百部影视精品创作生产推进计划”等政策支持,进一步做好文化类影视内容的生产,并依托山东卫视“花漾剧场”和“闪电新闻”客户端,分别在电视端和移动端进行内容推广。在融合传播方

---

① 罗姣姣.山东广电推史上最大力度改革——专访吕芃:这是山东台最好也是最后的机会[J/OL].看电视,2016(24)[2022-11-06].https://www.cnr.cn/sd/yw/20160831/t20160831_523100988.shtml.

面同样需要创新，可以依托 Lighting TV 开展鲁剧相关的账号孵化，借鉴“毒舌电影”的短视频生产模式，选择鲁剧经典内容进行剪辑，推送至抖音、快手等平台，以短视频的形式展现鲁剧内容。

近年来，新颖的文化类节目备受关注，《中国诗词大会》《朗读者》《国家宝藏》等节目在观众中产生了巨大影响。秉承儒家文化传统的山东卫视，在文化方面应重点做好国学益智竞赛节目《国学小名士》，激励青少年学习国学的热情，弘扬优秀的中国传统文化。在 2021 年推出的《国学小名士》第四季中，节目升级为文化探秘真人秀，邀请海内外学子、国际知名学者、汉学家共同参加，在节目中积极弘扬中华优秀文化。在《国学小名士》基础上，山东卫视应在文化类节目中进行更多探索，尝试诵读、答题、真人秀等形式，推出更多文化类精品节目。

山东卫视开展电视节目供给侧结构性改革，还应当考虑不同平台的融合传播效果。如《国家宝藏》在上传到 B 站后意外爆红，出现了“乾隆农家乐审美”“王羲之嫌弃三连”等网络热词，《问政山东》也因“李涉八问”在新媒体平台引发关注，实现了电视内容在新媒体平台的二次传播。因此在《国学小名士》《传家宝里的新中国》《家乡好物》等节目的改版过程中，应依托 Lighting TV 进行节目短视频账号的孵化工作，根据受众需求开展短视频内容生产，推动在新媒体平台的二次传播，全面提升山东卫视的内容供给能力。

第五节　深化县级融媒建设

在抗击新冠肺炎疫情的报道中，山东广播电视台与多家县级融媒体中心通力合作，在“一县一端”平台上线“山东省县级融媒体平台应急通用专题系统”，推出全省 16 地市新冠肺炎疫情数据地图，发布新闻专题《众志成城　抗击疫情！区县在行动》，及时展现各地抗击新冠肺炎疫情的最新动态。[①]新冠肺炎疫情是对县级融媒体中心建设的一次重大考验，体现了基层媒体的重要性以及省县两级媒体建立联动协作机制的必要性。山东卫视融媒体构建的平台化发展战略，需要结合各地特色为县级融媒体中心制定长期发展规划，做好山东省县级融媒体中心省级技术平台，完善省县两级媒体建立

① 崔维莉，王炜，郝娟.联动聚力　山东县级融媒发出战“疫”最强音［EB/OL］.(2020-03-19)［2022-11-06］.http://www.zgjx.cn/2020-03/19/c_138895428.htm.

联动协作机制,将影响力逐步向基层媒体拓展。

一、制定长期发展规划

全国县级融媒体中心建设进程可分为五个阶段:第一阶段是2011年4月～2018年7月的开拓期,主要在经济发达的东部地区进行探索。第二阶段是2018年8～12月的试点期,有400余家县级融媒体中心建成,北京、福建率先实现省级全覆盖。第三阶段是2019年的发展期,近1500家县级融媒体中心建成,中央宣传部、国家广播电视总局发布了县级融媒体中心建设系列规范,对县级融媒体中心的总体架构、功能要求、基础设施等提出要求。第四阶段是2020年的成熟期,上半年受新冠肺炎疫情影响挂牌进度较慢,但在年底基本实现全国范围的覆盖。第五阶段是2021年之后的进阶期,需要进一步开展软硬件建设、人才引进、制度改革等工作,特别是经济欠发达地区需要解决好资金不足的问题。具体建设进程见图4-1。

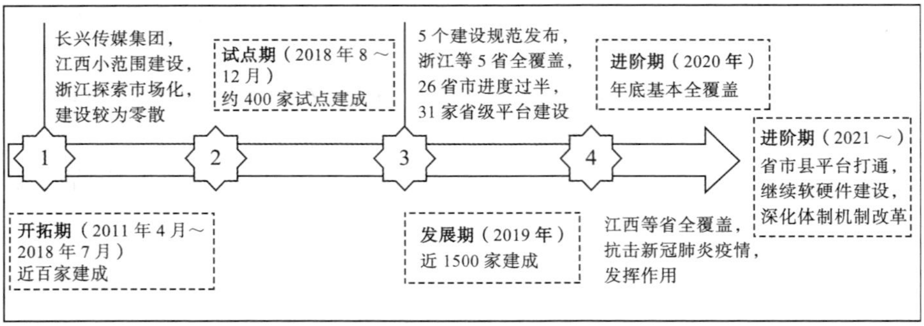

图4-1　县级融媒体中心建设进程

山东地区县级融媒体中心建设早于全国,至2020年8月基本实现全省范围的覆盖。山东广播电视台参与了《县级融媒体中心建设规范》的编写,并承担山东地区县级融媒体中心建设的主要技术工作,技术平台被国家广播电视总局评为2019年全国广播电视媒体融合典型案例,并获评《电视指南》评选的"2019指尖融媒榜""2019年度最具影响力广电融媒技术平台"。目前,山东各区县基本完成挂牌和平台搭建工作,八成的区县完成了客户端部署工作以及与省级技术平台的联动协作。由于媒体融合是一项长期复杂的系统工程,需要进行科学合理的顶层设计,在技术平台、人才、商业模式等方面进行改革,因此山东广播电视台在做好省级技术平台的同时,还需要为各地的县级融媒体中心制定长期发展规划,结合各地特色为其提供解决方案。

学者郭全中依据我国县级行政区GDP、财力、传媒市场规模和用户规模等因素，将其划分为发达、较为发达和欠发达三类地区。[①] 由于传媒市场规模数据难以统计，根据 2019 年山东各区县的 GDP、一般公共预算收入、人口数据进行分析，其中三项大于上限参考数值的列入发达区域，包括即墨区、滕州市等 20 个区县，约占总数的 15%。此外的区县中，三项均大于下参考数值的列入较为发达区域，包括曲阜市、昌乐县等 104 个区县，约占总数的 76%。其余的区县列入欠发达区域，包括长岛县、山亭区等 13 个区县，约占总数的 9%。对于不同类型的地区应采取差异化的发展策略，发达地区的县级融媒体中心应加速市场化转型，提升自身“造血”能力，较为发达区域的县级融媒体中心应采取部分市场化的策略，地方政府可以通过财政支持、政府购买等形式提供支持，欠发达区域的县级融媒体中心应以事业单位为主进行运作，依靠政府部门提供资金支持开展建设(县级区域种类划分见表 4-2)。

表 4-2　县级区域种类划分

类型	GDP（亿元/年）	一般公共预算收入（亿元/年）	人口（万人）	传媒市场规模（亿元）	代表案例
发达区域	大于 400	大于 50	大于 60	大于 1.5	即墨区 滕州市
较为发达区域	150～400	10～50	30～60	0.5～1.5	曲阜市 昌乐县
欠发达区域	小于 150	小于 10	小于 30	小于 0.5	长岛县 山亭区

考虑到各地经济社会发展的不均衡，山东广播电视台应为其制定差异化的发展规划和支持方式。发达地区的县级融媒体中心拥有丰富的资源，在技术层面可以进行深度合作，提供超高清视频、5G 广电网络等前沿技术，并通过新闻频道、“闪电新闻”等平台为其提供内容发布渠道，建立内容合作共享机制。较为发达区域的县级融媒体中心数量较多，其中资金充足的需要多元化的技术支持，应在政务、党建等领域进行更多探索，资金不足的应先做好媒体服务，重点完成新闻生产流程改造和新媒体平台的搭建。欠发达区域的县级融媒体中心体量较小，缺乏技术研发和新媒体运营能力，需要为其提供少而精的发展方案，结合地区特色开发有特色的融媒体产品，重点

① 郭全中.县级融媒体中心完善的关键点与三种路径[J].新闻与写作，2020(10)：82-86.

做好新媒体账号的运营维护工作。

二、完善省级技术平台

我国县级融媒体中心建设模式主要有两类：一是自主建设模式，由县级政府部门牵头，依托原有的县级电视台搭建融媒体中心；二是合作共建模式，依托国家级、省级、市级媒体等外部平台开展建设。在共建模式中，省级广播电视媒体具有独特优势，湖北广播电视台的“长江云”、陕西广播电视台的“秦岭云”、山东广播电视台的“闪电云”等，在省内建设中占据了主导地位。《县级融媒体中心建设规范》中提出县级平台应具备安全、高速、稳定的网络支撑能力，使用专用网络与省平台连接，广播电视业务部分应满足安全播出要求。[①] 广播电视媒体凭借安全播出、高清视频等技术优势，应在县级融媒体中心建设中发挥平台作用，将省级媒体的技术、内容资源延伸至基层媒体，推动区域内的多级媒体进行联动协作，实现信息传播“最后一公里”的有效到达。

山东地区的县级融媒体中心建设，主要依托信通公司研发的县级融媒体中心省级技术平台。该平台整体建设遵循实用、开放、共享的原则，打通融合媒体生产“策、采、编、审、发、评”全流程，真正实现“一次采集、多种生成、多元传播”。2020 年 8 月，山东省县级融媒体中心省级技术平台验收通过，专家一致认为，该平台符合中央宣传部、国家广播电视总局关于县级融媒体中心省级技术平台的建设规范和要求。评审专家组组长牛睿高度赞扬该平台的技术自主性，表示省平台采用自主研发的模式，可持续改进运营，产品迭代不被商业公司绑架，这样的做法在全国不超过三家。在通过验收之后，省级技术平台还需要不断完善，可从提升技术创新能力、定制式产品开发、开展人员培训等方面进行改进。

在技术发展方面，省级技术平台需要不断提升技术创新和应用能力。当前的技术平台具有较强的承载能力，采用云服务架构，拥有工程网络技术人员 140 多人，采用 260 台高性能 X86 服务器提供计算资源，拥有 4 项专利受理号、3 项专利授权通知书、16 项软件著作权、85 项客户端软件著作权。平台可以提供包括租户管理、服务管理、计量计费、资源管理、数据化分析、运维监控等模块，基于一系列安全保障能力确保平台安全平稳运行，同时对

---

① 中共中央宣传部等，国家广播电视总局.县级融媒体中心建设规范[EB/OL].(2019-01-15)[2022-11-06].http://www.nrta.gov.cn/module/download/downfile.jsp? classid=0&filename=e-961041c73e44644a757b3effe57b050.pdf.

平台服务能力进行接口开放。[①] 该平台的技术围绕广播电视技术进行拓展，在未来发展中需要兼顾广电与互联网的双重需求，从广播电视思维向互联网思维转化，进而在网络视听技术研发方面投入更多力量。在国家开展5G网络建设的大背景下，在做好超高清视频、智慧广电建设的同时，还应当关注5G基础建设、人工智能等前沿技术，重点参与山东地区的广播电视5G网络建设，尝试通过5G NR广播吸引更多用户。在具体的建设工作中，还应根据县域特点和实际情况，不断调整省级平台的技术研发方向，注重省级平台技术供给与县级融媒体中心实际需求之间的平衡，为县级融媒体中心提供简易实用的融媒体技术和产品。

在新闻内容生产方面，省级技术平台应为县级融媒体中心提供更多的定制产品。山东各地的经济发展、社会环境不同，发达地区、较发达地区和欠发达地区的县级融媒体中心对技术的需求差异较大。因此省级技术平台的技术团队应深入各地开展调研，结合已有技术基础和实际需求，在平衡经济效益和社会效益的基础上进行更多的定制产品研发，避免生搬硬套或是捆绑县级融媒体中心不需要的功能模块。特别是在移动客户端建设方面，应继续采用混合开发模式，在做好客户端的核心功能基础上，根据各地县级融媒体中心的实际需求，有选择地开发不同类型的功能模块，在前端设计方面注重体现地域特色，推出不同风格的UI设计，避免在客户端建设中出现“百县一面”的情况

在技术团队培养方面，省级技术平台应继续为各级媒体工作人员提供培训服务。县级融媒体中心的运转离不开技术人员的支持，省级平台的拓展也需要基层工作人员的配合。山东广播电视台自2019年以来，举办“县级融媒体中心建设培训会”、“融通·创新”媒体融合发展论坛、“闪电融媒学院·山东省首期县级融媒体中心建设培训班”等500多场专业培训，通过集中轮训、驻场帮扶、嵌入培训和外出交流等形式，帮助县级融媒体中心建立起科学的、具有实战参考价值和可操作性的运行思路。山东广播电视台应进一步做好“山东融媒培训”品牌，结合县级媒体长期发展的实际需求，不断丰富建设中的实战案例，在媒体服务基础上增加政务、党建、舆情等内容的培训，扩大培训人员的范围与层次，加强与各地县级融媒体中心的沟通交流。

---

① 赵兵，魏素雅，唐裕轩.山东省县级融媒体中心省级技术平台的建设与应用[J].广播电视信息，2020(7)：28-32.

三、形成省县协作机制

关于地方媒体的融合发展趋势,山东广播电视台台长吕芃认为,“应抢抓机遇、迎难而上,以县级媒体融合发展为突破口,全面整合资源,搭建符合一体化、社会化、分众化特征的区域性全媒体平台,加快推动媒体深度融合,实现真正融合、深度融合、有效融合”①。在县级融媒体中心建设中,应在传统的“四级办台”基础上,建立省级媒体与县级媒体之间的联动协作机制,由省级平台提供技术、内容等资源,县级融媒体中心做好本地化的内容生产,共同做好重大主题宣传报道和网络舆论引导工作。

省级广播电视台应与县级媒体建立全新的联动协作机制。1983 年 3 月,第十一次全国广播电视工作会议提出“四级办台”方针,县级广播电视台定位于转播中央台、省台节目,同时也可以自办节目。② 在“四级办台”政策支持下,我国的基层广播电视媒体快速发展,基本覆盖了全国主要的县级行政单位,但同时也出现了重复建设、经营不善等问题,有时同一个会议报道会在不同级别的电视台中反复播出,财政拨款不足也影响了县级电视台的正常运营,甚至出现乱播滥放问题。③ “四级办台”政策导致省县两级广播电视媒体之间存在严重的“上下同构”现象,县级电视台如同“袖珍版”的省级电视台,主要工作是转播上级电视台的节目,自办节目的发展空间较小。县级融媒体中心建设为省县两级媒体之间重构关系带来机遇,省级媒体应做好内容聚合平台的搭建,为县级媒体提供更多技术和内容支持,而县级融媒体中心应集中力量进行本地化内容生产,形成良性的联动协作机制。

山东广播电视台在提升省级平台技术承载能力的同时,还应做好省级内容聚合平台“闪电号”平台的搭建。与今日头条等商业内容聚合平台相比,“闪电新闻”客户端中的“闪电号”版块存在信息量少、访问量低、影响力不足等问题,难以为县级融媒体中心提供有效的新闻发布支持。山东广播电视台应加大对“闪电号”的建设力度,通过举办活动、流量扶持、资金补贴等形式,吸引更多的县级融媒体中心开通“闪电号”。在省县两级媒体互动中,要求县级融媒体中心在做好“两微一抖”的同时,积极参与“闪电新闻”的

---

① 吴君.加快融合创新发展 构建新型主流媒体——访山东广播电视台党委书记、台长吕芃[J].广播电视信息,2020(7):25-27.

② 杨新磊,王东林.从“四级办电视”到“四级办融媒”[J].新闻战线,2019(8):106-107.

③ 周逵,黄典林.从大喇叭、四级办台到县级融媒体中心——中国基层媒体制度建构的历史分析[J].新闻记者,2020(6):14-27.

内容聚合工作，为"闪电号"提供更多高质量内容，鼓励将其作为重要内容的独家发布平台。

在工作交流方面，"闪电新闻"的记者编辑应与县级融媒体中心的工作人员建立长期合作关系，为其提供H5、短视频内容制作的技术指导，及时共享新媒体产品生产所需的素材和内容。此外，还可以通过MCN机构Lighting TV在县级融媒体中心的节目、工作人员中寻找合适的孵化对象，如"日照东港""兰山融媒""掌上五莲"已经成为百万粉丝的抖音大号。Lighting TV应在"光芒计划"支持下，为签约账号提供更多的流量、资金扶持，将更多的县级融媒体IP资源打造为"网红"资源，鼓励县级融媒体中心探索多元化的发展途径。

县级融媒体中心在省级平台支持下有助于提升内容生产质量，打造具有地域特色的新媒体节目。本地化内容是电视内容的核心组成部分，本地故事、方言口语等地域特色内容，能够拉近媒体与观众之间的距离，如上海电视台的《新闻坊》依靠区级电视台提供内容，重点关注基层新闻内容，在上海地区拥有极高的观众忠诚度。[①] 齐鲁频道的《拉呱》尝试"新闻文艺一体化"，获得了本地观众的认可，相关的新媒体账号也有较大的影响力。随着山东广播电视台公共频道从"新闻＋人文"转型为单一型的"新闻"频道，《闪电直播间》《闪电大视野》《闪电触角》等新办节目需要大量本地新闻，为各地县级融媒体中心的新闻生产提供了更广阔的平台，有助于提升基层媒体的新闻制作水平。在为电视端提供新闻内容的同时，县级融媒体中心可以尝试在抖音、快手推出新媒体节目，依托短视频平台打造"网红县城"或"网红人物"，并在"闪电新闻"同步更新相关内容，实现对"闪电号"的内容反哺。

在重大主题报道中，省级广播电视媒体应与县级融媒体中心建立联动报道机制。山东广播电视台在这方面积累了丰富经验，在迎战台风"利奇马"报道中，山东省级融媒体平台作为调度中心，联合西海岸新区、环翠区、昌乐县等6家县级融媒体中心进行联合报道。在抗击新冠肺炎疫情报道中，由省级平台技术和采编团队在线指导，与62家县级融媒体中心开展联动直播187场。[②] 山东卫视与县级融媒体中心进一步开展合作，结合全面建成小

---

① 石力月，戴冉.基层公共服务精准供给：区级融媒体中心建设路径研究——以上海实践为例[J].现代传播，2020(9)：6-10.

② 赵兵，魏素雅，唐裕轩.山东省县级融媒体中心省级技术平台的建设与应用[J].广播电视信息，2020(7)：28-32.

康社会、持续推进新型城镇化、推动黄河流域发展等选题，以山东卫视和“闪电新闻”为平台，鼓励县级融媒体中心参与直播、采访等活动，共同做好重大主题的宣传报道工作。

在网络舆论引导方面，省级广播电视媒体与县级融媒体中心具有互补优势。县级融媒体中心深入基层，具有贴近群众的优势，而山东广播电视台依托大数据舆情云平台和“闪电智库”，具有较好的舆情分析处置能力，可以在合作中及时发挥信息把关、舆论引导作用。山东广播电视台应与各地的县级融媒体中心建立舆情事件应急处理协作机制，向县级融媒体中心开放大数据舆情云平台的相关服务，解决县级网络舆情工作资源不足的问题。县级融媒体中心应充分发挥贴近实际、贴近生活、贴近群众的优势，扩大受众范围、增强用户黏性，加强对基层民众的舆论引导，在实战中采取有效的处置措施，积极正向引导网络舆论，传播正确的价值观念。

国家“十四五”发展规划中提出，推动社会治理重心向基层下移，向基层放权赋能，加强城乡社区治理和服务体系建设。县级融媒体中心建设在基层社会治理中意义重大，山东广播电视台应进一步完善县级融媒体中心省级技术平台，结合各地特点为县级融媒体中心制定差异化的发展规划，通过提升技术创新能力、定制式产品开发、开展人员培训等形式，进一步提升省级平台的技术承载能力，在重大主题宣传报道和网络舆论引导工作中，完善区域内多级媒体的联动协作机制，实现省级平台与县级融媒体中心的一体化发展，推动信息传播“最后一公里”的有效到达。

第六节　推动 MCN 模式转型

山东广播电视台在 2019 年 12 月推出 MCN 机构 Lighting TV，整合省内优质内容资源，拓展直播带货、内容付费等商业变现模式，至 2020 年 12 月的签约账号的粉丝数达到 7500 万，成为全国媒体第二大 MCN 机构，通过公会运营、短视频账号孵化及代运维、电商直播、基地合作等业务模式，累计实现营收 2376.9 万。山东卫视融媒体构建的垂直化发展战略，需要重点做好 MCN 模式拓展，为旗下的签约账号确立个性发展定位，增强对节目、主持人、素人等多元类型的“网红”孵化能力，并用过 MCN 模式倒逼广电媒体的体制机制改革。

一、确立个性发展定位

我国 MCN 行业发展经历了五个阶段：一是 2012～2014 年的萌芽期，自媒体和营销公司开始尝试推动节目和“网红”的孵化工作。二是 2015～2016 年的探索期，在抖音、快手等短视频平台快速发展影响下，电商公司开始培育网络主播。三是 2017～2018 年的爆发期，微博、抖音等平台推出内容补贴和资源扶持计划，吸引大量的个人和团队投入 MCN 领域，机构数量呈现井喷式增长，MCN 运营模式逐步得到市场认可。四是 2018～2019 年的成熟期，快手、抖音等平台进行 MCN 机构分级，依据级别调整补贴、流量等政策，MCN 行业发展日渐成熟。五是 2020 年的进阶期，新冠肺炎疫情防控、复工复产期间的直播带货火热，大量广播电视媒体开始进入 MCN 领域，国家也出台更多政策来规范行业发展。

广播电视媒体试水 MCN 领域有两种方式。一是依托自身资源独立创办 MCN 机构，如长沙广播电视台的中广天择注重推动原创 IP 项目孵化，湖南娱乐的 Drama TV 推动广播电视主持人转型发展，重点运营母婴、美妆、娱乐等领域。二是与商业平台合作，创办带有广播电视背景的 MCN 机构，如浙江广播电视台与思美传媒合作成立“布噜文化”，注重短剧、短综艺、定制视频等“轻内容”的生产，黑龙江广播电视台与贝壳视频合作建设“龙视频”，推动省内各级广电资源的整合。Lighting TV 属于独立创办 MCN 机构，注重整合省内优质内容资源，完成内容生产、内容分发、内容变现的闭环布局，同时也注重加强与商业平台的合作，与抖音、快手达成战略合作协议，并成立山东广播电视台快手融媒学院、山东广播电视台 & 字节跳动新媒体孵化园等平台，开展主播实战培训、创作者内容孵化等工作。

广播电视媒体转型 MCN 领域具有独特优势。凭着多年经营的信誉背书，相较于商业 MCN 机构，广播电视品牌更容易获得用户的信任，对社会资源的整合能力较强，因此相对商业 MCN 的抗风险能力也比较强。广播电视 MCN 依托电视内容制作的设备和团队资源，转型网络视听内容生产较为容易，主持人也是众多 MCN 机构关注的孵化对象，具有成为专业“网红”的潜质。但广播电视媒体普遍缺乏互联网基因，原有管理模式难以与市场进行对接，进入 MCN 领域的时间相对较晚，目前仅中广天择在《互联网周刊》发布的“2020 MCN 机构排行榜”中排名靠前，多数广播电视媒体 MCN 尚未形成规模化运作，盈利和变现能力相对不足。

在布局 MCN 的广播电视媒体中，除了 Drama TV 和中广天择明确定位于娱乐化类型，多数广播电视媒体 MCN 仍处于探索初期，主要是依托原有资源在新闻、文化、娱乐等领域进行尝试,但缺少明确的发展方向。与商业MCN注重变现能力相比,广播电视媒体MCN机构还需要考虑社会效益和经济效益的平衡。山东广播电视台融媒体资讯中心主任王忠认为:“广电MCN自带的媒体属性和体制内特征,决定了我们既要探索商业变现的新路径,更要做好所在媒体机构承担的宣传和舆论引导的职能。”① 注重主流价值观念宣传和网络舆论引导,与广播电视媒体的自身属性密切相关。山东广播电视台作为省级广播电视台,在新闻资讯方面具有强大的生产能力,如山东卫视等频道的新闻资讯时长超过400分钟,“闪电新闻”客户端每日发布的原创新闻资讯达到500余条。② 在入驻短视频平台的账号中,“闪电新闻”“生活帮”“一切为了群众”的粉丝量合计超过3000万,但通过新闻类账号进行商业变现较为困难,甚至可能不如一般的“网红”主播带货效果好。新闻类账号的价值在于开展正面宣传,如在新冠肺炎疫情期间将镜头对准一线医务人员、基层党员干部、公安民警和社区工作者、志愿者,创作了近2万条战“疫”相关正能量短视频内容,总阅读量超过260亿次,实现主流媒体在社交短视频传播新领域的突破,形成主流价值的下沉传播。③ 因此,Lighting TV在发展初期应延续山东卫视“悠久文明　青春中国”的频道定位,通过“闪电新闻”等账号进行新闻宣传、舆论引导,结合《问政山东》节目推送社会民生类内容,主打网络正能量的传播。在MCN领域具有一定基础之后,进而探索文化、财经、娱乐、医疗、教育等垂直类内容生产,探索多元化的发展道路。

山东广播电视台融媒体资讯中心主任王忠表示,目前已经开始建设山东省短视频直播基地,将推动正能量短视频内容从单一的媒体生产模式向社会聚合平台发展,将这个基地建成“MCN的MCN”,服务于短视频联盟,打造辐射全省的短视频内容生产、分发和人才培养输出的平台。④ 依托建设山东省短视频直播基地的机会,山东广电可以进一步拓展与网络视听内容生产相关的产业链条,在这方面可以借鉴湖南广电的“马栏山生态战略”,将

---

① 王忠.四大变现方式助力媒体MCN走出一条特色化发展之路[EB/OL].(2020-11-26)[2022-11-06].https://sd.china.com/ylzx/20000976/20201126/25374705.html.

② 唐瑞峰.广电MCN转型进入“攻坚期”,拥抱产业或将成解决盈利与供应链难题新思路[J].电视指南,2020(15):30-33.

③ 李翔睿.抖音媒体MCN全国第二!闪电MCN Lightning TV“半年成绩单”抢眼[EB/OL].(2020-06-12)[2022-11-06].http://sd.iqilu.com/articlePc/detail/6869949.html.

④ 王忠.四大变现方式助力媒体MCN走出一条特色化发展之路[EB/OL].(2020-11-26)[2022-11-06].https://sd.china.com/ylzx/20000976/20201126/25374705.html.

“闪电新闻”、Lighting TV、短视频直播基地建设等上升为“闪电生态战略”，开展“闪电＋”发展策略，以“闪电新闻”平台为基础吸纳 MCN 机构、短视频机构、自媒体团队、县级融媒体中心、相关科研机构和高校入驻，为其提供资金、流量等扶持，定期开展培训和孵化业务，充分发挥广电媒体在社会资源整合方面的优势，打造多元包容的“闪电生态体系”，为更多的内容生产者提供孵化机会。

二、推动多元网红孵化

作为短视频行业的催化剂，MCN 加速了自媒体的发展与淘汰，但仅依靠原有的“网红”资源难以维持长期的流量增长，需要不断孵化、打造新的优质账号，推动产业链各个环节资源的沟通互联，将新资源投入孵化之中，才能形成 MCN 机构的良性发展。广播电视媒体转型 MCN 领域，依托原有资源推出一些有影响力的账号较为容易，实现持续孵化高质量内容却很困难。在激烈的 MCN 市场竞争中，只有跻身头部机构，才能实现盈利和良性发展。Lighting TV 需要进一步提升孵化能力，在节目、主持人、垂直内容、政务资源等方面进行孵化，实现多元化的“网红”资源培育，打造为 MCN 头部机构。

对于广播电视媒体而言，最容易实现的是对平台、频道和节目账号的孵化。广播电视媒体在探索短视频生产初期，多是依托原有的电视内容制作短视频，如湖南卫视将综艺节目的高潮、笑点等剪切出来，中央广播电视总台的《主播说联播》，均收获了不错的效果。通过剪辑原有内容或制作衍生节目，广播电视媒体在短视频平台快速聚集人气，达到粉丝数量提升、增强用户黏性的目的。新媒体账号也可以反哺电视播出，《主播说联播》推出后 3 个月内，《新闻联播》收视率连续上涨，其中以 15～24 岁的年龄群体增长最多。[①] Lightning TV 中最具影响力的三个账号“闪电新闻”“生活帮”“一切为了群众”，分别是依托 “闪电新闻”客户端、生活频道、农科频道节目《一切为了群众》，电视内容为其提供了丰富的资源。但要做好“闪电新闻”等账号的长远发展，需要考虑如何丰富视频类型、提升视频质量，可以尝试衍生节目、网络直播等形式。

电视平台、频道和节目账号孵化，需要分析山东广播电视台在“两微一抖”已有的系列账号情况。平台类账号中，“山东卫视”“齐鲁网”的“两微”账

---

① 央视广告经营管理中心.《新闻联播》成“网红”：连续三个月收视上扬，15～24 岁观众涨幅最大[EB/OL].（2019-11-13）[2022-11-06]. http://1118. cctv. com/2019/11/13/ARTI4LspZIyOvlS84vEecu4B191113.shtml.

号影响力较大,但在短视频领域仍有不足,可以在抖音、快手平台进一步拓展。频道类账号中,“综艺频道”微信公众号、“影视频道”抖音号、“齐鲁频道”快手号关注度较高,说明影视、综艺、生活类内容在短视频平台较容易获得粉丝,可以尝试建立专业化的短视频内容生产团队,激发这类账号的发展潜力。节目类账号中,山东卫视的《问政山东》《现在的我们》、新闻频道的《民生直通车》、齐鲁频道的《拉呱》、农科频道的《一切为了群众》《乡村季风》均有较高关注度,其中问政节目《问政山东》最具发展潜力,凭借“李莎八问”等内容片段引发广泛关注,可以为其投入更多资源,争取将“问政山东”打造为问政服务类的头部账号。电视平台、频道和节目自身具有丰富的资源,需要在 Lightning TV 支持下,根据新媒体特点和受众需求进行更为细致的短视频内容生产。

在平台、频道和节目之外,电视主持人也是 MCN 的重点孵化对象。广电 MCN 可以积极推动内部员工转型,鼓励主持人参与 MCN 孵化工作。适合孵化的主持人账号可以分为三类:第一类是展现主持工作的账号,适合新闻时政节目的主持人参与,推出与主持工作相关的内容,将节目主持的台前幕后展示给观众,如康辉以 Vlog 的形式记录出国报道细节,山东广播电视台的“张大琪”展示节目录制和生活中的细节,呈现主持人在不同时刻的状态。第二类是评论类账号,适合个人影响力较大的主持人,如李梓萌、海霞等在《主播说联播》中评论时政热点,“山东台主持人丛丛”结合社会事件讲述人生道理,山东广播电视台的“帮主阿速”“主持人东辰”评论热门新闻,通过话题评论进行舆论引导。第三类是垂直服务类账号,适合综艺、生活节目的主持人,如 Drama TV 的“张丹丹的育儿经”发布母婴类知识、实用的育儿指南,山东广播电视台的“队长敏健”发布生活类视频内容,在特定的内容领域中为网民提供专业化的内容。

打造“张丹丹的育儿经”的主持人张丹丹认为,电视主持人并不是靠过去的名气吃饭,因为短视频用户更看重账号提供的内容价值,建议主持人找寻自己真实的兴趣点,从自己真实的生活出发,而不是去表演一个人设。[①]张丹丹的观点反映出主持人转型的不易,有些主持人在转型中遭遇挫折,在直播中未能发挥影响力,也有些主持人反感“网红”“主播”等称呼,担心转型会带来更多的压力。Lightning TV 对不同类型的主持人账号,应采取差异化的发展规划,新闻节目主持人可以“兼职”参与 MCN 工作,将短视频为主

① 剁椒娱投.抖广电 MCN 诞生记:不是“转型之困”,而是水大鱼大[EB/OL].(2020-01-14)[2022-11-06].https://www.chinaz.com/2020/0114/1092270.shtml.

持工作的补充，而垂直服务类账号则需要主持人深度参与，将更多精力投入内容生产和账号运营中。垂直类账号在一定程度上淡化了主持人的职业身份，更加关注个人经历和性格独特之处，需要结合市场需求进行深度挖掘，为孵化对象设定更精准的人设。

与单纯的内容创作相比，精准定位具体行业的垂直类内容更符合当前网民的个性化需求。如 Drama TV 孵化了多个垂直领域的“素人”，包括生活美妆类的“叨叨酱紫”、瘦身瑜伽类的“维密也小曼”等。中广天择孵化的“疯狂特效师”“玛栗小酥”，在创意特效、情感故事等垂直领域内有较高的知名度。垂直类内容的体系十分庞大，如文化、时尚、美妆、育婴、宠物、旅行、汽车、财经、房产等均可算一个分类，甚至还会不断推出新的细分领域。Lightning TV 应大力拓展垂直类内容生产，采取“小而精”的孵化思路，先选择一两个分类集中资源打造垂直类账号，在有一定基础后再推广至关联的分类。垂直类账号孵化不仅需要主持人深度参与，还可以在全社会范围内公开招募具有“网红”潜质的素人，形成以媒体人转型为主、社会招募为辅的多元化孵化模式。

源自传统媒体的广播电视媒体 MCN 机构，还可以考虑对政务类账号进行孵化。广播电视媒体通常与各级政府部门有着良好的合作关系，承担了许多政府部门的“两微一抖”账号运营维护工作，因此可以考虑借助政府资源开展孵化工作，既可以获得政策、资金上的扶持，也可以拓展 MCN 机构的影响力。山东广播电视台在支持县级融媒体中心账号孵化方面具有优势，Lightning TV 为东港区委宣传、兰山区广播电视台、五莲广播电视台孵化出的“日照东港”“兰山融媒”“掌上五莲”，在抖音平台的粉丝突破百万，应当在县级融媒体中心账号中进一步挖掘，为政府部门的短视频内容生产、运营推广提供支持，提升政务类账号的孵化效果。

三、深化广播电视体制改革

CTR 媒体融合研究院执行副院长姜涛认为，媒体融合正在进入体制机制改革的重要阶段，广电 MCN 不仅仅是内容逻辑的转变，更需要相应配套的体制机制、薪酬改革、组织架构，广电 MCN 也正在倒逼广电体制机制改革。[①] 试水 MCN 领域意味着广播电视媒体要承担巨大的试错成本，在内容生产、商业变现等领域持续投入大量的资金、人力、物力，这对传统的媒体组

---

① 姜涛.为什么所有广电机构都应进行 MCN 化改革？[EB/OL].(2020-09-15)[2022-11-06].https://www.sohu.com/a/417823173_351788.

织构架、管理制度提出挑战。广电 MCN 的改革应以市场需求为导向,依托广播电视媒体在内容方面的资源优势,帮助有潜力的创作者进行内容制作,增加娱乐、文化等垂直类内容的投入,形成内容批量化生产、网红快速孵化的专业化流程。为适应 MCN 领域的激烈竞争,广播电视媒体应打破原有的金字塔式组织构架,建立以工作室或项目为主导的扁平化组织结构,以优质 IP 资源为核心培育项目团队,并根据其市场价值提供流量保障和资金支持,释放广播电视媒体员工的改革动力。

传统的广播电视媒体组织构架与商业 MCN 机构的构架均是三级制,电视台是“电视台—频道—节目”,而 MCN 体系中是“平台—MCN—账号”,中层分别以频道、MCN 作为组织构架的枢纽(见图 4-2)。但电视台是金字塔式的科层体系,从上到下逐级增多,各个层级之间稳定性较高,无论有多少个频道、节目,电视台均是最核心的播出平台,具有传播渠道的唯一性。参照事业单位的金字塔式结构,有助于增强电视播出渠道的核心地位,但也导致不同部门之间存在行政壁垒,许多战略决策需要层层审批,组织内容沟通速度慢、成本高,难以推动台内的资源整合与共同协作。而 MCN 是混合式的组织构架,平台和账号均可以有多个,相互之间通过 MCN 进行连接,在激烈的短视频市场竞争中三个层面都在不断更新淘汰,短视频平台已经初步形成抖音、快手垄断格局,MCN 机构随着广电媒体的入局竞争变得更加激烈,账号层面则是长期保持着激烈的竞争态势,大量缺乏创意、同质化的账号将逐步被淘汰。

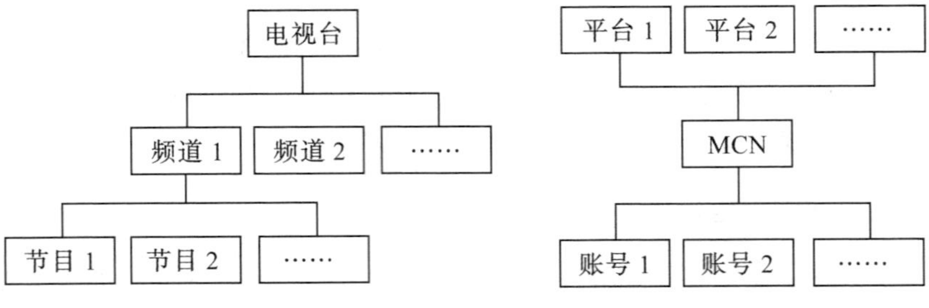

图 4-2　从频道制向 MCN 转型

传统的广播电视媒体组织构架难以适应 MCN 行业的激烈竞争,可以考虑通过制作人制度或工作室制度进行改革。如东方卫视采取了独立制作人制度,公开竞聘选出的独立制作人,在“自负盈亏”的财务独立机制下,团队所获收入只有一部分上缴，其余都由团队支配。[①] 与之类似的是工作室制度，如湖南卫视拥有 11 个工作室和 13 个制作团队，安徽广电成立 60 多个融媒体工作室，深圳广电成立融媒体数据新闻工作室和多个广播主持人工作室。山东广播电视台积极推动工作室建设，但主要是在融媒体中心或频道下进行探索，尚未将工作室制度上升至全台层面。结合 MCN 机构的发展需求，山东广播电视台应考虑对当前的频道制进行改革，从“电视台—频道—节目”的三级管理，向“电视台/MCN—工作室”的二级管理逐步转变，在制定管理制度规范的同时，为工作室的日常运营提供更多自主权限，通过考核、激励、晋升等改革激发工作室和员工活力。

与制作人制度、工作室制度相对应的，是广播电视媒体的人事管理制度改革。对于 Lightning TV 发展中涉及的内部员工，可以采取两步走的策略，在过渡阶段应充分考虑员工的原有工作情况，先将 MCN 工作纳入现有的绩效考核中，根据员工在 MCN 领域的发展潜力为其制定发展规划，充分挖掘有“网红”潜质的员工。在长远发展中推动人事分离制度，将广电 MCN 从媒体的下属部门，发展为具有独立自主权的商业公司，为员工提供有吸引力的薪酬体系和激励措施，推动参与 MCN 的员工放弃原有事业单位身份，真正转型进入 MCN 行业之中。

在盈利模式方面，广电 MCN 应积极探索多元化的商业变现模式。与商业 MCN 机构类似，贴片广告、直播带货、版权分账、内容付费等是广电 MCN 机构的主要变现模式。Lightning TV 应依托原有节目和主持人的影响力，将电视收视率转变为网络流量，以网络热度吸引广告投放，并进一步开发垂直类内容，在吸引流量过程中投放更多定制广告。在直播带货方面，Lightning TV 需要慎重对待，应以媒体的社会责任为主，参与公益宣传类的直播带货，如为脱贫的农产品销售等提供支持，或是宣传介绍减免税等政策优惠，不宜过多参与纯商业的直播带货。在版权分账方面，Lightning TV 需要生产更多优质资源，通过探索“版权分账＋广告”等形式获得收益。此外，内容付费也值得尝试，依托山东广播电视台的文化服务优势，在知识学习、幼儿教育等领域探索付费收听模式。

国家广播电视总局在《关于加快推进广播电视媒体深度融合发展的意见》中明确提出“加快深化体制机制改革”，提出以全媒体思维重塑广播电视媒体组织架构，构建集约高效的新型采编制作播发流程，建立全媒体指挥调

① 周军，张然.广电行业媒体融合两种模式分析[J].中国广播电视学刊，2019(4)：119-122.

度体系。[①] 广播电视媒体的体制机制改革是一个循序渐进的过程，山东广播电视台需要结合自身组织构架特色，通过 MCN 机构建设的机遇，在内容生产、“网红”孵化等领域引入工作室制度，在激烈的市场竞争中探索灵活的改革措施，为工作室提供更多的自主权限，改进原有的薪酬体系和人事制度，实现从传统媒体向融媒体平台转型。

① 国家广播电视总局.关于加快推进广播电视媒体深度融合发展的意见[EB/OL].(2020-11-26)[2022-11-06].http://www.nrta.gov.cn/art/2020/11/26/art_113_53991.html.

结　论

突如其来的新冠肺炎疫情，让隔离在家中的人们迫切需要了解疫情动态，这些重要的信息多数来自专业记者在一线的采访报道，先在主流媒体平台和相关新媒体账号上发布，再由商业平台进行广泛转载。这意味着在媒介融合的背景下，人们对重要信息内容的需求是不会改变的。主流媒体的融合发展不仅是开通新媒体账号、推出移动客户端等操作，而是要构建全新的传播生态体系。对山东卫视融媒体构建与发展而言，应采取移动化、智能化、平台化、垂直化的发展战略，将“闪电新闻”客户端提升到与山东卫视同等重要的地位，通过建设主流舆论阵地、增强技术承载能力、打造多元传播矩阵、提升内容供给能力、深化县级融媒体中心建设、推动 MCN 转型等措施，实现从广播电视机构向网络视听服务平台的转变。

第一，做好组织构架的顶层设计，推动双核驱动发展战略。在主流媒体的融合转型中，在涉及面广，需要改革的利益太多、太复杂的情况下，可以采取以增量改革倒逼存量改革的措施。山东广播电视台重点打造的“闪电新闻”客户端，已初步具备较大的社会影响力和较强的平台承载能力，可以选择合适的契机推出“山东卫视＋闪电新闻”的双核驱动发展战略，将移动端提升至与电视端同等重要的地位，为“闪电新闻”投入更多的资金和人力，推动融媒体资讯中心等部门进一步改革，打造以“闪电新闻”为核心，包括闪电云、Lightning TV、闪电智库等“闪电”系列融媒体产品，推动山东广播电视台从局部改革向全面改革深入。

第二，积极探索新技术应用，增强自身平台的技术承载能力。5G、人工智能、超高清视频等技术是广电技术研发与应用的重点。应紧跟 5G 网络建设、信息计算传输等前沿技术，重点参与 5G 广电网络建设与应用。在视听技术应用方面，推动 4K/8K 超高清视频技术应用，加速 4K 频道建设与 4K 内容生产，在虚拟现实等领域进行沉浸式传播探索。此外，还应通过扩张技术团队规模、合作共建研究机构等形式,逐步提升技术研发能力,确保新技术在新闻采编领域的转化与应用。

第三,推动平台型媒体建设,拓展视听传播产业链。通过组建媒体技术中台、区域性技术支撑平台、视听类内容聚合平台和“网红”孵化平台,推动山东广播电视台从广播电视机构向综合性的视听服务平台转型。在建设平台型媒体的同时,还应积极扩展融媒体相关的产业链条,通过转型网络视听领域、扩大泛内容生产、加强区域文化产业建设等形式,拓展网络视听内容生产相关的上下游环节,探索市场化的发展途径。

第四,发挥在内容生产方面的优势,推动电视节目供给侧结构性改革。山东卫视应坚守新闻立台原则,通过频道改革、节目改版等形式,落实国家广播电视总局“频道精简精办”的要求。在视听内容生产中,应体现主流媒体的主体性作用,通过转换叙事逻辑、运用网络元素、探索短视频转型、严格内容审核等方法,提升内容创作水平。在“悠久文明,青春中国”的频道定位下,聚焦时代精神和传统文化相关主题,将《国学小名士》《传家宝里的新中国》《家乡好物》等打造为精品视听节目。

第五,深化县级融媒体中心建设工作。考虑到山东各地经济社会发展不均衡,应为不同类型的县级融媒体中心制定差异化发展规划和支持方式。进一步完善山东省县级融媒体中心省级技术平台的建设,推动省县两级媒体建立联动协作机制,将省级媒体的技术、内容资源延伸至基层,协助县级融媒体中心做好本地化的内容生产,在重大主题宣传报道和网络舆论引导工作中进行更好的合作。

第六,积极拓展 MCN 领域,推动体制机制改革。依托 Lighting TV 整合优质内容资源,拓展直播带货、内容付费等变现模式。在内容孵化方面,重点做好节目、主持人、垂直内容、政务资源的孵化工作,努力成为 MCN 领域的头部机构。为提升市场竞争力,还应打破原有的金字塔式组织构架,建立以工作室为主导的扁平化组织结构,通过体制机制改革释放员工的创新能力。借助山东省短视频直播基地建设的机会,拓展与网络视听内容生产相关产业,在山东卫视、“闪电新闻”、Lighting TV 等基础上构建“闪电生态战略”。

我国媒体已从形式融合、内容融合进入整体融合、大范围融合,从中央级、省级媒体融合逐步推广至县级融媒体中心建设,从相加进入到相融的纵深发展阶段。山东卫视融媒体构建与发展的难点,不在于技术研发、内容创新、市场化改革等层面,而是在新的融合环境下寻找合适的发展定位,加快从广播电视机构向网络视听服务平台转型的进程。山东卫视应发挥核心优势，依托主流媒体身份、在长期发展中积累的公信力与影响力，围绕新闻舆论工作的需求进行技术、体制、内容等层面的改革，通过重大主题宣传报道、开展网络舆论引导、搭建社会治理平台等方式，进一步加强党的新闻舆论阵地建设，实现新闻舆论“四力”的有效提升。

参考文献

一、图书

[1]习近平新闻思想讲义(2018年版)[M].北京:人民出版社、学习出版社,2018.

[2]支庭荣.大众传播生态学[M].杭州:浙江大学出版社,2004.

[3]吉保邦.传媒区域化发展方略[M].北京:中国传媒大学出版社,2007.

[4]莱文森.新新媒介[M].上海:复旦大学出版社,2011.

[5]吉保邦.激荡:传媒运营方略[M].济南:山东大学出版社,2013.

[6]栾轶玫.融媒体传播[M].北京:中国金融出版社,2014.

[7]周逵.融合与重构:中国广电媒体发展新道路[M].北京:中国传媒大学出版社,2017.

[8]王勇.媒介融合背景下我国广电全媒体发展研究[M].北京:中国广播影视出版社,2017.

[9]童兵.中国新闻传播学研究最新报告(2019)[M].上海:复旦大学出版社,2019.

[10]张蓝姗.媒介融合:电视+互联网的跨界与转型[M].北京:清华大学出版社,2019.

[11]吕焕斌.媒体融合的芒果实践报告[M].北京:中信出版社,2019.

[12] LAWSON-BORDERS. Media Organizations and Convergence: Case Studies of Media Convergence Pioneers[M]. Routledge Press, 2005.

[13]KACKMAN M. Flow TV: Television in the Age of Media Convergence[M]. Routledge Press, 2010.

二、论文

[1]蔡雯.新闻传播的变化融合了什么——从美国新闻传播的变化谈起[J].中国记者,2005(9):70-72.

[2]吉保邦,李德泉,许翠兰.山东广播电视改革发展的历史思考[J].现代视听,2009(11):6-12.

[3]郭全中.山东广播电视台转型五箭齐发[J].传媒,2016(1):30-31.

[4]清博大数据新媒体指数团队.中国传统媒体新闻客户端发展报告[J].青年记者,2016(4):9-14.

[5]林如鹏,汤景泰.政治逻辑、技术逻辑与市场逻辑:论习近平的媒体融合发展思想[J].新闻与传播研究,2016(11):5-15.

[6]彭兰.移动化、社交化、智能化:传统媒体转型的三大路径[J].新闻界,2018(1):35-41.

[7]陈国权.中国媒体"中央厨房"发展报告[J].新闻记者,2018(1):50-62.

[8]廖祥忠.从媒体融合到融合媒体:电视人的抉择与进路[J].现代传播,2020(1):1-7.

[9]童兵.习近平关于媒体融合发展论述的要义及实施进程[J].当代传播,2020(2):4-10.

[10]刘珊,黄升民.5G时代中国传媒产业的解构与重构[J].现代传播,2020(5):1-6.

[11]孙杏林,倪广宏,周琛.山东省广播电视和网络视听产业高质量发展调研报告[J].现代视听,2020(5):9-12.

[12]吕芃.发挥优势 融媒宣传 凝聚力量——山东广播电视台脱贫攻坚宣传的探索与实践[J].中国广播电视学刊,2020(10):10-13.

三、报告

[1]国家广播电视总局.2019年全国广播电视行业统计公报[R/OL].(2020-07-08)[2022-11-06].http://www.nrta.gov.cn/art/2020/7/8/art_113_52026.html.

[2]中国网络视听大会.《2020中国网络视听发展研究报告》发布[R/OL].(2020-10-12)[2022-11-06].http://www.ciavc.com/news/ndetails/id/158.html.

[3]中国互联网络信息中心.第50次中国互联网络发展状况统计报告[R/OL].(2022-08-31)[2022-11-06].http://www.cnnic.net.cn/n4/2022/0914/c88-10226.html.

博士后期间的学术成果

一、科研项目

[1]中国博士后科学基金第66批面上资助项目:5G前景下视听传播新生态研究(项目编号:2019M662417)。

[2]教育部人文社会科学研究青年基金项目“现代作家自传版本与传播研究”(项目审批号:18YJC751016)。

二、学术论文

[1]韩诚,韩岳.5G前景下视听传播生态演变研究[J].当代电视,2020(2):88-92.

[2]韩诚,韩铁青.论广电媒体MCN转型的现状、困境与发展策略[J].电视研究,2020(8):14-18.

[3]韩诚.5G赋能新闻“云采编”[J].青年记者,2020(21):13-14.

[4]韩诚,李文健.网民情绪影响下的公共政策发布与调整问题研究[J].理论导刊,2019(9):12-17.

[5]韩诚,王婕.县级融媒体中心政务服务的特点与发展策略[J].青年记者,2019(36):44-45.

下　篇

县级融媒体中心与县域公共服务研究

——基于网络的视角

高存玲

博士后:高存玲

高存玲,男,青岛大学文学与新闻传播学院副教授,复旦大学传播学博士,复旦大学新闻传播学博士后流动站和山东省广播电视局博士后科研工作站联合培养博士后。

绪　论

第一节　研究背景和研究价值

根据中共中央宣传部和国家广播电视总局联合发布的《县级融媒体中心建设规范》，县级融媒体中心应按照“媒体＋”的理念，从单纯的新闻宣传向公共服务领域拓展，增强互动性，从单向传播向多元互动传播延伸，将媒体与政务、服务等业务相结合，提供多样化综合服务，满足用户多样化的需求，开展“媒体＋政务”“媒体＋服务”等业务。其中，对公共服务提出明确要求：“按照‘媒体＋’的要求，实现民生、文化、教育等公共服务的功能。”并分为民生、文化、教育、增值、其他五大公共服务类别。①

根据中共中央宣传部要求，2020年年底全国县级融媒体中心基本覆盖。在基本覆盖的前提下，如何有效运营县级融媒体中心成为一个受关注的话题。本研究从“服务群众”这一县级融媒体中心职能定位出发，提出把县级融媒体中心建成县域公共服务枢纽。通过提供公共服务连接县域人民群众，从而实现有效的新闻舆论宣传，真正实现“引导群众”。本研究的意义体现在理论和实践两方面。

一、理论价值

本研究的理论价值主要包括以下两个方面：

一方面，丰富媒介融合相关理论。媒介融合理论目前主要存在技术、社会文化、媒介经济等视角，本研究希望在“县域”“公共服务”等关键词下对媒介融合相关理论展开思考，对媒介融合已有研究视角进行开拓。

---

① 中共中央宣传部，国家广播电视总局.县级融媒体中心建设规范[S].2019：4-5.

另一方面,丰富马克思主义新闻宣传相关理论。县级融媒体中心是引导基层群众的重要机构,也是新闻舆论宣传领域的重要实践创新。本篇希望通过对县级融媒体中心的研究,概括总结基层新闻宣传和信息传播规律,丰富马克思主义新闻宣传理论。

二、实践价值

本研究在对山东省县级融媒体中心进行调研的基础上,梳理总结山东县级融媒体中心开展公共服务方面的有效做法,分析其中存在的问题,在此基础上提出改进建议。本研究的实践价值主要包括以下三个方面:

第一,为县级融媒体中心建设和运营提供思路借鉴。建设县级融媒体中心是宣传思想工作的重要任务,本研究在调研的基础上提出可操作的县级融媒体中心建设和运营策略。

第二,为提升县域公共服务能力提供借鉴。本研究从"服务群众"这一县级融媒体中心职能定位出发,将县级融媒体中心建设运转与县域公共服务能力提升结合起来考察,将县级融媒体中心视为县域公共服务的重要平台,探索利用县级融媒体中心提升县域公共服务水平的有效路径。

第三,为提升县域新闻宣传效能和新闻舆论引导力提供参考。本研究将县级融媒体中心建设与县域新闻舆论宣传工作能力提升相结合,以提升宣传效能为导向提出县级融媒体中心建设运营思路,有助于充分利用县级融媒体中心提升县域新闻舆论宣传工作。

第二节　研究综述和研究视角

自中央对县级融媒体中心建设进行部署以来,国内新闻传播领域众多学者对这一话题展开研究,这些研究是本研究学习、参考的重要成果,为本研究的完成提供了重要借鉴。县级融媒体中心是一种融合性媒介形态,关于媒介融合的研究对本研究有直接参考价值。尽管国外不存在县级融媒体中心这一机构,但是国外学者对社区媒体的研究对本研究亦有借鉴价值。此外,从县域认同的角度出发,关于传媒和地方关系的研究成为本研究的重要理论视角。

一、关于县级融媒体中心的研究

通过中国知网检索发现,2018 年 8 月以来已有上千篇论文围绕"县级融媒体中心"展开研究,已有研究主要分为以下几个方面。

第一,县级融媒体中心建设模式与路径研究。如谢新洲等通过调研总结出当前县级融媒体中心四种主要建设模式:借助市场力量产业化运作的浙江省长兴县模式、与省级媒体平台合作的江西省分宜县模式、以县级电视台为建设主体的甘肃省玉门市模式、由县委宣传部主导建设的吉林省农安县模式。[①] 田丽等则总结出县级融媒体中心“全省部署”和“县级探索”两种建设模式。[②] 黄雪娇以中部六省十强县为样本,总结出自主探索、区域合作、全省联动三种模式。[③]

第二,县级融媒体中心建设问题与对策研究。如安文龙指出,县级融媒体中心建设存在定位不够明确、体制机制不顺、媒介融合不充分、人力资源匮乏等问题,并从顶层设计、市场化运作、多方沟通联动等方面提出应对策略。[④] 谢新洲等指出,县级融媒体中心建设存在缺少长期规划、难以留住人才、缺乏盈利模式、传播效果微弱等问题,并从自上而下统一部署、出台长期人才政策、鼓励基层创新、突破单向宣传思维等角度提出应对策略。[⑤]

第三,县级融媒体中心与县域治理研究。如张诚等认为,“县域治理枢纽”是融媒体中心建设的可能指向之一,县级融媒体中心应集成舆论引导、政务服务和社会合作相关功能。[⑥] 陈建才以江西省宜春市万载县融媒体中心为例,分析了县级融媒体中心如何通过掌管县域舆论总导向,为全县意识形态及政治、经济、生态、社会发展等工作发挥促进作用。[⑦]

已有研究在当前县级融媒中心建设实践的基础上总结建设模式、分析存在问题并提出对策建议,对于县级融媒体中心建设具有较大的参考价值。但是,已有研究也呈现出一定的不足,主要表现在以下几个方面。

第一,重引导,轻服务。已有研究主要将县级融媒体中心视为舆论引导

---

① 谢新洲,石林.“上下夹击”与“中部突围”:我国地市级融媒体发展研究——基于四市媒体融合发展的实地调研[J].现代传播(中国传媒大学学报),2019(12):1-8.

② 田丽,石林,朱垚颖.县级融媒体中心“全省部署”和“县级探索”建设模式对比——以 A 省 Q 县和 B 省 Y 县为例[J].出版发行研究,2018(12):12-17.

③ 黄雪娇.中部地区县级融媒体发展的创新路径研究——以 2018 年中部六省经济十强县为样本[J].出版发行研究,2019(4):39-42.

④ 安文龙.当前我国部分县级融媒体中心建设问题与对策探究——以陕西省旬邑县为例[J].新闻研究导刊,2019(13):5-6、8.

⑤ 谢新洲,石林.“上下夹击”与“中部突围”:我国地市级融媒体发展研究——基于四市媒体融合发展的实地调研[J].现代传播(中国传媒大学学报),2019(12):1-8.

⑥ 张诚,朱天,齐向楠.作为县域治理枢纽的县级融媒体中心建设刍议——基于对 A 市的实地研究[J].新闻界,2018(12):27-32.

⑦ 陈建才.统管新闻阵地　统战新闻媒体　统领新闻舆论——万载县建设融媒体中心全面掌控舆论导向的实践之路[J].声屏世界,2018(8):49-51.

和宣传平台,在这一定位下分析问题并提出对策。然而,无论是从“更好引导群众、服务群众”这一县级融媒体中心的职能定位来看,还是从中共中央宣传部、国家广播电视总局出台的《县级融媒体中心建设规范》来看,政务服务、公共服务、文化服务等是县级融媒体中心的重要职能。这方面研究相对较少。

第二,重建设,轻效能。县级融媒体中心是个新生事物,因此前期研究主要着眼于县级融媒体中心建设方法,而对其如何有效运作从而发挥引导和服务效能缺乏关注。近两年,这方面的研究逐渐多了起来,但在研究的广度、深度和对策建议的可操作性方面还有待进一步提升。本研究将在已有研究基础上,结合现阶段山东县级融媒体中心建设实际情况从“县域公共服务”这一视角出发,思考县级融媒体中心的定位及建设、运行方向,探讨县级融媒体中心如何在县域舆论宣传、公共服务方面发挥更好的效能,分析县级融媒体中心给县域认同带来的作用和影响。

二、关于社区媒体的研究

国外学者将社区媒体视为提供社区服务的重要载体,是社区居民认同感、归属感的来源。学理意义上的“社区”主要与“community”相关,又译为“共同体”。在中文语境下,“社区”(共同体)是个内涵十分丰富的词汇。县级融媒体中心面向县域群众开展传播,在一定程度上也可以视为一类社区媒体。在不同国家和历史时期,社区媒体有着不同的内涵。随着新媒体技术的发展,社区媒体的外延日益丰富。美国的低功率广播电台、社区电视、社区报,英国的移民电台,澳大利亚的原住民电台,拉丁美洲和非洲的乡村电台、矿工电台等都被视为社区媒体。西方学者对社区媒体的研究可以概括为以下三个方面。

第一,强调传播对社区的重要意义。“‘传播’(communication)一词与‘社区’(community)一词有着共同的词根,这绝非偶然。没有传播,就不会有社区;同样,没有社区,也不会有传播。”[①]而“关于传播的任何真实的理论都是关于共同体(社区)的理论”[②]。

第二,强调社区媒体的服务性和贴近性。如有学者认为,社区媒体“由

① 施拉姆,波特.传播学概论[M].何道宽,译.北京:新华出版社,2010:3.

② 威廉斯.文化与社会(1780—1950)[M].高晓玲,译.长春:吉林出版集团有限责任公司,2011:326.

人民生产，服务于人民”[①]。兹赵克（Leo Lerner）和陈凯在著作中引用《金士顿自由报》的总编辑李·雷诺（Lee Reynolcls）所说的：“每个人都想知道在伊拉克或阿富汗发生了什么，但他们真正关心的是他们的垃圾是否能准时被清理。”[②]

第三，强调社区媒体对社区整合、社区认同的作用。学者们将“认同”视为社区存在的重要根基，特别强调报纸在整合社区时的重要性，将社区媒体视为社区成员获取社区身份的资源以及社区归属感的来源。[③]

社区媒体服务性、贴近性方面的研究对于本研究有借鉴意义和参考价值。县级融媒体中心只有服务群众、贴近群众，才能获得群众的关注与接受，在此基础上才能更好地发挥引导群众的功能。

三、关于媒介融合的研究

县级融媒体中心是一种融合性综合型媒介平台，其命名中本身就包含“融”字。因此，关于媒介融合的研究也能为本研究带来启发和参考。目前学界和业界公认的最早的“媒介融合”概念，是由美国马萨诸塞州理工大学传播学者浦尔在《自由的技术》一书中所提出的，指的是报刊、电视等传统媒介形态的融合，即网络宽带传输、文件压缩、电子信号编解码等技术将各种媒体汇聚，原有的媒介形态划分界线逐渐消融，由此致使的多功能一体化趋势即“融合”。[④] 国内研究者中，崔保国在 1999 年就提到过“媒介融合”这一概念[⑤]，蔡雯《新闻传播的变化融合了什么——从美国新闻传播的变化谈起》一文较早将“媒介融合”这一概念引入国内。[⑥]

关于什么是“媒介融合”，研究者们从不同角度展开论述，大体可以分为以下视角。

第一，媒介技术的视角。这一视角主要强调技术对于媒介融合的驱动

---

① DEUME M.Ethnic media，community media and participatory culture[J].Journalism，2006，7(3)：262-280.

② 赵克（Leo Lerner），陈凯.美国社区报操作指南——无以复加的当地化[M].广州：南方日报出版社，2014：33.

③ JANOWITZ M. The community press in urban setting：the social elements of urbanism[M]. Chicago：University of Chicago Press，1967.

④ 黄思学.何谓融合：媒介融合的概念界定、流变与论争[J].东南传播，2016(1)：15-19.

⑤ 崔保国.技术创新与媒介变革[J].当代传播，1999(12)：23-25，33.

⑥ 蔡雯.新闻传播的变化融合了什么——从美国新闻传播的变化谈起[J].中国记者，2005(9)：70-73.

作用。代表性成果如史建华的《大数据驱动下的媒介融合4.0时代》[①],孟建、赵元珂的《媒介融合:作为一种媒介社会发展理论的阐释》[②],刘颖悟、汪丽的《媒介融合的概念界定与内涵解析》[③]等。

第二,内容生产的视角。这一视角主要强调媒介融合在内容生产方面的优势和成效。如宋昭勋的《新闻传播学中的"Convergence"一词溯源及内涵》[④],魏然等的《美英媒体融合现状与评析》[⑤],蔡雯的《媒介融合前景下的新闻传播变革——试论"融合新闻"及其挑战》[⑥]等。

第三,媒介经济的视角,这一视角强调媒介融合的经济效果。如陈力丹、付玉辉的《论电信业和传媒业的产业融合》[⑦],喻国明的《中国传媒产业的融合与发展》[⑧],邓建国的《媒介融合:受众注意力分化的解决之道——兼与"反媒介融合论"商榷》[⑨]等。

以上研究从不同视角出发,对于我们理解媒介融合、媒介融合这一理念在国内的传播发挥了重要作用。同时,有学者从文化、社会的视角研究媒介融合,为我们提供了从媒介机构、媒介产业外看待媒介融合的思路。詹金斯(Henry Jenkins)没有将媒介融合视为一个技术过程,认为融合代表一种文化的变迁,融合的发生不是依靠媒体设施,"它鼓励消费者获取新信息并把分散的媒体内容联系起来"[⑩]。延森(Klaus Bruhn Jensen)从三个维度来分析媒介融合:第一个维度是指借助人体、工具等实现的人际传播,第二个维度是以电视、广播、印刷为代表的大众传播,第三个维度强调互联网、移动电话等的数字化传播。[⑪] 陈伟军认为,"针对媒介融合的发展趋势,研究者需要跨越多个学科的视野,跨越多个领域的话语界限,全方位地审视信息社会的

① 史建华.大数据驱动下的媒介融合4.0时代[J].传媒,2015(5):18-19.

② 孟建,赵元珂.媒介融合:作为一种媒介社会发展理论的阐释[J].新闻传播,2007(2):14-17.

③ 刘颖悟,汪丽.媒介融合的概念界定与内涵解析[J].传媒,2012(1):73-75.

④ 宋昭勋.新闻传播学中的Convergence一词溯源及内涵[J].现代传播,2006(1):51-53.

⑤ 魏然,黄冠雄.美英媒体融合现状与评析[J].华中师范大学学报(人文社会科学版),2015(11):11-123.

⑥ 蔡雯.媒介融合前景下的新闻传播变革——试论"融合新闻"及其挑战[J].国际新闻界,2006(5):31-35.

⑦ 陈力丹,付玉辉.论电信业和传媒业的产业融合[J].现代传播,2006(3):28-31.

⑧ 喻国明.中国传媒产业的融合与发展[J].新闻前哨,2010(2):9-10.

⑨ 邓建国.媒介融合:受众注意力分化的解决之道——兼与"反媒介融合论"商榷[J].新闻记者,2010(9):56-60.

⑩ 詹金斯.融合文化:新媒体和旧媒体的冲突地带[M].杜永明,译.北京:商务印书馆,2012:31.

⑪ 延森.媒介融合:网络传播、大众传播和人际传播的三重维度[M].刘君,译.上海:复旦大学出版社,2012:63.

媒介实践"[①]。孟建、赵元珂从媒介化社会的角度来探讨媒介融合的意义,认为"媒介融合正从更深层意义上建构媒介化社会的社会意义和个体意识,并最终成为推动媒介化社会形成的核心动力"[②]。韦路、鲍立泉、吴廷俊认为,"媒介融合并不单纯是一种技术现象,而是包括技术、产业、文化和社会变迁等多种因素的复杂过程"[③]。黄旦、李暄从社会形态的角度来理解媒介融合,从这一视角出发,"媒介机构就是网络中的一个节点式渠道","产业形态中的媒介融合不仅存在而且也是有意义的,但充其量只是其中的一个平台,更彻底地说,不过是这张网络上的一个节点,与其他节点一样"。[④]

相对于业态的媒介融合,文化、社会意义上的媒介融合为我们提供了另外一种思路。移动互联网时代,传播主体日益多元,大众传媒不再是传播网络中的唯一节点。单纯从机构内部考虑媒介融合,无法将传媒机构与整个社会的媒介系统真正融合在一起。大众传媒与社会传播网络中的其他媒介融为一体,才是真正意义上的媒介融合。在这方面,延森为我们提供了很好的视角。媒介融合不只是大众传媒机构对数字技术的简单运用,而应将自己的新媒体产品与人际传播、数字传播等真正融为一体。这一观点对于县级融媒体中心建设也有一定借鉴意义,县级融媒体中心不仅仅是多种媒介技术的结合,还要着眼于县域社会生活和县域文化生态。

四、传媒与地方:一种研究视角

除了以上与本研究直接相关的研究成果外,对本研究产生宏观影响的是城市社会学、城市传播研究、媒介本体论等对传媒、对城市以及对传媒与城市关系的研究。县域和城市一样,是人类栖居于其间的地方。无论是城市还是县域,传媒都具有至关重要的地位。在以上研究视野下,传媒之于城市、之于县域,不仅仅是表征的关系。也就是说,传媒不是被动地报道地方发生的新闻,传媒在某种程度上形塑着地方、城市和县域。

(一)芝加哥学派的城市社会学传统

芝加哥学派的城市社会学学者都极其重视传播、沟通对于社会的重要意义。罗伯特·E.帕克(Robert E. Park)等将报纸看成是构成城市生态组织的首要因素之一。"交通和通讯、电车和电话、报纸和广告、钢筋水泥建筑和

---

① 陈伟军.媒介融合趋势下的知识生产[J].国际新闻界,2011(5):57-62.

② 孟建,赵元珂.媒介融合:粘聚并造就新型的媒介化社会[J].国际新闻界,2006(7):24-27,54.

③ 韦路,鲍立泉,吴廷俊.媒介技术演化与传播理论的范式转移[J].当代传播,2010(1):18-21.

④ 黄旦,李暄.从业态转向社会形态:媒介融合再理解[J].现代传播,2016(1):13-20.

电梯——总之,这些促使城市人口既频繁流动又高度集中的一切——正是构成城市生态组织的首要因素。”①可以说,在帕克等人看来,没有传播和沟通,就没有城市。约翰·杜威(John Dewey)认为社会的本质在于社会成员对经验的共享,在于社会成员对社会事务的参与。无论共享还是参与,传播是必备的条件。因此,杜威说:“社会不仅通过传递、通过沟通继续生存,而且简直可以说,社会在传递中、在沟通中生存。”②帕克等人将日报看成是与摩天大楼、地铁、百货公司类似的城市现代生活的表现形式。③ 路易·沃斯(Louis Wirth)也充分认识到大众传媒与城市生活的关系,并将城市看成是新闻业、电台、歌剧院、医院、工商业、交通等聚集的结果。④ 沃斯进一步指出,“在拥有更多个体的共同体内,人们彼此不了解,无法聚集在一个地方,因此有必要通过媒体的间接作用相互了解”⑤。

在有关县级融媒体中心的研究中,鲜有学者从传媒与地方(县域)的关系这一角度观照县级融媒体中心。

(二)传媒与地方感、地方认同

“地方感”(sense of place)是环境心理学、人文地理学等学科的一个重要概念,目前对什么是“地方感”缺乏公认的定义。段义孚创造了恋地情结(topophilia),用来表示人对地方的爱恋之情。“‘恋地情结’是人与地方(place)之间的情感纽带”,是“人类对地方的爱”。⑥ 有学者认为,“地方感是人对环境的主观感受,可进一步定义为人与地方的情感联系”⑦。也有学者将地方感理解为“地点的主观维度”⑧。

不同尺度的地方可以产生不同的地方感,如蒂姆·克雷斯韦尔(Tim

---

① 帕克,伯吉斯,麦肯齐.城市社会学[M]. 宋俊岭,吴建华,王登斌,译.北京:华夏出版社,1987:2.

② 杜威.民主主义与教育[M].王承绪,译.北京:人民教育出版社,1990:5.

③ 帕克,伯吉斯,麦肯齐.城市社会学[M]. 宋俊岭,吴建华,王登斌,译.北京:华夏出版社,1987:48.

④ 沃斯.作为一种生活方式的都市主义[M]//汪民安,陈永国,马海良,主编.城市文化读本.北京:北京大学出版社,2008:144.

⑤ 沃斯.作为一种生活方式的都市主义[M]//汪民安,陈永国,马海良,主编.城市文化读本.北京:北京大学出版社,2008:148.

⑥ TUAN Y F.Topophilia:A Study of Environmental Perception,Attitude,and Values[M].Englewood Cliffs: Prentice-hall Inc.,1974:2-3.

⑦ NAJAFI M, SHARIFF M K B M.The Concept of Place and Sense of Place In Architectural Studies[J].International Journal of Human and Social Sciences,2011(3):1100-1106.

⑧ 鲍尔德温,等.文化研究导论[M].陶东风等,译.北京:高等教育出版社,2004:148.

Cresswell))提出的"全球地方感"[①]。以城市作为地方感的边界,则是"城市地方感"。与地方感相关的另一个重要概念是"地方认同"。根据菲利普·格里森(Philip Gleason)的研究,"identity"一词来自于拉丁文"idem",原意为"相同"或"同一"(the same)。[②] 亨利·塔克菲尔(Henri Tajfel)提出了社会认同理论,认为认同是个体归于特定社会群体的归属感以及个体作为某个群体成员(group membership)感受到的情感和价值。[③] 另有学者指出,自我范畴化"使某人认为自己与该范畴的其他成员是'相似的',而且它们具有相同的社会认同"[④]。

塞缪尔·P.亨廷顿(Samuel P. Huntington)认为"identity 包括归属性的、地域性的、经济的、文化的、政治的、社会的以及国别的"[⑤]。"地域"成为认同来源之一。也有学者认为,地方认同是通过人们意识和无意识中存在的想法、信念、偏好、情感、价值观、目标、行为趋势以及技能的复杂交互作用,确定的与物理环境有关的认同。[⑥]

在媒介技术的作用下,地域作为认同的范畴受到越来越多的挑战。"在现代性力量的作用下,个人与社群的认同不断受到来自地方外部力量的干扰,基于特定地方的认同边界逐渐被模糊化,认同不断地从地方的社会与文化网络中被剥离出来。"[⑦]戴维·莫利(David Morley)和凯文·罗宾斯(Kevin Robins)分析了全球化背景下欧洲的认同危机,"现在并不主要靠诸如地理位置间隔、海洋、山脉等自然分界来划分社会或国家的'自然边界'。我们越来越需要根据传播和运输网络及语言文化这样的象征性分界——由卫星轨道或无线电信号决定的传输空间——来划定这个时代里具有决定性意义、

---

① CRESSWELL T.地方:记忆、想象与认同[M].王志弘,徐苔玲,译.台北:群学出版有限公司,2006:113.

② GLEASON P.Identifying identity: A semantic history[J].Journal of American History,1993(4):910-931.

③ TAJFEL H.Social identity and intergroup behaviour[J].Social Science Information,1974(2):65-93.

④ 豪格,阿布拉姆斯.社会认同过程[M].高明华,译.北京:中国人民大学出版社,2011:28.

⑤ 亨廷顿.我们是谁?美国国家特性面临的挑战[M].程克雄,译.北京:新华出版社,2005:21.

⑥ PROSHANSKY H M.The city and self-identity[J].Environment and Behavior,1978(2):147-169.

⑦ 朱竑,钱俊希,陈晓亮.地方与认同:欧美人文地理学对地方的再认识[J].人文地理,2010(6):1-6.

呈现渗透性的边界”[①]。曼纽尔·卡斯特(Manuel Castells)认为认同是建构产物。[②] 建构人们的地方认同,媒介发挥着重要作用。“电影、文学还有大众传媒依然是城市主义与城市景观的影像与理念的重要源泉。”[③]然而,媒介对现实从来不是镜子式的逼真映射,主观性的加工渗透其间。在这种情况下,个体对地方建构怎样的认同、如何建构认同,日益受到媒介的左右。

媒介与地方感、地方认同之间的关联已经有了较为充分的研究。本研究想探讨的是:县级融媒体中心对县域地方感的建构方面发挥了哪些作用?县级融媒体中心是否有助于建构居民对县域的认同?这种认同应该如何看待?如何命名?如何认知?

第三节　研究问题、方法和框架

一、研究问题

本研究通过前期调研,选取山东建设情况较好的昌乐县融媒体中心、威海市环翠区融媒体中心、桓台县融媒体中心、莒南县融媒体中心、兰陵县融媒体中心、历下区融媒体中心、临淄区融媒体中心、宁津县融媒体中心、蓬莱区融媒体中心、青州市融媒体中心、寿光市融媒体中心、滕州市融媒体中心、西海岸新区融媒体中心、张店区融媒体中心、章丘区融媒体中心、邹城市融媒体中心为主要调研对象,通过线上和线下调研相结合的方式,主要试图回答以下问题:

第一,县级融媒体中心在何种意义上可以被视为县域公共服务节点?县级融媒体中心能承担哪些县域公共服务功能?在承担县域公共服务功能方面,山东有哪些县级融媒体中心做法比较突出,有哪些值得借鉴的经验做法?

第二,县级融媒体中心在承担县域公共服务方面存在哪些问题?这些问题产生的原因是什么?应该如何解决这些问题?

第三,县级融媒体中心对县域地方认同能产生哪些影响?县级融媒体

① 莫利,罗宾斯.认同的空间——全球媒介、电子世界景观与文化边界[M].司艳,译.南京:南京大学出版社,2001:1.

② 卡斯特.认同的力量[M].夏铸九、黄丽玲等,译.北京:社会科学文献出版社,2003:4.

③ 史蒂文森.城市与城市文化[M].李东航,译.北京:北京大学出版社,2015:152.

中心如何通过其“引导群众、服务群众”功能，对县域群众的县域认同产生作用？

二、研究方法

本研究先收集各种资料进行比较观察及分类整理、总结，在逐步归纳和现场调研的基础上提出观点，得出结论，主要使用质化研究方法，包括文本分析、文献研究、现场调查和焦点小组访谈等。

（一）现场调查

笔者于2021年7月20日至8月1日，先后前往山东省淄博市临淄区融媒体中心和张店区融媒体中心、山东省德州市宁津县融媒体中心、山东省潍坊市寿光市融媒体中心、山东省威海市环翠区融媒体中心、山东省青岛市西海岸新区融媒体中心开展现场参观调查，并与当地宣传部门负责人、融媒体中心负责人、记者编辑等开展座谈会，收集相关材料。此外，笔者于2021年8月4日和8月5日，与山东省济宁市兰陵县、山东省济南市章丘区、山东省临沂市莒南县宣传部门负责人、融媒体中心负责人和记者编辑等开展线上座谈会，收集材料。

（二）文献研究

笔者收集了调研地点的相关材料，并借助中国知网收集并系统研读了前人研究县级融媒体中心的相关成果，凝练研究思路。

（三）文本分析

笔者对以上县级融媒体中心的手机App、微信公众号、抖音号、网站、电视台、报纸、广播台等的报道内容进行文本分析，尤以其特色栏目、新媒体产品等为主。

三、研究思路

本研究从网络节点的角度出发，将县级融媒体中心视为优化县域公共服务的枢纽。通过提供县域公共服务，县级融媒体中心能够凝聚县域用户，发挥新闻宣传效能。县级融媒体中心通过公共服务的连接和新闻报道的宣传，有助于建构居民对县域这一地方的小尺度的认同，进而推进县域在共同体方面的价值和意义。县级融媒体中心以县域为主要报道范围和传播地理空间，其与县域地方的关系是本报告的研究重点之一。

四、研究框架

本研究的研究框架如下：

"绪论",主要内容为研究背景和研究价值,研究综述和相关概念界定,研究思路、研究方法和研究框架。

第一章"县级融媒体中心的公共服务功能:现状、问题和原因",主要从现实的角度分析山东部分县级融媒体中心在承担公共服务方面的现状,存在的问题及原因。

第二章"融入网络:提升公共服务效能的举措",这一部分为对策部分,结合山东部分县级融媒体中心的先进做法,从网络和节点的角度出发,提出提升县级融媒体中心公共服务效能的对策。

第三章"县域小尺度地方认同的激发与营造",这一部分为理论提升部分,着重从地方认同的角度分析县级融媒体中心对县域小尺度地方认同的影响。

第四章"理论反思:联结——作为媒介的一种功能",主要借助县级融媒体中心对媒介的概念进行思考。

"结语",进行最后的总结概述。

五、相关概念界定

本研究主要涉及两个核心概念:"公共服务"和"县域"。

(一)公共服务

21世纪初,"公共服务"这一理念逐步进入我国的政治与公共生活当中。2003年10月召开的党的第十六届三中全会首次明确提出,完善政府社会管理和公共服务职能,为全面建设小康社会提供强有力的体制保障。[①] 党的十六届三中全会审议通过的《中共中央关于完善社会主义市场经济体制若干问题的决定》预示着我国政府的行政理念从"管理型"政府向"服务型"政府的重大转变,提供公共服务成为政府主要职能之一。

那么,究竟什么是公共服务?公共服务包括哪些内容和门类?公共服务如何提供?由谁提供?自服务型政府理念提出以来,这些问题引发政治学、行政学领域学者的普遍关注,学者们从不同视角对公共服务的内涵、外延等进行界定。

刘旭涛认为,"所谓公共服务,广义上可以理解为不宜由市场提供的所有公共产品,如国防、教育、法律等,狭义上一般指由政府直接出资兴建或直接提供的基础设施和公用事业,如城市公用基础设施、道路、电讯、邮政

① 中共中央文献研究室编.十六大以来重要文献选编(上)[M].北京:中央文献出版社,2005:465.

等”①。有学者从基本内容的角度进行划分，将公共服务分为以下十类：公共安全、公共教育、医疗卫生、社会保障、基础设施、公共交通、环境保护、公共信息、文体休闲、科学技术。②

综合学者观点，公共服务具有以下特征：一是非排他性，强调公共服务的对象是全体公民或法人；二是公用性，强调公共服务以满足社会或社会某一类群体的共同需要，而不是针对某个人专门提供；三是非营利性，强调公共服务是免费提供，服务接受者不需要服务提供者付出货币报偿。即便是需要提供货币报偿，其盈利也应收归公有，或仅用于维持公共服务活动的日常运转，如水、电、燃气等。

公共服务的提供者主要包括以下三类：首先是公共部门，即通常所说的政府。政府部门是公共服务主要的、最终的提供者。政府部门掌握公共权力，收取赋税，具备强大的行政力量，且部分公共服务的事项由于投资大、风险高、收益难，往往很难由市场提供。其次是市场部门，即通常所说的企业。企业提供公共服务，主要有两种形式：一是政府以购买服务的方式向民营企业购买相应服务，二是公办企业直接向民众提供服务事项。市场部门提供公共服务有助于减轻政府财政压力，引入竞争机制以提升公共服务水平。最后是第三部门，即通常所谓的“非政府组织”。它是独立于政府体系之外、又不同于企业组织的社会组织，如各类协会、基金会、事业法人等。

县（区/市）是我国基层治理单位，县（区/市）政府部门是县域公共服务的主要提供者。县级政府应承担哪些公共职能？这些职能在何种意义上可以发挥县级融媒体中心的作用？根据《中华人民共和国宪法》第 107 条：“县级以上地方各级人民政府依照法律规定的权限，管理本行政区域内的经济、教育、科学、文化、卫生、体育事业、城乡建设事业和财政、民政、公安、民族事务、司法行政、监察、计划生育等行政工作，发布决定和命令，任免、培训、考核和奖惩行政工作人员。”《宪法》对县级人民政府的公共服务事项只进行了笼统界定。《中华人民共和国地方各级人民代表大会和地方各级人民政府组织法》第四章第 59 条对县级以上的地方各级人民政府的职权进行了规定，内容如下：“执行国民经济和社会发展计划、预算，管理本行政区域内的经济、教育、科学、文化、卫生、体育事业、环境和资源保护、城乡建设事业和财政、民政、公安、民族事务、司法行政、监察、计划生育等行政工作。”

---

① 刘旭涛.行政改革新理论：公共服务市场化[J].中国改革，1999(3)：9-11.

② 赵曼丽.我国县域农村公共服务协同供给研究——以共生理论为分析框架[D].华中师范大学博士学位论文，2013：13.

县级人民政府在公共服务方面与上级政府职责雷同、内容重叠，其主要区别在于管辖范围和权限大小不同。根据相关法律文件及学者们对公共服务的研究成果，本研究认为，县级融媒体中心参与县级公共服务供给、发挥县级公共服务枢纽功能上主要存在以下几个方面：信息发布、民意收集、在线办事和内容提供。

(二)县域

县域和县级是本研究的两个重要概念。县级，强调行政级别，是我国一级行政单位，主要包括县、区和不设区的市，尽管“县”“区”“市”等不同称谓的同一级别政府间的行政权限存在一定区别。“县域”是近些年比较热门的一个词汇，多出现在经济领域，如县域经济“是和城市经济相对应，指的是以具有独立规划和财政职能的行政县(包括县级市、旗等)为地理空间，以市场为导向，以县级政权为调控主体优化配置资源，功能完备并具有地域特色的区域经济系统”①。因此，“县域”通常意指非城市中心地带的县级行政单位，且多以县和不设区的市为主要指称对象。中国社会科学院财经战略研究院县域经济课题组的《中国县域经济发展报告》，在国内经济界影响力巨大。其上榜名单均为某某县或某某市。如山东省青岛市即墨区(原即墨市)撤市划区后，不再进入百强县榜单，而是列入“新城区”榜单。

本研究以县级融媒体中心为研究对象，所称的“县域”与经济学意义上的“县域”略有不同。县级融媒体中心建设是一项全国范围的改革措施，由中央负责顶层设计和统一协调推动。县级融媒体中心是一种新型的传媒单位，它是在县一级成立的一个宣传机构，将县原有的广播电视台、县党报、县属网站等媒体单位全部纳入，整合成为县级党委和政府的一个宣传单位，负责全县所有信息发布服务。

县级融媒体中心设立于县一级的行政单位，中心城区的“某某区”同样开设融媒体中心。因此，本研究中的“县域”与经济领域的“县域”不尽相同，指县一级行政区划内，由县(包括区、县级市)等政府部门提供公共服务覆盖的范围。同时，从本研究的研究视角出发，更侧重于将县域看作一个“地方”。“地方”不仅指一定的地理空间，更强调地方认同、地方情感、恋地情结等意义。

---

① 邢志广.中国县域经济发展模式研究[D].哈尔滨工程大学博士学位论文，2007:47.

第一章　县级融媒体中心的公共服务功能：现状、问题和原因

目前，山东省136个县区市已全部建设完成县级融媒体中心。在平台配置上一般包括电视台、广播台、微信公众号、抖音号和手机客户端，寿光、西海岸新区、滕州还拥有县级报纸。技术服务上，大都使用山东广电信通公司搭建的“闪电云”平台。

第一节　承载县域公共服务现状

县级融媒体中心承担的县域公共服务功能主要有民生服务、文化服务、教育服务和其他服务。从现实情况来看，山东部分县级融媒体中心在承担公共服务方面做得较好。例如，邹城市融媒体中心在其手机客户端上开设专栏“提升公共服务　增进民生福祉”，将公共服务方面的新闻作为专题版块进行报道，取得了良好效果。

一、民生服务

民生服务指的是与普通民众生活和生产活动密切相关，主要由政府通过财政支出提供的各类公共服务。有研究者将民生服务总结为：第一，生产性基础设施（包括道路、水利、节水灌溉、市场设施等）；第二，生活性基础设施（包括照明、饮水、排污、燃料、环境治理等）；第三，教育与培训；第四，社会保障（包括低保、养老与医疗卫生）等方面；第五，其他民生服务。[①]

县级融媒体中心无法直接提供道路、水利、灌溉等生产性基础设施，也

① 童伟.基于农民需求的农村民生服务问题研究[J].中央财经大学学报，2009(10)：79-84.

无力提供照明、饮水、排污、环境治理等生活性基础设施。同时,对于社会保障相关服务,县级融媒体中心也无法直接承担。那么,县级融媒体中心如何参与县域民生服务呢?笔者认为,县级融媒体中心参与县域民生服务主要有以下四种方式:

第一,以扩散民生信息的方式参与县域民生服务。例如,政府有关部门提供的民生类利好政策往往由于民众知晓率低影响政策的真正落地。而县级融媒体中心可以通过对相关政策信息的有效传播,帮助这些政策真正惠及县域民众。例如,青岛市市南区融媒体中心前身之一——《市南社区报》"八大关新闻"版块[①]曾刊发《500 元求职创业补贴别忘申领》一稿,提醒大中专毕业生于 7 月 1 日至 11 月 30 日期间到街道人社服务中心办申领手续,领取每人 500 元的一次性求职创业补贴。[②] 当天下午就有 20 多人到人社服务中心领取补贴,工作人员询问后他们的回答都是:"看了《社区报》。"八大关街道人力资源和社会保障中心副主任蒋欣表示:"他们之前尝试过多种宣传方式,比如贴宣传通知,在各个大网站、报纸刊登信息,但是每天前来认领的人数都维持在三至五个人,在社区报上登了一篇文章后,效果立显,人数激增多倍。"[③]八大关街道工作人员张锴同样感受到《社区报》对于社区信息宣传的作用:"以前我们发个通知、政策什么的,都是直接贴在宣传栏和楼道里,而自从有了社区报,帮了很多忙,很多政策信息第一时间宣传出去,比我们挨个贴楼道效果要好。"[④]

发布民生类政策信息已经成为县级融媒体中心的常见做法。例如市南区融媒体中心前身《市南社区报》"江苏路新闻"在"社区公告"专栏发布的《产前筛查高危孕妇可享免费检测》[⑤],"八大关新闻"刊发的《下周六,狂犬疫苗免费打》[⑥],"八大关新闻"刊发的《免费白内障手术开始报名了》[⑦]、"敦化路新闻"刊发的《失业人员可享这些免费技能培训》[⑧]等。这些事关本街道的政策信息与居民息息相关,居民通过《社区报》了解到相关的政策并充分享受

---

① 原为市南区各街道和青岛半岛都市报社合作创办的社区报。后在运营过程中市南区将所有社区报整合为《市南社区报》。市南区融媒体成立后将其纳入融媒体中心的媒体矩阵。

② 战舒涵.500 元求职创业补贴别忘申领[N].半岛都市报,2016-7-8(QJ1).

③ 高晓飞.看完社区报,排队来领钱[N].半岛都市报,2016-7-29(QJ1).

④ 高晓飞.你若不离不弃　我必倍加努力[N].半岛都市报,2016-5-13(QJ04-QJ05).

⑤ 邓慧秀.产前筛查高危孕妇可享免费检测[N].半岛都市报,2017-9-28(QF04).

⑥ 高晓飞.下周六,狂犬疫苗免费打[N].半岛都市报,2016-8-12(QJ01).

⑦ 高晓飞.免费白内障手术开始报名了[N].半岛都市报,2016-7-15(QJ01).

⑧ 张海玉.失业人员可享这些免费技能培训[N].半岛都市报,2016-5-17(QD03).

相应的民生服务。《八大关新闻》读者任鸿云表示:“现在报纸有很多预告类的宣传,比如政策,比如体检通知什么的,我们都是通过报纸知道的,很及时,我觉得是不是社区活动的预告类的信息也可以多刊登一些,让生活在社区的我们多了解一下,有时间可以多参与。”①

县级融媒体中心统筹成立后,发布类似信息成为其手机 App、微信公众号等常见做法。例如,临淄区融媒体中心手机 App“临淄云”设有“齐·发布”栏目,用于相关通知公告的发布。2021 年 12 月 6 日“临淄云”发布《第十八届齐文化节暨第十二届齐文化博览会开幕公告》,公告称“第十八届齐文化节暨第十二届齐文化博览会将于 12 月 10 日上午 9:00 正式开幕,节会持续时间一周,届时各展馆将保持开放免费参观。”②“临淄云”同时对文化节相关活动进行了介绍。昌乐县融媒体中心手机 App“爱昌乐”于 2020 年 8 月 13 日发布《昌乐县图书馆 8 月 12 日起恢复在馆阅览服务》:“为进一步满足广大读者阅读需求,同时最大限度降低风险,确保读者身体健康和安全,自 2020 年 8 月 12 日起,昌乐县图书馆将在继续执行严格防控措施的前提下,进一步扩大开放范围。”③

第二,开设民生服务端口,拓展民生类服务线上办理渠道。例如,临淄区融媒体中心手机 App“临淄云”开设“齐·办事”栏目,将住房公积金查询、消费维权等事项接入“临淄云”App,群众可以在此办理相关业务。在住房公积金查询版块,用户通过人脸认证或密码登录的方式就可以查询个人公积金有关信息。昌乐县融媒体中心手机 App“爱昌乐”设“服务”版块,内有违章查询、水电费缴纳、出入境办理进度查询、社保查询、住房公积金等服务内容。

第三,通过县级融媒体中心的媒体监督和舆论引导,实现民生工程、民生项目、民生服务等的提升。例如,桓台县融媒体中心的手机 App“i 桓台”,开设“爱桓台 惠民生——办实事群众评”栏目。该栏目聚焦民生冷暖,通过新闻报道等方式推动有关民生事项的提升解决。该栏目还关注供暖、自来水、住院医疗、消费维权等事项,通过新闻报道促进民生改善。又如,临淄区融媒体中心手机 App“临淄云”开设“政风行风热线追踪”栏目,通过新闻媒体的持续跟踪报道,解决民生难题。2021 年 12 月 2 日,发布“辛店街道追踪”。这一期栏目中,有群众在直播现场连线反映楼道灯泡不亮、公共电费

① 高晓飞.读者来座谈,贡献“金点子”[N].半岛都市报,2016-5-13(QJ07).

② 李栋.第十八届齐文化节暨第十二届齐文化博览会开幕公告.临淄云,2021-12-06.

③ 左恒娟,秦臻.昌乐县图书馆 8 月 12 日起恢复在馆阅览服务.爱昌乐,2020-08-13.

无人收等问题,还有群众反映居民楼门禁系统等问题。2021 年 10 月 27 日,有群众通过该栏目反映,村庄常住人口 2000 多人却没有快递柜,希望有关部门协调安装快递柜。快递柜、楼道电梯、小区门禁等看似小事,但一旦涉及民生就应该用“民生无小事”的态度来应对解决。县级融媒体中心开设的此类栏目,对于解决民生诉求能发挥积极作用。

第四,直接提供部分民生类服务,如教育培训等。在这方面比较突出的是寿光市融媒体中心。寿光是中国著名的蔬菜之乡,有大量农民从事蔬菜种植,对蔬菜种植技术需求较高。寿光市融媒体中心制作了大量蔬菜种植技术的相关视频、文章等,面向寿光当地乃至全国菜农免费发布。“寿光云”App 于 2021 年 12 月 7 日在“我的大学”版块发布有关“天气变化下温室大棚管理”的视频,视频中寿光融媒体中心邀请一位农业方面的专家,针对相关内容进行讲解。

二、文化服务

公共文化服务是指由公共部门或准公共部门共同生产和提供的,以保障公众的基本文化权利和提升文化软实力为宗旨,既要为公众提供基本的精神文化享受,也要维持社会生存发展所必需的文化环境与条件的公共产品和服务的行为。[①] 要讨论县级融媒体中心在县域公共文化服务中的地位和功能,首先要思考整个公共文化服务体系的构成要素,就是说在县域公共文化服务体系中有哪些参与者,他们是如何参与的,县级融媒体中心可以以哪种身份参与县域公共文化服务,等等。

根据学者们的研究,公共文化服务体系的参与者可以分为资助者、生产者、消费者和中介者四类。资助者,即为公共文化服务提供资金支撑,以保障公共文化服务产品的持续供给。对于县域来说,县级人民政府是公共文化服务的资助者,他们将财政收入投入到各项公共文化服务事业中。投入的对象包括物质的对象、精神的对象和劳务的对象。物质的对象如投资修建图书馆、文化馆等场所,置办桌椅板凳等设施,投资购买图书、报刊、电子设备等。精神的对象强调投资购买相应的服务以及相应的劳务。例如,一些地方的图书馆会购买一些电子图书、期刊数据库、影像资料等,供群众免费使用。由于这些产品大多是收费的,这些投资可以有效减少人民群众的支出,保障人民群众免费享受这些文化产品。劳务的对象是指为文化场所工作人员(如图书馆管理员等)支付工资。

① 孔进.公共文化服务供给:政府的作用[D].山东大学博士学位论文,2020:18.

生产者即直接提供公共文化产品的人或机构。例如各级广播电视台、各级报纸、各级出版社、各级期刊社等，它们是文化产品的直接生产者。它们提供的大量产品是收费的，因而不能称为公共文化产品。但是，一旦被政府部门（资助者）介入，这些生产者就具备了公共文化产品生产者的性质。例如，过去曾经有政府给订阅报纸的居民提供订报补贴。假如订阅一份报纸的价格为300元，政府补贴150元，居民只需花费150元即可享受一份报纸的全年阅读。通过这种资助和补贴，这份报纸就具备了公共文化产品的性质。又如，一些县区或街道政府以购买服务的方式邀约媒体生产社区报，免费向居民发放。这些社区报的生产者，即各大报社，就成为公共文化产品的生产者和公共文化服务的提供者。

消费者即公共文化服务产品的最终消费者，即普通公民。中介者负责连接公共文化产品生产者和消费者。当部分公共文化产品生产之后无法直接通过生产者传递给消费者时，就需要特定中介平台（中介者）发挥作用。

在公共文化产品提供过程当中，县级融媒体中心既可以承担生产者又可以承担中介者的角色。就第一个方面来说，县级融媒体中心是一家媒体，功能定位是服务群众、引导群众，它是县域新闻信息的提供者。其生产的内容可以成为县域群众享有的公共文化产品的一部分。尤其是其中一些有关地方人文历史、风土文化的内容，具有较强的文化公共服务特性。例如蓬莱区的“仙境蓬莱”App，内有大量有关蓬莱历史名人、文化典故的内容。其中的“蓬莱名人”栏目，先后发过于学忠、孙丹林、戚继光等名人典故。“蓬莱文化历史上的十大第一”专栏，将中国第一所聋哑学校、第一所女子学校、最早的水军基地等“中国第一”向用户展现。这些内容有助于增进辖区群众对蓬莱历史文化的了解，同时也成为居民休闲娱乐、增加知识的有益的文化产品。

就第二个方面来说，县级融媒体中心又是一个“中介”，可以成为连接公共文化生产者和县域群众的桥梁。这里的中介，意味着其他公共文化产品生产者可以以县级融媒体中心为出口，县级融媒体中心的媒介平台充当文化生产者和文化消费者的中介。

三、教育服务

县级融媒体中心并非严格意义上的教育机构，其承担县域教育公共服务功能主要有两种方式：一是发布各类与学前教育、基础教育等相关的政策信息，二是自主开展相关公共培训活动。

(一)教育信息发布

教育事关千家万户,教育新闻是非常重要的本地新闻门类。在地方都市报、地方电视台等地方传统媒体中,教育新闻一直是重中之重。入学政策,中考、高考资讯等成为重要的新闻报道对象。以高考为例,每年高考前后,各媒体的教育频道、教育专栏,从备考应试到考试现场再到成绩公布、志愿填报,花费大量人力物力进行报道和解读。其这么做的原因在于这些内容事关千千万万考生及其背后的家庭、父母,这些内容天然具备较强的新闻价值和较大的阅读吸引力。

教育新闻也是各县级融媒体中心重点关注的内容。以"爱昌乐"为例,2021 年高考前后,在"爱昌乐"App 搜索栏搜索关键词"高考",从 4 月 19 日山东公布夏季高考时间,到 7 月 13 日山东考生收到第一份高考录取通知书,这段时间内共发布 42 篇标题中含有"高考"的新闻报道。

除了直接发布新闻报道,很多县级融媒体中心都开设"问政"版块,教育相关话题如中小学分片、入学政策等,也是网民关心的话题,很多网友通过县级融媒体中心的手机 App 向有关部门进行提问。例如,在"爱昌乐"的问政版块,2022 年 1 月 24 日有网友反映:"私立育才幼儿园因疫情提前放假,响应国家号召,可是不能让我们老百姓自己掏腰包吧?不是因为我们个人原因不去的,学费能不能退给我们?"县教育和体育局回复:"网民朋友,您好!根据相关规定:幼儿入园后退(转)园以及因故不能正常入园的,保教费、住宿费按月计退,伙食费按剩余天数计退。根据上级主管部门关于 2 月开学的通知,该园为照顾 1 月、2 月出勤的幼儿,适当顺延部分保教费,具体退费事宜请与幼儿园联系。"

1 月 22 日有网友反映:"及第中学为什么要上网课?"有关部门回应称:"经调查,因疫情形势异常严峻,及第中学要求学生非必要不外出,尽量居家活动。为了让学生在假期中既能调节休息,又不耽误学业,根据上级寒假线上育人指导方案,学校严格落实'双减'要求,适当布置活动类、实践类、探究类寒假作业,引导学生动脑动手,培养学生创新能力,在寒假期间,教师定时对有需求的学生进行线上答疑解惑,学生完全是自主自愿,未做统一硬性要求;若学生不愿意参与线上质疑,可以自主安排。"

1 月 23 日有网友反映:"校园内教室、宿舍都有蟑螂,能不能趁假期,全面消毒、灭杀?"昌乐一中回应:"感谢您提出的宝贵意见,收到通知后,学校马上进行了调查了解,并不存在您说的到处是蟑螂的情况。可能个别宿舍因为学生卫生问题,导致有小虫子出现,这方面学校高度重视,一是一直在教育引导学生一定要注意自身卫生,要打扫好宿舍卫生,保持良好的生活环境，二是学校层面每个假期都会聘请专业团队进行全面消杀，学期中进行重点消杀，全力以赴保障师生的安全健康。接下来，学校将进一步加大力度，引导学生做好卫生工作，同时建立更好更畅通的机制和反馈渠道，让全体师生在发现问题后都能够第一时间反映问题到负责部门，力争高效率第一时间解决问题。再次感谢你对学校工作的支持和关注，如有其他问题，欢迎您随时拨打学校电话。”

总之，发布教育相关新闻和对县域居民有关教育的问题进行回复，是县级融媒体中心承担教育公共服务职能的重要方式。

（二）开办公益培训

开办公益性培训也是县级融媒体中心开展教育公共服务的重要方式。在这个方面，寿光市融媒体中心的做法具有借鉴意义。

寿光是中国蔬菜之乡，全市有 8 万多户蔬菜种植户、近 20 万菜农，寿光融媒体中心积极对接菜农需求，利用自身的融媒体矩阵开展技术服务。

寿光融媒体中心电视台的蔬菜频道是全国首家县级蔬菜专业频道，开办了《乡村》《田园采风》《田保姆直播间》《乡村大讲堂》等对农技术服务栏目，每年播出 650 多期。组建了由 40 多名蔬菜专家和 300 多名农业技术人员组成的农业技术顾问团、乡村农技专家团、三农联络站站长、品质蔬菜推广研究员四支队伍，每年组织专家下乡、专家进棚指导上百次，为菜农解决各类技术难题。“农资 315 晚会”“百村行”等涉农线下活动，则能够把技术和服务送到菜农家门口。

2020 年上半年，在防控新冠肺炎疫情期间，寿光融媒体中心与寿光农业农村局联合成立“抗击新冠肺炎　抓好蔬菜生产”线上技术服务领导小组和技术服务团队，以各镇（街、区）、各村微信群为基础，建立了“千村千群”微信群矩阵，制作了 200 多个蔬菜技术短视频，内容涉及肥水管理、病虫害防控等环节，专家讲解配合字幕、画面、图片，覆盖人群 20 多万人，为菜农解决技术难题 3000 多个。[①]

寿光市融媒体中心开展的蔬菜种植技术培训系列活动独辟蹊径，成为县级融媒体中心因地制宜开展公共文化服务的重要样板。同时，由于寿光自身农业生产方面的特殊性，寿光市融媒体中心的这一先进做法的可推广性和可复制性有待进一步检验。但是，县级融媒体中心作为拥有一批高素质新闻采编人员的机构，发挥自身优势面对县域群众开展相应的公共文化服务值得探索。

① 内容来自寿光市融媒体中心。

四、其他服务

除了民生、教育和文化服务外，县级融媒体中心涉及的公共服务事项还有以下几个方面：

第一，开展志愿服务。尽管志愿服务不属于传统意义上的公共服务范畴，但是很多志愿服务项目确实具有很强的公共性和服务性。在县级融媒体中心和新时代文明实践中心两中心协同建设的局面下，很多县级融媒体中心的手机客户端上开设了文明实践版块，用于开展志愿活动等文明实践项目。例如，环翠区融媒体中心的手机App“最威海 是环翠”在首页开设“文明实践”版块，接入环翠区新时代文明实践中心。根据文明实践版块显示，目前登记志愿者76927人、志愿团队637个、活动时长156万余小时。济南历下区融媒体中心在手机客户端和有线电视互动平台开通文明实践中心版块，居民通过手机或电视可随时了解历下区新时代文明实践中心建设情况，预约参与社区文明实践活动。蓬莱区融媒体中心依托融媒体中心App，统筹推进新时代文明实践中心建设，打造文明实践信息互通共享平台，每周定期开展新时代文明实践直播日活动。临淄区融媒体中心实现新时代文明实践活动指挥调度功能：“群众点单，志愿云派单，实践站组织实施，融媒体直播推广”。2021年，“临淄云”App直播各类文明实践服务、便民服务、志愿服务108场，临淄电台直播126场。①

第二，举办大型活动。举办演出、晚会、展会、节会等大型活动也是县级融媒体中心承担公共服务的重要方式，许多节会、晚会等有很强的公共服务属性。比较典型的是威海环翠区融媒体中心。环翠区融媒体中心先后开创了以“半月湾国际沙滩音乐节”为代表的的户外大型综艺活动、以“百姓春晚”为代表的剧场类大型综艺晚会、以“厚德环翠颁奖典礼”为代表的室内颁奖活动、以“社区文化节”为代表的系列基层文艺活动、以“星垂石窝”轻户外运动小镇系列活动为代表的产业推广活动。滕州市融媒体中心也开办了“2022少儿春晚”等大型活动。这些活动兼具公共服务性和商业性，除了满足人民群众的文化休闲需求外，也能为融媒体中心带来一定收入。②

第三，相关医疗服务。滕州市融媒体中心手机客户端“上善传媒”开设“善国善医”版块，包含医院动态、科普论坛等数个分栏目。其中，科普论坛版块开设《健康有道》栏目，邀请知名医疗专家开展医学科普活动。例如，

① 内容来自环翠区融媒体中心、临淄区融媒体中心。

② 内容来自环翠区融媒体中心、滕州市融媒体中心。

2021 年 12 月 6 日，当地人民医院妇科王大夫介绍了有关宫颈疾病的防治知识；12 月 13 日，当地人民医院胃肠外科张大夫围绕胃疼等症状对肠胃疾病预防进行了讲解。

第四，人才服务。当前城市之间的竞争在很大程度上是人才的竞争。因此，各地都出台各种政策吸引人才流入，前几年抢人大战如火如荼。开展相应的人才服务也成为县级融媒体中心的着力点。县级融媒体中心开展人才服务的主要方式是通过新闻报道对当地人才政策、人才项目等进行推广介绍，对当地人才招聘活动进行宣传报道等。这方面许多县级融媒体中心开展了大量报道。

第五，商务服务。商务服务的公共属性主要体现在：县级融媒体中心利用自身的宣传影响力和媒介平台对地方农特产品进行推广，促进农民增收。例如，莒南县融媒体中心建设融媒体电商平台“开元欢乐购”，专门为电商平台量身设计了“莒小生”和“南莓莓”动画形象，分别寓意着莒南是中国的“花生之乡”和全国著名的“草莓之乡”。“开元欢乐购”实现“一键下单、快速配送”，满足新时代用户便利化、个性化、品质化的消费需求。莒南县融媒体中心还先后推出了洙边绿茶节、坪上镇大樱桃、十字路街道奇异果、金胜好粮油等直播专场，掀起了一场场爱心助农团购活动。这些活动助力本地商户和农民的产品销售，在商业的基础上发挥了公共服务的属性。[①]

滕州市融媒体中心动员受观众（听众）喜爱的“网红”播音员和节目主持人走出播音间，分成若干个“电商服务队”推出系列“直播带货”活动，帮助企业打开产品销路。2020 年以来，滕州市融媒体中心相继举办了 50 多场农副产品和名优商品“直播带货”，有 60 余家企业（商户、种植户）的近百种产品“亮相”。滕州市融媒体中心举办的滕州市房地产交易大会有 12 家房地产品牌企业、20 多个精品楼盘报名，20 余家金融、家居、建材、电动车行业的知名商户参与。前来咨询、选购心仪楼盘和各种商品的市民达到 3 万人次。[②] 在新冠肺炎疫情给宏观经济带来影响持续深入的背景下，县级融媒体中心利用自身的舆论影响力助力本地企业复工复产。

第六，其他便民服务。临淄区融媒体中心将“临淄云”App 接入 81890 民生热线平台，帮助群众解决生活中遇到的问题和难题。平台 100 余家加盟企业可提供家政服务、搬家服务等 22 类 570 余项便民服务项目。热线平台针对群众每个便民服务诉求都进行回访，询问加盟企业服务态度、服务质

① 内容来自莒南县融媒体中心。
② 内容来自滕州市融媒体中心。

量、是否按市场价格收费等情况。一次不满意，七天不予派单；两次不满意，一个月不予派单；三次不满意，直接从热线平台剔除，并通过“临淄云”App、微信公众号等媒体发布。目前，便民服务类回访满意度达100%。①

环翠区融媒体中心开发了“智慧社区”模块，以社区居民互动交流平台为基础，实现线上互动、线下服务相结合，提供了社区公共服务及公共资源展示、办事指引、社区信息推送等多种功能，提升社区管理服务效能。②

昌乐县融媒体中心的“爱昌乐”移动客户端生活服务版块，既可以作为市民的电子交费窗口，又可以作为企事业单位的收费窗口，一期纳入电费、暖气费收缴，智能公交，电话黄页等本地18项服务；二期将添加燃气费缴纳等服务。目前，上线项目不断增多，系统也在不断优化。③

第二节　县级融媒体中心公共服务方面存在的问题及原因

调研发现，山东各县级融媒体中心在参与县域公共服务方面呈现参差不齐的状态，前文所述的都是较为成功的典型案例。然而，放眼整个山东，还有一些县级融媒体中心在承担公共服务方面做得较差。这背后既有融媒体自身建设方面的原因，也有体制机制、观念认知方面的原因。

一、存在的问题

(一)承担事项较少

尽管山东省县级融媒体中心已经实现“一县一端”，但除个别较为领先的县级融媒体中心以外，总体在开展公共服务方面承担事项较少。鲜有融媒体中心能够真正称得上“县域公共服务枢纽”。也就是说，尽管“引导群众、服务群众”是中央对县级融媒体中心的功能定位，但是大部分县级融媒体中心更多地将着力点放在“引导群众”方面，服务群众方面认识不足、着力不多。

以青岛市城阳区融媒体中心手机客户端“爱城阳”为例。爱城阳首页上的“便民”版块共有17个部分，分别是页面顶端的“政务网”“灯塔在线”和“阳光房”，“出行住宿”版块的“高速路况”“打车”“公交”“汽车票”“火车票”和

① 内容来自临淄区融媒体中心。
② 内容来自环翠区融媒体中心。
③ 内容来自昌乐县融媒体中心。

“酒店住宿”,“生活服务”版块的“身边”“查违章”“证件办理”“房地产”“滴滴红包”“顺丰”“大剧院”和“二手房”。其中“政务网”和“灯塔在线”,是直接链接到城阳区政务网网站和灯塔党建网站。“阳光房”是人民视频和城阳融媒合作的“央地融合信息服务平台”,具备一定的公共服务属性。而其他的版块大都是直接链接到第三方服务平台如携程、顺丰、滴滴出行等。整个客户端承担的公共服务事项极少。

青岛市李沧区融媒体中心手机客户端“家在李沧”有“服务”版块。这一版块共有外卖、滴滴打车、快递查询、火车票、飞机票、百度出行、天气预报、PM2.5 查询和百度地图等几个选项。这些选项几乎全部都是接入第三方商业服务。这些从根本上说属于商务服务的范畴,县域公共服务没有在李沧区融媒体中心获得应有的体现。

（二）服务效果一般

县级融媒体中心要提升公共服务效果,除了本身应尽可能多地承担相应公共服务外,融媒体中心各平台的传播力、影响力也是重要影响因素。承担公共服务职能的服务效果,强调其服务事项能够得到群众认可、获得群众使用、在群众中形成一定影响力,能够满足群众的日常公共服务需求。从现实情况来看,县级融媒体中心承担公共服务职能的效果一般。

服务效果不好的一个重要表现是相关内容的传播效果一般。例如,“上善传媒”关于滕州市“春风行动”招聘会的报道,在客户端前台显示仅有 10 人点赞、无人留言。尽管客户端未直接显示这条报道的最终阅读量,但点赞和评论的情况可以在一定程度反映出其传播效果。

除此以外,还有部分融媒体中心手机客户端的相关公共服务版块是无效链接。这些都成为限制性因素,影响了县级融媒体中心公共服务功能的发挥。

（三）融合程度有待加强

县域公共服务事项繁杂、业务众多,除个别公共服务事项外,大部分公共服务县级融媒体中心无法独立提供,而是需要各县级有关部门提供。对于这些公共服务事项来说,县级融媒体中心只能成为一个链接的端口,起到中介和桥梁的作用。这就需要县级融媒体中心和县级各部门密切合作、有效连通。这种连通包括数据上的共享、业务上的共通等等。

然而,在调研中有县级融媒体中心工作人员反映,有些公共服务部门缺乏与县级融媒体中心进行沟通合作的动机。这在一定程度上限制了县级融媒体中心作为县域公共服务枢纽功能的发挥。在大数据时代,各地纷纷成立的“大数据局”成为政府部门开展公共服务和社会治理的重要机构。如果县级融媒体中心要有效开展公共服务，那么和大数据局之间的打通尤为重要。从实际情况来看，县级融媒体中心能否有效发挥公共服务功能，与县级领导的重视程度密切相关。调研中，有工作人员表示，县级融媒体中心是“一把手工程”，县委书记重视则做得好、不重视则做不好。对于其公共服务功能来说同样如此。

二、问题产生的原因

县级融媒体中心是中央政策的产物，并非地方自身直接需求的产物。换句话说，是“从天上掉下来”，而不是“从地里长出来”。中央政策如何落脚到地方，县级融媒体在执行的时候是当成一个上级任务“给领导看”，还是当成一个实事项目“给百姓用”，这是思想认识上的重要区别。从现实情况来看，个别地方的县级融媒体中心只重“面子”不重“里子”、只“搭架子”不看效果。出现硬件充足但设备大量闲置、平台众多但传播效果平平、人员不少但工作表现松散等诸多问题。这些问题影响了县级融媒体中心“引导群众、服务群众”功能的发挥，也限制了其公共服务枢纽作用的实现。

(一)自身建设方面：传播力有限、影响力不足

县级融媒体中心要想发挥县域公共服务枢纽的功能，自身的建设至关重要。尽管已推行数年有余，但相对于其他县级机关来说，县级融媒体中心依然是一个新生事物。县级融媒体中心应该怎样建设运行？这个问题依然处于不断摸索当中。

调研发现，山东大量县级融媒体中心传播力有限、影响力一般。在这种情况下，县级融媒体中心很难成为连接县域群众的重要节点。对于县级融媒体中心自身提供的公共服务来说，这一现状难以吸引用户享受这些公共服务事项。对于其他公共服务事项来说，县级融媒体中心难以发挥连接、中介的作用。传播力不足、影响力有限，这一问题在很多县级融媒体中心存在。可以说，这成为县级融媒体中心的通病。

新闻客户端的下载量、注册量等是县级融媒体中心影响力的重要依托。研究者统计了山东16个地市核心城区的县级融媒体中心新闻客户端在华为应用市场、小米应用商店下载量[①]，数据如表1-1所示。

① 统计时间：2022年1月。

表 1-1　县级融媒体中心新闻客户端下载统计　(单位:次)

城市	区县	客户端名称	华为应用市场下载量	小米应用商店下载量
济南	市中区	品质市中	2 万	未上传
青岛	市南区	时尚市南	1 万	未上传
淄博	张店区	爱张店	未上传	未上传
枣庄	市中区	美丽市中	未上传	未上传
东营	东营区	知东营	小于 1 万	未上传
烟台	芝罘区	看芝罘	1 万	未上传
潍坊	潍城区	爱潍城	小于 1 万	未上传
济宁	任城区	任城融媒	未上传	3.8 万
泰安	泰山区	掌上泰山区	小于 1 万	3248 次
威海	环翠区	最威海 是环翠	未上传	1.5 万
日照	东港区	在东港	未上传	未上传
滨州	滨城区	滨城融媒	3 万	未上传
德州	德城区	智慧德城	未上传	未上传
聊城	东昌府区	智慧东昌府	未上传	未上传
临沂	兰山区	兰山融媒	未上传	未上传
菏泽	牡丹区	牡丹融媒	未上传	未上传

从统计数据来看,大量县级融媒体中心的手机客户端下载量较低,多在 1 万次左右。尽管手机应用市场并非县级融媒体中心手机客户端下载的唯一来源,但也能在一定程度上体现客户端的影响力情况。除去下载后卸载、下载后长期不打开以及多次下载的用户,以上县级融媒体中心新闻客户端的日活跃用户和月活跃用户数量可想而知。如此小的基数下,即便客户端生产了大量精品内容,其传播力、影响力也极为有限。相对来说,省内部分县级融媒体中心的手机客户端下载量较大,例如“寿光云”在小米应用市场下载量为 16 万次,在华为应用市场下载量为 78 万次。在调研过程中,寿光市融媒体中心介绍,“寿光云”注册人数已达 30 万次,其整个媒体矩阵的粉丝数已达 650 余万。桓台县融媒体中心的“i 桓台”手机客户端,注册用户已超过 12 万人,占常住人口的 25%,最高月活跃度达 5 万余人。

客户端显示的阅读数据也印证了这一点。部分公布阅读数据的县级融媒体中心手机客户端上,阅读数据较少。以青岛市崂山区融媒体中心手机App“崂山融媒”①为例,2022年1月16日15:00,其首页排在前面的几条内容分别是“崂山区:开展预防接种门诊建设管理专项督查”“张立刚:弘扬劳模精神和工匠精神”“崂山区:助力冬奥　开展版权工作专项检查”“保护城市绿肺　崂山区开展山头公园出入口周边专题整治”,这几条内容的阅读量分别为9次、41次、117次和157次。部分县级融媒体中心手机客户端没有公布新闻报道的阅读数据,但是从留言数量、点赞数量等能略窥一二。大量客户端的新闻报道在页面底端留言栏的留言数量为0,点赞数量为个位数或者十几次。这也凸显了县级融媒体中心手机客户端传播力上的局限性。这一点在县级融媒体中心的微信公众号、微博、报纸、广播、电视等传播平台中同样存在。大量县级融媒体中心的微信公众号日常发布的内容阅读量仅为几百甚至几十次,超过1000次的就算阅读量比较大的了。相比于一些商业性新闻资讯客户端,这样的数据很难发挥传播效能。

为建设县级融媒体中心,地方花费大量人力、物力,修建富丽堂皇的办公场馆,购置大量先进设备,安置了豪华的大屏幕,却只获得了这样的阅读数据和报道效果,十分可惜。其中一个重要原因就是有些县区市将开设县级融媒体中心作为一项“面子工程”,仅仅应付上级要求而不顾实际宣传效果。如此建设县级融媒体中心,其宣传效能、引导效能和服务效能很难得到有效发挥。影响力不足背后是县级融媒体的思想认知问题。

(二)体制机制方面

县级融媒体中心在建设过程中存在不同模式,有的是在原来的县级报纸或县级电视台的基础上筹建,有的是将原来的县级报纸和县级电视台合并组建。在这个过程当中,存在人员编制、身份、待遇等方面的诸多不同。不仅如此,随着县级融媒体中心的建设壮大,原有在编人员由于人员数量、工作能力等难以承担新闻宣传等工作任务,这就需要招聘新人加入。这些新加入的人员有的是以合同制的方式参与工作,这些人员与原有老员工之间的待遇如何安排?工作积极性如何调动?不同人员在升迁等方面是否存在区分和歧视?体制机制磨合不够,很容易造成县级融媒体中心活力不足、创造力受限。不仅如此,组建前,县级融媒体中心的各部门,有的属于一类事业单位,有的属于二类事业单位,不同类别的事业单位在财政拨付、人员工资、退休待遇等方面都存在很大不同。如何协调各方,建立完善的体制机制,也是亟待解决的问题。

① 崂山区融媒体中心成立之初的手机客户端为“崂山嘉惠”,后换为“崂山融媒”。

此外,县级融媒体中心要“服务群众”,就需要和各县级其他职能部门建立相应的沟通协作关系。县级融媒体中心和其他各部门如何打通?彼此之间形成怎样的交往沟通关系?如何调动其他部门的积极性,配合县级融媒体中心开展相关业务?在一些县级融媒体中心,这种体制机制的不顺畅成为限制其公共服务职能发挥的重要短板。

(三)经费方面的问题

建设县级融媒体中心需要大量经费投入,主要在于场地场馆整修、设备购买更新、技术服务费支付等。山东省各县级融媒体中心的技术服务主要由山东广电信通公司提供,一家县级融媒体中心要支付数百万元的经费用以购买相关技术服务。而技术设备更是花销的重要方面,各县级融媒体中心在建设“中央厨房”时,普遍置办了超大智能屏幕,这些屏幕大都造价不菲。除此以外,部分县级融媒体中心还置办了卫星直播车,造价动辄上千万元。其他设备如相机、电脑、录像机等也需要大量资金投入。以邹城市融媒体中心为例,该中心建设600平方米的融媒体调度指挥平台和新闻采编中心,升级改造500平方米演播大厅和高清虚拟演播室,新建专业录音棚,共计投资1400余万元。还购置了移动直播设备,采购航拍机、4k摄像机、全景相机、手持云台等专业采编设备。西海岸融媒体中心更新高清摄像机、编辑线,购置全数字高清电视转播车、卫星讯道车等,在三年时间内累计投入超过1.3亿元。[①]

县级融媒体中心的资金来源主要有两个方面。一方面是县级财政拨付。对于那些自身盈利能力有限的县级融媒体中心来说,财政拨付成为主要的经费来源。然而,县级财政能支持多少、以多大的力度支持,这又与县域财政力量以及区县领导对县级融媒体中心的重视程度有关。对于那些财政情况较好的区县,如青岛市西海岸新区,县级财政能拿出较多的资金用于县级融媒体中心建设。而对于那些财政状况一般的区县来说,其给县级融媒体中心投入的经费必然受到限制。另一方面是自营收入。这一点对山东大部分县级融媒体中心来说较为困难。如前文所述,大量县级融媒体中心在传播力、影响力方面存在较大短板,这种情况导致其很难通过自己的经营活动盈利。因此,这部分资金来源也面临较大困境。个别的县级融媒体中心能够实现较好的营收。在这方面比较有代表性的是寿光市融媒体中心。合并成立县级融媒体中心之前,寿光日报社每年经营总收入达3000万元,职

① 内容来自邹城市融媒体中心、西海岸融媒体中心。

工 169 人;寿光广播电视台每年经营总收入达 4000 多万元,职工 365 人。[①] 较好的营收情况为融媒体中心的建设发展提供了良好的财政资金支撑。

(四)人员方面的问题

县级融媒体中心要想充分服务群众、引导群众,最重要的是要有一支优秀的工作人员队伍,保证优质内容持续供给和输出。在人员方面的问题也主要表现在两个方面。

一方面是人员观念、技能问题。山东县级融媒体中心多在区县原来的报社、广播电视台等新闻单位的基础上建设而成。在媒体融合转型的大背景下,原有报社、广播电视台记者编辑思想观念、新媒体采编技术方面都存在一定的短板。移动社交网络传递信息的一个突出特点就是极快的传播速度。过去报纸的采编流程让记者编辑难以适应快节奏的新闻生产方式。上午采访、下午写稿、傍晚截稿前将稿件上传稿库成为记者们的工作常态。因此,近几年来各大媒体都通过采编流程再造等方式谋求出路。如 2017 年 7 月楚天都市报全媒体指挥集成中心启动,试图“将现有的新闻生产力,无缝切换到全媒体平台”[②],南方都市报报系“对采编流程进行再造,构建采编指挥平台”[③]。流程再造后,采编人员的适应磨合需要一段时间。不仅如此,新闻媒体还要适应移动互联网网民的信息接收习惯和信息接收方式。以更通俗、接地气的方式将新闻和内容对外传播,这对县级融媒体中心的采编人员而言也是巨大的挑战。

另一方面是人员工作积极性问题。从目前实践来看,各县级融媒体中心大都属于公益事业单位,老职工大多是事业单位身份。作为事业单位职工,容易出现“干多干少一个样”“干与不干一个样”的问题。如何调动工作人员的积极性,成为县级融媒体中心亟待解决的又一个问题。为增强采编力量,有县级融媒体中心通过合同的方式招聘了部分新入职人员。这些人员与原有的事业单位人员在绩效考核方面的关系如果处理不好,有可能导致他们消极怠工。

为解决这个问题,部分县级融媒体中心进行了积极探索。其中一个常见的做法是,事业单位待遇“装入档案”,日常工作实现同工同酬。具体来

---

① 内容来自寿光市融媒体中心。

② 赵洪松,苏争.用自我设问推进转型发展——楚天都市报的融合转型探索[J].新闻战线,2018(2):69-72.

③ 任天阳,虞伟.构建采编指挥中心,实现融合传播——南方都市报报系采编架构改革探索[J].青年记者,2015(7):12.

说,无论是事业单位人员还是新招聘的合同制人员,大家都根据同样的绩效考核办法进行考核并核发工资。事业单位人员的身份待遇,与县区其他事业单位人员一样根据年限等方面调整。只不过这种涨跌不体现在日常工资中,而是在他们退休后再根据退休时的情况享受退休待遇。这种办法在一定程度上调动了事业单位人员的积极性,避免了同工不同酬带来的问题,同时也保障了他们的身份待遇和退休福利,能够产生一定的积极效果。

第二章　融入网络：县级融媒体中心提升公共服务功能的举措

随着城市的发展，越来越多的传播平台融入城市，城市真正成为斯科特·麦奎尔(Scott McQuire)口中的“媒体—建筑复合体”①。传播不能仅仅被理解为跨越空间的信息传递，大众传媒的传播活动也不能仅仅停留在虚拟的层面。县级融媒体中心在为县域群众传播信息时，必须连接虚拟和实体，生成交往和意义。从网络的视角分析则是：县级融媒体中心要实现对多重县域网络的融入。融入县域网络，是县级融媒体中心获得传播力和影响力，真正实现引导群众的关键。融入县域网络也是县级融媒体中心承担县域公共服务职能的依托，是充分实现服务群众的保障。

在《网络社会的崛起》一书中，曼纽尔·卡斯特(Manuel Castells)宣称：“信息时代的支配性功能与过程日益以网络组织起来。”②卡斯特把网络看成是“一组相互连接的节点(nodes)”，而节点“是曲线与己身相交之处”③。这里的网络不专指互联网。网络“就是把人们彼此连接在一起的一系列关系”④。要真正成为节点，有两方面的连接至关重要。一是县级融媒体中心要连接县域居民，二是县级融媒体中心要连接县域公共服务提供者。即，一方面成为县域公共服务的端口，将县域公共服务职能对接到县级融媒体中心的各媒体平台上；另一方面连接县域人民群众，县域群众通过下载手机App，关注微信公众号、微博等方式，成为县级融媒体中心的用户，形成以县

① 麦奎尔.媒体城市：媒体、建筑与都市空间史.邵文实，译.南京：江苏教育出版社，2013：1.

② 卡斯特.网络社会的崛起[M].夏铸九，王志弘，译.北京：社会科学文献出版社，2001：569.

③ 卡斯特.网络社会的崛起[M].夏铸九，王志弘，译.北京：社会科学文献出版社，2001：570.

④ 麦克尼尔.人类之网——鸟瞰世界历史[M].王晋新，宋保军等，译.北京：北京大学出版社，2011：1.

级融媒体中心为核心、辐射连接县域居民的放射状网络。这样,居民就可以通过县级融媒体中心获得县域公共服务。

第一节 县域网络:历史和现实

地理交通网络是县域的第一重网络,作为较小的行政地理单元,县域的马路、街道等将整个县域连成一片。在交通不发达的古代社会,依靠徒步、马车、牛车等,县域是大部分百姓终其一生最大范围的地理活动单元。这也进一步凸显了地理网络对于县域的意义。到了近代,公共交通系统的建立和交通出行工具的进步使得人们越来越能摆脱小范围地理空间的束缚。然而,离开县域前往更大的地理范围依然不便。在现代人的日常生活中,由于市中心城区往往人口较为密集、辖区相对较小,因此居民工作生活休闲购物等能够实现在不同的市辖区之间穿梭。而且市辖区间的地理界限对很多人来说并不鲜明。而对于郊区的县、区及不设区的市(县级市)来说,由于这里的地理空间往往较为广阔,因此大部分居民的生活、工作、休闲等往往都在一县范围内进行。

县域信息网络的一个突出特点是人际传播在信息传递中承担着重要职责,大众传媒网络反而不那么重要。尽管在"四级办台"的方针下,县级电视台曾经遍布全国。但在2000年年初的广播电视体制改革中,原有的"四级办电视"改为"三级办电视",大量县级电视台被取消。同时,在报刊改革中,大量县级报纸被关停。也就是说,对于国内大多数城市来说,市级报刊、市级广播电视就是最基层的大众传媒单位。它们以整个城市的读者观众为传播对象,对于某个读者来说,这些媒体报道的很多新闻发生于城市里的不同县区。

随着时代的变迁,互联网和移动互联网成为县域又一重网络。对于互联网来说,县域论坛、县域新闻网站等曾经是重要的网络节点。对于移动互联网来说,县域的网络节点更多、更繁杂。微博、微信公众号等平台上,有众多以县域信息为传播内容的自媒体。在视频社交时代,县域也成为抖音、快手等自媒体号的重要传播范围。这里有两个典型案例:一是遍布抖音的探店主播,二是曾经让曹县在全网大火的主播。对于探店主播来说,他们游走在县域街巷,将各种美食呈现在短视频平台上,吸引周边食客的同时自己也获得不菲的佣金。第二个例子更有典型意义。2021年5月,名不见经传的山东小城曹县突然成为"宇宙中心"。一系列流行语广泛流传,其起因是在短视频平台上，一位博主用山东方言喊出口号，引发众多网友模仿或调侃。曹县县长对“曹县梗”公开回应，让曹县多次登上新浪微博热搜。这位叫“大硕”的网络主播，是曹县移动互联网的节点。

互联网和移动互联网不仅成为县域重要网络，而且将县域和更为广大的世界进行关联。这种关联，显然能给县域带来众多利好。有评论文章称：

> 移动互联网时代，网络成为赋能城市发展不可多得的力量，流量成为促进县域进步难能可贵的资源。因走红网络获得利好的市县比比皆是：“甜野男孩”丁真带火了小城理塘；“摔碗酒”为古都西安招来四方酒客；凤凰、稻城、玉龙、阳朔曾成为抖音热门县城。流量带来的不仅仅是热度，更是游客、资本、产业、商品等方面的利好。“曹县梗”给默默无闻的鲁西小城带来良好的宣传效果。①

因此，在移动互联网时代，对于县级融媒体中心来说，融入县域网络的同时还要利用网络将自身与更为广大的空间相连。在服务群众、引导群众之外，实现对县域的宣传。

网络是一种看待事物的方式和隐喻。网络强调的是连接，连接的对象就是卡斯特所谓的“节点”。“连接”说到底是人的连接，人与人的连接就产生了关系。但是，网络绝不是单线的连接。网络意味着交织，无数连接交织成纵横的状态。

目前，鲜有学者从网络的角度研究县域。一方面，县域可以理解为微缩的城市——其空间范围一般较城市更小，行政辖区也较城市更小。另一方面，除了空间范围和行政层级外，县域也和城市有着明显的区别。在农村地区，县域可以视为村庄的扩展；在城市地区，县域可以视为更大一级的居民社区。从社区和村庄的角度来看待县域和城市的区别，可以从更小的尺度观照县域，从而引发诸如认同、共同体等方面的思考。

第二节　作为空间的媒介和县域地理网络

一、县域地理网络

街道、运河、道路等实体交通网络是大到国家、省份，小到县区、乡镇的

---

① 高存玲.为回应“曹县梗”的县长叫好[N].珠江商报，2021-5-19(A5).

最早的网络形态。刘易斯·芒福德(Lewis Mumford)将交通运输等看成城市的“动态部分”,并认为,“脱离了这个动态部分城市便不可能继续增加它的规模、范围和生产能力”①。

地理网络的意义在于,对于居民来说,任何人都必然立足于某一实体空间。因而,将这些实体空间关联在一起的网络,也隐含着人与人之间的关联。进一步说,人们通过地理空间中的移动和对场所的光顾,能够产生各种各样的“网络”。借此,信息得以传播、交往得以发生、意义得以生成。县域作为一个较小的行政区划空间,进一步突出了地理网络的重要价值。

随着人类的发展和社会的进步,地理网络主要在两个方面发生重大变化。一是交通网络飞速发展,新的交通方式给地理网络带来巨大变化。随着公路、隧道、轨道交通、城市 BRT 等的修建和开通,地理网络的可达性得到极大提升,地点之间空间上的绝对距离让位于时间上的相对距离。二是移动互联网出现以后,“基于地点的服务”这一功能让移动互联网卷入实体空间。由于手机的特性,居民几乎可以随时随地接入移动互联网。移动互联网提供的“基于位置的服务”让网约车、共享单车、手机地图等成为可能,移动互联网越来越多地介入实体的地理网络。

二、户外大屏:县级融媒体介入实体空间传播

“传播的媒介不仅局限于大众媒介,也包括实体空间。”②城市的街道及交通网络是重要的实体空间传播媒介,人员的交往和信息的交换在此发生。在人类历史长河中,空间曾经长期作为主导性的传播媒介存在。即便信息技术的发展让人类的沟通越来越依赖虚拟的信息网络,实体空间的重要性依然存在。不仅如此,在“空间的转向”视角下,空间获得了全新的认知。亨利·列斐伏尔(Henri Lefebvre)认为,空间不是空洞的容器也不是先天存在的自在之物,空间是人为生产出来的。“空间不仅被社会关系支持,也生产社会关系和被社会关系生产。”③

实体空间作为传播媒介至少具有两个方面的意涵。一方面,空间为人与人之间交往和沟通提供了平台。在农村,树荫下、水井边、打谷场等曾经

---

① 芒福德.城市发展史——起源、演变和前景[M].宋俊岭,倪文彦,译.北京:中国建筑工业出版社,2005:77.

② 孙玮.作为媒介的城市:传播意义再阐释[J].新闻大学,2012(2):41-47.

③ 列斐伏尔.空间:社会产物与使用价值[M]//包亚明,主编.现代性与空间的生产.上海:上海教育出版社,2003:48.

是重要的实体空间媒介，村民们在茶余饭后聚集于此聊着一天的家常，村庄里的各种消息在此传播，村庄里的舆论在此发酵。对于这一实体空间媒介，人并不是在使用媒介，而是人“在媒介中”。另一方面，实体空间里嵌入各种媒介。对于人类来说，无人不是在时间和空间中存在。在我们的身边，总是有着数不尽的媒体。电梯里的广告牌和广告电视、马路两旁的“道旗”、公交站的亭体广告、各种户外大屏……这些实体空间中的媒介嵌入地理网络之中，使我们的日常被各种信息包围。户外大屏也成为县级融媒体中心的一种媒介形态。宁津县融媒体中心就是比较突出的例子。

宁津县融媒体中心在全县范围内打造“多屏联动”全媒体建设项目，实现了对实体空间传播媒介的充分利用和发掘。2020 年 4 月，由宁津县融媒体中心建设运营的“数字化电梯宣传服务终端”项目启动，首批 300 块电梯屏中除 2 块安装到宁津县最大的商场和宾馆以外，其余全部安装进了 12 个小区的 298 部电梯中。2021 年 7 月，第二批 350 块电梯屏进入 14 个住宅小区。650 块电梯屏覆盖 24 个小区和 1 个大型商场、1 个大型宾馆，直接服务影响近 10 万用户。2020 年以来，共播发“奋斗百年路　启航新征程”“学党史　守初心”“国是千万家　有国才有家”“使用公筷　筷筷有爱”“同在蓝天下　共建一个家”“系好安全带　守住生命线”等公益宣传片近 200 部。全国“两会”期间，相关宣传内容 24 小时在各电梯终端滚动播出。不仅如此，电梯内的屏幕还实现了信息的反向传递，用于接受用户求助和解除“电梯困人”。此外，公交车车载屏幕、户外大屏等也成为“多屏联动”全媒体建设项目。一块块车载屏幕随着公交车的往来穿梭，不断实现着对宁津县地理网络的融入。①

第三节　信息发布与信息网络

公共服务和信息发布存在密切关联。杨嵘均关注信息弱势群体的信息公共服务问题，认为“现代政府和社会在公共服务建设和供给的实践过程中，就必须充分关注并考虑到在网络技术、信息技术、数字技术以及智能科技的环境中，由于科技水平、教育水平以及社会生活水平存在不足与缺陷这部分弱势群体所应享有的公共服务权利与正当需求，以保证现代公共服务

① 内容来自宁津县融媒体中心。

供给的正义性"①。张序认为,"政府公共服务供给信息属于政府信息的重要组成部分,与其他政府信息(社会管理信息、经济发展信息、市场监管信息等)相比,具有公开必要性更强、公开可能性更高的特点"②。对于县级媒体中心来说,其"引导群众、服务群众"的基本定位,进一步突出了信息发布和公共服务之间的关系。充分融入县域信息网络,也是县级融媒体中心增强公共服务效能的重要手段。

一、作为信息发布枢纽的县级融媒体中心

本节所指称的"信息网络"主要指城市活动中的"信息交换,即以符号方式进行的信息交流,主要由各种媒介而中介。比如政府信息公开、书刊报纸广播电视的发行发布等"③。此外,随着传播状况的演进,信息网络的载体越来越广泛。总之,本节将人与人的交往以外的信息传播都归于信息网络之中。这样划分主要是为了与下文的交往网络相区分。信息网络类似于传播的"传递观",强调信息在空间的扩散和传递。县域信息网络首先表现在丰富多样的媒介形态。"有西方学者统计,在大城市里,仅仅从城市公共信息——城市户外广告的文化象征符号和商业符号的信息传递中,一个人在上街或逛商店的活动中和看同样时间的电视一样,可以获得 2000 个以上各种的商业或其他信息。"④

根据《县级融媒体中心建设规范》,县级融媒体中心应整合县级媒体资源,巩固壮大主流思想舆论,不断提高县级媒体传播力、引导力、影响力、公信力。要求县级融媒体中心制作文字、图片、音频、视频,通过广播、电视、报刊、微博、微信、客户端、网站等提供给用户。⑤

县级融媒体中心突出"媒体+"这一建设思路。因此,从根本意义上来说,县级融媒体中心首先是一个媒体平台,其承担的最重要的功能就是在县域范围内开展舆论宣传和信息传播。随着手机的普及,县域基层群众日益被卷入移动互联网,微信、快手、好看视频、趣头条等成为基层群众休闲娱乐

① 杨嵘均."技术索权"视角下信息弱势体公共服务供给的偏狭性及其治理[J].中国地质大学学报(社会科学版),2018(6):123-130.

② 张序.公共服务供给信息披露:体系与路径——基于不对称信息理论的研究[J].四川大学学报(哲学社会科学版),2017(6):131-140.

③ 复旦大学信息与传播研究中心课题组.可沟通城市:网络社会的新城市主张[J].新闻与传播研究,2015(7):21.

④ 张鸿雁.城市形象与城市文化资本论[M].南京:东南大学出版社,2002:14.

⑤ 中共中央宣传部,国家广播电视总局.县级融媒体中心建设规范[S].2019:2.

和获取新闻资讯的重要平台。然而，由于文化素养、年龄等因素，基层群众在使用手机媒体方面缺乏相应的媒介素养。虚假低俗信息、不良反动信息、宗教迷信信息等随着基层群众媒介近用权的获得而不断泛滥。主流思想舆论在县域基层面临失声的危险。

2001 年，阿克洛夫因“不对称信息”获得诺贝尔经济学奖。在市场领域，信息不对称有可能导致“劣币驱逐良币”。有学者研究认为，公共服务领域中的信息不对称主要发生在五个方面：供给主体（政府、非营利组织、企业）与公众、拨款机构与政府部门、政府部门与外包机构（事业单位、非营利组织、企业）、上级政府与下级政府、慈善捐赠者（包括资金捐赠者、捐赠时间和技能的志愿者）与公益组织。① 就第一个方面而言，公共服务供给信息披露就显得尤为重要。有效的公共服务供给信息披露不但有助于保障公众的知情权、保障公众充分享受政府公共服务，也是提升政府公信力、提升公共服务透明性、防止公共服务腐败的有效手段。

对公共服务信息公开来说，我们不应仅仅满足于政府主动公开，而应不断提升公共服务信息公开的效能。提升公共服务信息公开的效能，意味着公共服务信息能有效触达公众，充分满足公众对公共服务的知情权和享有权。县级融媒体中心各媒体宣传平台能借助其较强的传播力，实现信息的高效传播。对于县域居民来说，只有充分获知公共服务信息，才能有效享受县域公共服务。

二、以公共服务强化信息传播

以公共服务强化信息传播，即利用县级融媒中心对县域公共服务的提供和聚集功能，将自身打造成县域公共服务枢纽，进一步增强县级融媒体中心各媒介平台与县域群众之间的关联，从而更好地面向县域群众展开传播，进而强化信息传播功能。县级融媒体中心利用公共服务实现对县域网络的融入，从而更好地实现对县域群众的引导。

对于县级融媒体中心来说，要想充分发挥宣传引导功能，各个媒体平台的粉丝数量、用户黏性、日活跃量、月活跃量等异常重要。然而，从实际情况来看，部分县级融媒体中心开设的媒体平台传播力有限，对县域信息网络的融入不够。以青岛市市南区融媒体中心微信公众号“微市南”为例，2022 年 2 月 6 日，共发布图文 5 条；2 月 7 日的阅读数据显示，除了头条“王锋主持召

① 张序.公共服务供给信息披露：体系与路径——基于不对称信息理论的研究[J].四川大学学报(哲学社会科学版)，2017(6)：131-140.

开城市更新和城市建设三年攻坚行动专题会议"阅读量超过2000次外，剩余4条的平均阅读量为130次。以青岛市市北区融媒体中心微信公众号"微市北"为例，2022年2月6日，共发布图文2条；2月7日的阅读数据显示，头条"过年七天乐慕课云线上培训昔年合辑来啦"阅读158次，二条"网友@山东好品，让好品山东插上网络翅膀飞得更远"阅读57次。以青岛市崂山区融媒体中心微信公众号"微崂山"为例，2022年2月6日，共发布图文2条；2月7日的阅读数据显示，头条"崂山区城市管理局：过年不打烊，城市管理不停歇"阅读605次，二条"青岛疾控中心疫情防控健康提醒"阅读265次。

县级融媒体中心要着重通过对县域公共服务的提供，黏住用户、提升阅读量，以充分融入县域信息网络。对于县级融媒体中心各媒介平台来说，要想提升传播力、影响力和引导力，就要形成对用户的基本黏附，成为县域群众日常生活离不开的工具。以微信为例，有研究者指出，"微信作为节点对于网络社会的意义在于，它使得接近中国大陆人口半数的人以自我或者群的直接参与方式（不是经由传统大众媒介机构，或是新媒体中介机构如网站等），被编织进整个社会的网络中，而且是以动态、持续、渗透性的实践方式嵌入日常生活的。这种参与方式使得依托媒介的传播，史无前例地深深地介入大众的现实生活，传播、媒介成为建构主体的力量，微信成为人们的一种存有方式"[①]。县级融媒体中心如果也能将自己打造成县域群众的"存在方式"，则其影响力、传播力就有了基本依托。

对于这一点来说，提供公共服务、将自身打造成县域公共服务枢纽，成为县级融媒体中心可以着重尝试的一种做法。例如，桓台县融媒体中心手机App"i桓台"设"服务"版块。在"服务"版块中又包括"本地服务"和"第三方服务"两部分。"第三方服务"主要是接入通信公司、网约车、外卖平台等端口，而"本地服务"则是桓台当地的部分公共服务项目，如企业安全生产举报、缴水费、缴电费、在线公证、掌上户籍等。也就是说，对于桓台群众来说，他们可以通过"i桓台"App直接获得部分公共服务项目。以"掌上户籍"为例，户口迁入、户口登记、户口迁出、临时身份证明、户籍证明、流动人口居住登记、居住证申领、新生儿重名查询、户口信息自助变更等业务都可以在此办理，极大地便利了辖区居民。值得一提的是，"i桓台"的"掌上户籍"还专设"长者专区：老年人无障碍网上办事"版块。在移动互联网时代，老年人口本就是"移动互联网移民"，他们对移动互联网产品的接受能力差、使用需求低，县级融媒体中心各新媒体平台面向县域老年人群展开传播存在较大的

---

① 孙玮.微信：中国人的在世存有[J].学术月刊，2015(12)：5-18.

难度。而县级融媒体中心手机 App 上面向老年人的特色窗口、特色栏目、特色服务等,能吸引老年人下载、注册、使用 App,进而有助于县级融媒体中心将自身的信息宣传等内容传递至老年人群体。这也是县级融媒体中心融入县域信息网络的有效手段。从实际情况来看,桓台县融媒体中心的用户群体在山东各县级融媒体中心中也位居前列。

有类似做法的县级融媒体中心手机 App 还有很多。例如威海市环翠区融媒体中心的手机 App“最威海　是环翠”在服务版块的“本地服务”共计有 31 项服务事项,包括新冠肺炎疫情防控、水文信息、路况快照、乡村找房、社区食堂、医保服务、公厕查询、智慧停车、事务办理、网上政务电费水费等。潍坊市寿光市县级融媒体中心手机 App“寿光云”服务版块包括“社情民声”“政务服务”“便民服务”“医疗健康”“社会保障”“交通出行”“智慧社区”等分版块,每一个分版块又下设众多服务事项,构成了一个县域服务矩阵。这些公共服务事项便利了县域百姓的同时,也将县级融媒体中心打造成提供县域公共服务的有效枢纽,从而将县域百姓紧紧地与县级融媒体中心进行链接。正因如此,县域群众更有可能下载县级融媒体中心的手机 App,也更有可能频繁打开 App,从而阅读手机 App 上的内容。

在公共服务方面,有些县级融媒体中心的做法并不尽如人意。例如,青岛市李沧区融媒体中心的手机 App“家在李沧”,尽管也开设了服务版块,但却只是对“第三方服务”的简单接入,仅仅包含外卖、滴滴打车、快递查询、火车票、飞机票、百度出行、天气预报、PM2.5 查询和百度地图。县级地方政府自身的公共服务事项无法通过“家在李沧”手机 App 处理。

三、以信息传播优化公共服务

2007 年 4 月,《中华人民共和国政府信息公开条例》颁布实施,2019 年修订后的《中华人民共和国政府信息公开条例》正式实施。《条例》要求,各级人民政府及县级以上人民政府部门应当建立健全本行政机关的政府信息公开工作制度,并指定机构负责本行政机关政府信息公开的日常工作。

政府信息公开与公共服务之间存在极为密切的关联。一方面,信息公开是政府提升公共服务水平的重要手段。另一方面,部分信息本身也可以视为政府向公众提供的一公共服务。就第一个方面来说,对于政府部门提供的某些公共服务事项,群众对这些事项的享受程度与其对这些事项的知晓程度密切相关。在日常行政管理实践中,经常因为政府部门为群众提供的公共服务事项无法被群众知悉而出现“酒香也怕巷子深”的现象。

例如,青岛市人力资源和社会保障局和市财政局曾联合下发《关于调整城镇基本医疗保险门诊统筹有关规定的通知》。《通知》规定参保职工每年最多可报销 1600 元的门诊医疗费，由门诊统筹金报销 60%，其中基本药物报销 70%。根据规定，参保人可自主选择一家具备相应资质的定点社区医疗机构作为医疗定点单位，并签订服务协议，期限为一年。对于市民来说，政府出台这一政策是降低就医开销的好办法，办理时只需要拿着身份证和社保卡签定协议，城镇职工医保卡和城镇居民医保卡都可以办理。然而，这个政策在实施之初，签约情况并不理想。记者随机采访了部分市民，大部分人对这项政策一无所知。一位门诊负责人表示："有些老年人虽然知道这个政策，但是对具体的内容不太了解，经常问'统筹'是什么意思。"[①]类似的情况在济宁等城市也出现过。济宁市直机关医院副院长王继军谈及签约率不高的原因时表述，市民不了解政策是主因。王继军表示，一些常来医院的居民，医院会在接诊时告知政策内容，而其他参保居民大多只能通过媒体或家人口头讲述的方式获知。"我们到辖区内一些单位发放了明白纸，参保职工集体签约的很踊跃，已经达到 1 万余人，而自己前来门诊签约的市民现在不到三千人。"[②]

以信息传播提升公共服务这一问题也引发学者关注。如，王鹏、魏必从信息技术促进公共服务的背景、基本理论逻辑出发，提出厘清思路、完善考核、加强人才等方面的公共服务水平等建议。两位学者都认为，"利用更新迭代的信息技术能够显著增加公共服务可及性，提高公共服务供给质量"[③]。

县级融媒体中心首先是一个面向县域群众的媒介平台，进行信息宣传是县级融媒体中心的本职。在山东各个县级融媒体中心开设的媒体平台，如报纸、广播、电视、微信公众号、微博和手机 App 等，有大量与公共服务相关的内容。

在"i 桓台"手机客户端的政务版块，桓台县万泉供水有限责任公司、桓台县交通运输局、桓台县公安局、桓台县农业农村局等十几个与百姓生活密切相关的、事关县域公共服务的部门开设专门区域，用于发布相关信息。桓台县万泉供水有限责任公司成立于 1981 年，2020 年改为国有制企业，担负桓台县 50 万人口的生产、生活用水。公司在政务版块发布与供水相关的服

① 高存玲.医保门诊统筹推出 5 个多月　有的签约率不足二成[BD/OL].(2012-09-10)[2022-10-10].https://news.sina.com.cn/o/2012-09-10/074925138186.shtml.

② 贾凌煜.门诊统筹俩月，签约率不足两成[BD/OL].(2012-09-13)[2022-10-10].http://sd.dzwww.com/jining/201209/t20120913_7448179.htm.

③ 王鹏，魏必.运用信息技术提升我国公共服务水平的策略分析[J].中国领导科学，2020(3)：76-121.

务信息。桓台县交通运输局则将公交线路调整、定制客运班线、治理车辆超限超载等方面的公共信息予以发布。可以说,“i桓台”手机客户端成为桓台县人民群众更好地享受公共服务的一个重要窗口。

以济南市历下区融媒体中心为例,历下区是山东济南的主城区。“今日历下”手机客户端“城事”版块,发布大量与县域公共服务相关的信息。例如,2022年2月8日的“济南历下区自然资源局在全市首推不动产登记‘一窗办理’”。尽管这主要是宣传历下区自然资源局在行政效率方面的革新举措,但客观上有助于需要相关服务的群众更好地办理业务。2022年2月1日的“春节假期车驾管业务咋办理?这份‘秘籍’收藏好!”,为当地司机办理相关业务提供信息指南。对于历下区的市民来说,这篇报道能让他们获知惠民补贴这一消息,从而及时获取相关服务。

这些与公共服务密切相关的信息事关县域群众的衣食住行和日常生活,容易引发各媒体平台用户的关注。这些内容除了有助于县域居民更好地享受公共服务外,其本身良好的传播效果也意味着县级融媒体中心对县域信息网络的融入。

第四节　民意收集与交往网络

这里的“交往网络”主要强调县域官民之间的交往,即县级政府与县域群众之间的交往。这种交往包括信息的传递、政府工作人员和县域群众的直接沟通、政府部门对群众开展的办事服务等。总之,官民之间的交往网络是一种极为复杂的形态。对于县级融媒体中心来说,其中最重要的交往就是信息的传递。这种传递又包括两方面:一方面是政府对民间开展的信息发布,另一方面是群众向政府进行的信息传递。从政治学的视域出发,交往可以视为一种政治沟通。

一、民意收集与县域交往网络

(一)交往网络

“在公共空间中有赖于他人参与的各种活动,包括儿童游戏、互相打招呼、交谈、各类公共活动以及最广泛的社会活动——被动式接触,即仅以视听来感受他人”[①],是扬·盖尔(Jan Gehl)所分析的户外活动类型之一:社会

① 盖尔.交往与空间[M].何人可,译,北京:中国建筑工业出版社,1992:4.

性活动。社会性活动突出人与人之间的交往，而这种交往以面对面的人际传播为凭借。兰德尔·柯林斯(Randall Collins)指出："人们的身体聚集到同一个地点，开始了交往仪式的过程。当人们的身体彼此靠近时，就会出现低声交谈、激动或至少会产生一点警觉。"[①]安东尼·吉登斯(Anthony Giddens)同样认为："当人们与他人在一起的时候，即使并没有直接说话，他们也会通过体态、面部表情和身体姿态等来进行非语言沟通。"[②]

除了在实体空间中的交往，大众传媒成为交往网络形成的另一种凭借。"现代报纸交往的社会学特征，就是同一时间的知识和思想之分享。"[③]正如本尼迪克特·安德森(Benedict Anderson)所言，"报纸的读者们在看到和他自己那份一模一样的报纸也同样在地铁、理发厅或者邻居处被消费时，更是持续地确信那个想象的世界就植根于日常生活中，清晰可见"[④]。随着信息网络技术的发展，互联网，尤其是移动互联网成为人际交往的又一重要渠道，时下火热的社交软件突出的就是移动互联网的社交功能。

与地理网络、信息网络一样，交往对县域有重要意义。安东尼·奥罗姆(Anthony M.Orum)和陈向明认为，"通过这些时常发生的人与人之间的交往，城市生活才真正形成"[⑤]。交往，成为人在城市、县域等地理单元中生活的关键。对于那些建设于城市中心地带的县级融媒体中心来说，其发挥的人际交往功能对于县区的文化融合有重要作用。

(二)民意收集：官民交往的一种形态

民意的表达与收集对于提升公共服务水平具有重要意义。传统官民信息沟通模型中，政府处于信息传播的主体地位，利用手中掌握的大众传媒、政府网站、政务新媒体等面向大众展开政治传播。政治传播中，"传播"侧重传者本位，即传播者将信息单向地"传"给接受者，以达到操纵的目的。"播"还有"散播"的意思，如报纸、广播、电视等大众传媒那般在同样的时段将同质化、大批量、可复制的内容无差别地分发给为数众多匿名的接受者。在这一过程中，作为信息发布者的政府部门是主体，而公民作为信息的接受者和

---

① 柯林斯.互动仪式链[M].林聚任等，译.北京：商务印书馆，2009：93.

② 吉登斯.社会学(第五版)[M].李康，译.北京：北京大学出版社，2009：113.

③ 黄旦.报刊是一种交往关系——再谈报纸的"迷思"[J].安徽大学学报(哲学社会科学版)，2012(11)：96-100.

④ 安德森.想象的共同体：民族主义的起源与散布[M].吴叡人，译.上海：上海人民出版社，2005：32.

⑤ 奥罗姆，陈向明.城市的世界：对地点的比较分析和历史分析[M].曾茂娟，任远，译.上海：上海世纪出版集团、上海人民出版社，2005：25.

发布的对象,处于客体的地位。而真正的官民交互,需要官民之间的主体间性。主体间性强调信息传播过程中的双方或者多方,是自主的、平等的主体间的关系而非主客体关系。

民意收集对于公共服务水平提升的价值表现在两个方面。一方面是明确公民对公共服务的需求。当今社会变化迅速,经常出现一些需要却没有得到的服务。及时收集民意有助于防止公共服务缺失。例如,2020 月 24 日,微博认证为"优墨科技 CEO、头条文章作者"的微博用户"@高帅在江南"发布了一条内容为"首尔飞青岛航班,单趟本来都是 500 左右,明天的都快 4000 了,韩国人全往青岛来了"的微博。当天中午前后,这条微博及其相关截图就在众多青岛籍网友的微博、微信朋友圈、微信群流传。由于当时韩国新冠肺炎感染者激增,网友将票价上涨的原因归结为大批韩国人来青岛躲避疫情,阻断来自韩国的境外输入性新冠肺炎疫情成为青岛人民的首要关切。当天中午前后,陆续有网友就此事在@青岛发布、@崂山发布、@青岛卫生健康等微博账号的评论区进行留言。从留言内容来看,网友的诉求主要是停飞韩国到青岛的航班、加强对来青韩国人的管控。防控境外输入新冠肺炎疫情,成为青岛市有关部门应该提供的公共服务。网民的留言评论,向政府提出这一公共服务需求,从而有效避免公共服务缺位。

另一方面是反馈公共服务输出的的效果并及时调整。"控制论"给公共政策研究带来的最大启示就是公共服务提供者应该积极从公共服务目标群体的认知与体验角度审视公共服务供给水平。"控制论"由美国著名数学家维纳(Nobert Wiener)于 1942 年提出。其中,反馈是控制论的重要概念。尽管"反馈"这一概念的提出,主要针对自然科学问题,但近些年来,它逐渐成为社会科学诸领域的重要概念。在公共服务领域,反馈同样重要。公民对公共服务成效的反馈,对于政府部门及时进行调整有十分重要的意义。

反馈公共服务信息是官民沟通的重要内容。县级融媒体中心依托手机 App、微信公众号、微博留言等,可以成为县域公共服务信息重要的反馈渠道。从实践来看,山东部分县区的融媒体中心手机 App 在县区居民中的装载率已经达到较高水平。且部分手机 App 专门开设了民意收集相关的业务版块。对于县域民众来说,他们要表达自身对县区、街道有关部门公共服务方面的问题、需求等,只需要在手机上简单操作即可完成。从调研情况来看,县级融媒体中心对这些功能的承接,还有效减少了所在县区民众的上访次数。尽管如此,我们还必须指出,开设相关版块仅仅是一个开始,县区民众的有关诉求能够得到及时回应,才是县级融媒体中心真正成为县域民意收集枢纽的根本。

二、“问政”版块：基于融媒体中心的政治交往形式

在山东各县级融媒体中心开设的手机 App 中，“问政”是最常出现的版块。如“爱昌乐”“兰陵首发”“最威海　是环翠”“智慧宁津”“i 桓台”等都在首页显眼位置设置“问政”版块。

“爱昌乐”移动客户端网络问政栏目设置了咨询、投诉、建议、反馈等版块，103 个部门(单位)每天两次上线对群众的提问进行答复。网络问政栏目共接收帖子 4000 余条，回复率和满意度均达到 95％以上。[①]

例如，有网友发帖反映雍景湾与青年路之间路面难走问题，昌乐县住建局接到网帖后立即到现场查看进行确认，经过研讨后制定了路面硬化方案并及时地对道路进行了整修和硬化。这名网友看到路面硬化后，赞扬了政府部门的快速反应、立说立办和扎实为民办事的举措，并留言反馈：“近期在迎接国家卫生县城复审的冲刺阶段，县政府为了给我们创造一份整洁的环境，为雍景湾与青年路之间路面进行硬化，真正做到了便民为民！为政府点赞！”再如，有网友向行政审批服务局反映：“大老远从镇上赶过来办事，到了就中午下班了，等了整整一中午，领导能不能体谅体谅俺们这些大老远来的老百姓。”行政审批服务局收到相关信息后立即召开班子会，讨论群众提出的意见、建议，经过集体商讨，决定对政务服务中心进行大厅形象整改和工作时间调整。调整后网友反馈：“为了持续深化一次办好改革，进一步完善中心功能，全面提高审批效率，近期以来，审批服务局领导安排增加了照明、电梯加装安全防护、调整了隔断、重新对各窗口进行布局、调整了上下班时间……这一切的出发点都是为群众服务好务！给你们点赞！”[②]

“i 桓台”App 也设置了问政版块，问政版块又下设“我要问政”“部门列表”“满意度排行”和“回复率排行”四个分版块。在问政版块的首页，众多网友围绕各种日常民生和公共服务问题向各部门提出意见。如交通混乱、马路摆摊、药品价格、公交线路、中小学划片、市政供水等。网友在问政版块将问题发布后，就会有有关部门进行专门性回复。例如，2021 年 12 月 16 日，有网友留言：“我在西苑小区有一套自己的房子，在信园小区和我父亲共有一套房子(我与父亲各占 50％)，这种情况按照往年政策，能否按信园的房子参与入学划片？还是必须按自己完全所有的西苑小区的房子参与划片？请解答，谢谢！”桓台县教育和体育局很快答复。“您好，根据《桓台县 2021 年义

---

① 内容来自昌乐县融媒体中心。

② 内容来自昌乐县融媒体中心。

务教育段学校招生工作意见》，县属中小学招生条件如下：(1)招收具有城区(桓台县城区街道办事处管辖的范围，下同)户口或房产(指孩子或监护人为大产权房所有人，下同)的桓台户籍适龄儿童、少年。(2)适龄儿童少年本人的户口、住所应与其父母(监护人)的户口及住所一致，且父母(监护人)为户主和房主。房产证出现共有人情况的，父母(监护人)或学生本人所占房产比例不得少于50%，方可作为入学依据。根据《桓台县县属义务教育段学校2021年划片招生方案及入学通知》西苑小区、信园小区属于县属学校划片范围，2021年西苑小区内适龄学生划片到桓台县实验学校就读，信园小区内适龄学生划片到桓台县城南学校就读。家长可自行选择上述两所学校中任一所学校参与划片入学。以上答复依据2021年我县义务教育招生政策。2022年，该生具体在桓台哪所学校就读要依据当年的具体政策。家长可关注桓台县教体信息网或'桓台教育'微信公众号，以当年实际发布的文件通知为准。谢谢。"

2022年1月5日，有网友反映："镇南大街(万通综合市场)附近的商铺把纸箱烟盒挂在店门口墙上，电动三轮车放在马路上，本来就是单行线，交通堵塞，做门窗铝合金店外作业，噪音扰民，影响孩子学习、中午休息，希望有关部门管一管。有的店经营许多年，都没有营业执照。"桓台县综合行政执法局答复："万通综合市场为我县特殊管理商业街区，门店数量较多且建筑规划混乱，道路狭窄无专用人行道，机动车与非机动车混行。因道路实际情况，该路段无法施划非机动车位，部分市民将非机动车停放于商铺门前，一定程度上造成了交通不便。对投诉人所反映交通堵塞问题，我局将加派执法力量对万通综合市场非机动车进行规范，对悬挂纸箱烟盒和铝合金店外作业噪声扰民问题加大管理力度，发现问题及时处理，为居民创造良好的生活环境。"

在部门列表栏，共有部门、市政、镇办、村居等60多家单位入驻。在回复率排行中，桓台县综合行政执法局、桓台县万泉供水有限责任公司、中共桓台县委机构编制委员会办公室等部门回复率达100%。

县级融媒体中心手机App上的"问政"版块，成为官民交往的重要方式。在这里，民众获得了政治沟通中的主动权，民众与政府之间的关系由"政治传播"而演进为"政治沟通"乃至于"政治交往"，民众和政府双方的共同出场实现了对双方交往关系的转换。这种交往借由县级融媒体中心开设的媒介平台进行，县级融媒体中心成为县域官民交往网络的节点枢纽。同时，问政版块的这些事项多与公共服务相关。民众通过县级融媒体中心反映日常生活问题，有关部门通过县级融媒体中心收集民意、回应疑问、采取对策，并进行公开回复。县级融媒体中心充分发挥了县域公共服务枢纽的重要功能。

第五节 地方性内容生产与县域意义网络

对于县域来说,意义强调群众对自己生活的县区的了解、热爱,强调居民形成对县域的依附感和归属感,强调对县域文化的认同。而网络则意味着县域群众对意义的共享。县级融媒体中心首先是一个内容生产平台。其生产了县域地方的意义,实现了意义在群众中的共享。

一、县域意义网络

克利福德·格尔茨(Clifford Geertz)在《文化的解释》里说:"人是悬在由他们自己编织的意义之网中的动物。"①这句话突出了意义对于人类的重要性。"意义组织了世界,人类生活在一个意义的世界中。"②意义是个内涵极其丰富同时又非常抽象的词汇。"意义体现了人与社会、自然、他人、自己的种种复杂交错的文化关系、历史关系、心理关系和实践关系。"③意义网络强调人对意义的共享。人在社会中按照事先形成的意义生活,意义提供了个人认识社会和在社会中行动的认知地图和行动框架。

意义是空间与地方的区别之所在。"当人将意义投注于局部空间,然后以某种方式(命名是一种方式)依附其上,空间就成了地方。"④在学者制作的可沟通城市量表中,意义网络在可沟通城市的诉求上主要有以下几个方面:(1)城市有适当的场所体现城市的特征与历史。(2)城市有丰富多样的关于城市的文化产品。(3)市民能够自由、便利地使用、接触城市文化产品。(4)市民对于城市有归属感。⑤ 意义网络对县区同样具有重要地位。

在意义网络的所有内容中,地方认同位于核心。⑥ 地方认同分为两个方面:一是对地方特性的认知,既包括物质环境也包括文化特质;二是对地方的归属感,个人从主观方面感受到"我属于这个地方"。县域地方认同是建

---

① 格尔茨.文化的解释[M].韩莉,译.南京:译林出版社,1999:5.

② 格罗伯格.媒介建构:流行文化中的大众媒介[M].祁林,译.南京:南京大学出版社,2014:150.

③ 张汝伦.引言.[M]//张汝伦.意义的探究——当代西方释义学.大连:辽宁人民出版社,1986:2.

④ CRESSWELL T.地方:记忆、想象与认同[M].王志弘、徐苔玲,译.台北:群学出版社,2006:19.

⑤ 复旦大学信息与传播研究中心课题组.可沟通城市评价体系[J].新闻与传播研究,2015(7):25-34.

⑥ 复旦大学信息与传播研究中心课题组.城市意义网络的可沟通性——从空间与文化视角考察上海地方认同[J].新闻与传播研究,2015(8):40-50.

构的产物。个体的地方认同的形成,首先来源于在地方的生活、居住,以及与地方的互动形成的主观体验。此外,大众传媒也是县域认同建构力量。

二、新闻客户端:县级融媒体中心内容生产平台

2018年12月,山东省委宣传部委托山东广播电视台,以既有平台为基础,按照国家统一标准,集中力量,高标准建设覆盖全省、自主可控、互联互通的融媒体技术平台——闪电云,山东省县级融媒体中心建设全面展开。目前,山东136家县级融媒体全部完成平台建设并通过建设验收,实现"一县一端"。不仅如此,"闪电云"平台着力打造省市县三级联动,初步形成"省级技术平台为平台、市级融媒体为中间节点、县级融媒体为终端网点"的建设架构,全省统一建设、统一调度、融合联动、共建共享、联合运营。目前山东136家县级融媒体中心已全部完成平台建设并与省平台互通。[①] 新闻客户端作为一种新型信息传播和新闻宣传工具,与县域社会的变迁有着极为密切的关联。各县级融媒体中心在内容构成、版块设置等方面存在一定差异的同时也存在共性,从内容上来看主要包括以下八部分。

第一,新闻版块。提供新闻资讯是移动新闻客户端的首要功能。对县级融媒体中心的新闻客户端来说,新闻版块成为融入县域信息网络的载体。客户端不同于新闻纸,发布新闻的数量和篇幅不受限制,客户端可以发布大量信息。

第二,政务版块。"新闻＋政务＋服务"成为众多县级融媒体中心的标配,众多县级融媒体中心在手机客户端上开设"政务"版块,如政务公开、办事指南。部分客户端还设有"问政"版块,客户端用户可以在这里就相关社会管理问题发帖,如"兰陵首发"。另有部分客户端开设"政务号"版块,由各镇街、各部门开设政务号发布相关政务信息,如"爱章丘"等。

第三,服务版块。移动互联网时代众多手机应用与城市地理网络连接,从而实现线上线下互动。美团、大众点评等生活服务类App是这方面的典范。手机在人们日常生活中扮演了重要角色,吃穿住用行都可以在手机上得到相应的服务。县级融媒体中心的"服务"一般分为本地服务和第三方服务。第三方服务包括查天气、查路线、查违章、逛景点、打车、购票等在内的城市生活类服务。对于第三方服务来说,这些功能并不是由客户端自己提供的,而是转到美团、去哪儿等外部链接。一些没有设置"政务"版块的县级融媒体中心手机客户端,在服务版块设本地服务,这里的部分服务与政务版

---

① 内容来自山东省县级融媒体中心技术服务商、山东广电通信公司。

块的内容相似。

第四，报纸、广播、电视版块。由于历史和体制原因，部分县区市保留有县级电视台、县级报纸和县级广播。在县级融媒体中心建设规划过程中，这些县级传统媒体被统一整合进县级融媒体中心，成为其旗下的媒介平台。因此，部分县级融媒体中心手机客户端也链接了报纸、广播或电视上的内容，如报纸的电子版、电视的节目视频等。

第五，视频版块。随着影像生产与呈现技术的进步，影像逐渐取代文字成为人类感知世界的首要符码。W.J.T.米歇尔（W.J.T.Mitchell）首次提出“图像转向”①。20 世纪 70 年代末，大众传播中的视觉文化现象开始逐渐引起人们的关注。

在这样的大背景下，各县级融媒体中心手机客户端也纷纷开设直播和短视频版块。例如“邹鲁融媒”的“邹视频”、“智慧宁津”的“鬲视频”等，“西海岸传媒”还开设“微拍客”，由客户端用户拍摄视频并上传。

第六，直播版块。随着人类通信技术的进步，新闻传播的时效性也越来越强。这其中具有划时代意义的技术是电报。有线电波以及后来的无线电波在人类历史上第一次让信息传递摆脱了物理载体在空间的移动。直播是对新闻时效性追求的极致。互联网是人类信息传播史上的里程碑，移动互联网进一步将移动性、随身性等特性加诸互联网之上。自此，人们接入网络无需定着在某个固定的空间，互联网的影响力、渗透力得到极大提升。从 3G 到 4G、再到正在普及的 5G，移动通信网络不断进化，利用移动设备接入互联网体验也越来越好，资费迅速降低。中国语境下，移动、联通等供应商都是国有企业，兼顾经济效益和社会效益，即便地理位置偏远的山村地区也早已被 4G 网络覆盖。自从美国苹果公司开启智能手机大潮以来，智能手机不断迭代，千元机就可实现绝大多数上网功能，手机的迅速普及让传统大众传媒的受众得以接入移动互联网，从而获取各种新闻资讯。基于此，基于手机的移动直播成为新闻传播领域的新风口。县级融媒体中心手机客户端的直播业务主要包括新闻直播和慢直播两部分。新闻直播主要是针对正在发生的新闻事件，通过移动直播设备实现新闻同步发生、同步观看。新闻直播过去是电视台的专利，电视台利用自己的技术设备和数据传输优势将新闻节目、综艺活动、体育赛事等进行现场直播。为此，其需要购置昂贵的卫星直播车等设备。然而，移动互联网背景下，一台接入通信网络的手机就可以轻松实现直播。用直播的方式来发布新闻的技术、资金门槛迅速降低。“慢直播”

① 米歇尔.图像理论[M].陈永国，胡文征，译.北京大学出版社，2006：3，7.

则是一种全新的直播形态。2020年1月27日20点,央视频App分别对武汉“火神山”“雷神山”医院施工现场进行24小时不间断的5G高清直播。无剪辑、无解说、无主持的直播吸引了近一亿人次观看。不少县级融媒体中心的手机App也设置了“慢直播”版块,如“邹鲁融媒”的“邹直播”、“今日历下”的“云端历下”、“爱章丘”的“慢直播”等。

第七,文明实践。2018年7月6日,中央全面深化改革委员会第三次会议审议通过了《关于建设新时代文明实践中心试点工作的指导意见》。在实践过程中,部分地方探索实施新时代文明实践中心和县级融媒体中心的打通。因此,文明实践也成为许多县级融媒体中心手机客户端的重要版块。例如,“智慧宁津”App的页面下侧包括“首页”“起首屏”“阳光问政”“文明实践”和“我的”五个版块。“文明实践”版块即是新时代文明实践中心的页面,志愿团队、志愿者等可以在此进行线上联络。

第八,其他版块。除了以上常见版块外,各县级融媒体中心还根据地域特色和自身特点,开设了其他个性化版块。如商城、党建、微课堂、科普、爆料等。

三、基于客户端的县域意义生产

“媒介即是讯息”是马歇尔·麦克卢汉(Marshall Mcluhan)提出的一个著名论断。[①]“媒介即是讯息”强调媒介给人和社会带来的影响不在于媒介中传输的是什么,而在于媒介本身。因为不同的媒介“在我们的事务中引进一种新的尺度”[②]。作为不同于报纸、广播、电视的另一种媒介,即便把传统媒体上的报道原封不动地复制到新闻客户端上,客户端的用户和报纸的读者、广播的听众、电视的观众对同一篇报道依然会形成不同的感受。同样,在塑造用户的地方感和地方认同上,客户端形成了与传统媒体不同的特点。

传统纸媒和读者之间是“主—客”的关系:大众传媒是地方表征的制造者,读者作为客体接受表征符号。网络新媒体的发展,使地方感的建构迎来了新的变化,网友不再仅仅是大众传播符号表征的接受者,地方感更多的是在网友之间、网友与传媒之间的交流互动中形成。对于县级融媒体中心的手机客户端来说,客户端开发了一些网友上传分享内容的版块。同时,客户端新闻版块还提供留言评论等功能,这些留言和评论成为用户之间、用户与内容生产者之间交流沟通的方式,县域地方的意义正是在这种交互中形成

① 麦克卢汉.理解媒介——论人的延伸[M].何道宽,译.北京:商务印书馆,2000:33.

② 麦克卢汉.理解媒介——论人的延伸[M].何道宽,译.北京:商务印书馆,2000:33.

和显现的。此时，地方的意义“是被‘主体间地’创造的——在‘地方’的人们(主体)之间”①。

第一，在互动交流中形成地方感。网络场域下的县域地方感在讨论的过程中逐渐形成，这种讨论体现出网民行使自身话语权，打破大众传媒对议题的垄断。此时，地方感不只是源于机构媒体单方的信息传播，而是通过网友间的交流和讨论形成。

第二，在多元表达中形成地方感。互联网让人人都有麦克风，县级融媒体中心手机客户端上的互动版块，如“西海岸传媒”的“微拍客”版块，许多网友将身边的景象拍摄后通过这一版块上传。对于其他客户端用户来说，他们看到的内容不都是来自县级融媒体中心的记者编辑人员，多元用户拍摄的西海岸新区能够形成对县域地方感的多元表达。此外，客户端新闻版块还提供留言功能，用户可以在新闻下方发表自己对新闻的看法。客户端用户以主动表达取代了报纸读者的被动阅读，留言评论成为对文本的二次生产。除了客户端的内容生产者，用户也成为客户端的一个“主体”。尽管留言评论的用户占比非常低，但这些留言却成为其他用户阅读的文本。对于客户端所报道的内容，用户的留言和评论可能起到强化、抵消、补充等不同的作用，共同影响着用户对地方的感知。

第三，从感受地方到表达地方。大众传媒在建构地方感的过程中，受众的地方感“隐而不显”，属于纯粹“感受”的层面。这也是过去对地方感的讨论中较为普遍的看法，强调地方感是一种主观体验。然而，互联网和移动互联网给了网民表达的平台，地方感不仅仅是被“感受到的”，更是“被表达出来”的。在县级融媒体中心的手机客户端上，用户可以通过留言评论等方式表达对县域地方的感受。例如，在一些客户端的“问政”版块，县域群众用留言的方式表达对县域公共治理、政务服务等方面的好恶认知。在一些涉及地方历史、地方文化的内容的页面低端，县域民众直白地表达对地方人文底蕴的自豪和认同。

因此，县级融媒体中心的建设过程也是对地方感重新塑造的过程。这种重新塑造不仅仅局限于作为结果的地方感本身，而是对地方感塑造方式的转变：由单向到对话，由过去在主-客二元对立的关系中塑造变为“主体间”地塑造。这种变化将影响用户对县域的认知以及县域地方感的形成。

---

① 鲍尔德温等.文化研究导论[M].陶东风等，译.北京：高等教育出版社，2004：147.

四、视频产品与可见的县域

各县级融媒体中心大都在客户端开设视频栏目，视频栏目分为两大类型：一类是短视频，另一类是直播。短视频产品如“邹鲁融媒”的“邹视频”、“智慧宁津”的“鬲视频”。除了这些固定栏目，在各县级融媒体中心开设的微信公众号、抖音号、微博账号等平台中，短视频也成为县级融媒体中心进行信息传播和新闻宣传的常见形态。

例如，邹城市融媒体中心组织21位融媒主播精心推出《邹鲁主播说》《邹鲁主播非常说》系列短视频、《邹鲁融媒好声音》《邹鲁夜读》系列音频。2020年抗击疫情期间在抖音平台推出的短视频《谢谢您！最美逆行者》点击量过亿，点赞750万次，吸粉45.7万次，一度登上热搜榜第四位。《一级响应面前，别存侥幸！》点击量达到6000万次，点赞188万次。邹城市融媒中心全年共生产短视频2000余条，点击量过亿的2条、过千万的8条、过百万的45条。[①]

直播也成为县级融媒体中心对一些重要新闻事件进行报道时的常见做法，例如“i桓台”在“直播”版块开设有“新闻直播”“公益直播”等分版块，“醉卧兰陵·2022兰陵县春节联欢晚会”“少年强　中国强　青少年艺术素养展演”“桓台县第十九届人民代表大会第一次会议”等都通过客户端进行直播。为了与慢直播相区别，本研究把这类直播称为“现场直播”。

直播还成为县级融媒体中心服务县域政务的重要方式。2020年，滕州市融媒体中心对滕州市新旧动能转换现场观摩会涉及的21个镇街(开发区)、42个项目点进行了视频连线直播，200多名参会人员坐在主会场内，“足不出户”通过高清视频多维度观摩了项目现场的实时画面，并通过视频连线与工地上的技术人员直接对话。原本需要两天的现场观摩活动，只用了短短的1.5个小时，节省了大量的人力、物力和财力支出。同年6月中旬，山东省军区召开深化基层武装工作观摩集训会议，指定滕州市融媒体中心负责全程报道，滕州市融媒体中心对分布在5个镇街、6家单位的9个集结场点、12个点校课目进行了视频连线直播，取得了十分理想的观摩效果。[②]

尼尔·波兹曼(Neil Postman)指出，“我们的文化正处于从以文字为中心向以形象为中心转换的过程。”[③]影像作为一种视觉符号，不同于传统的雕

---

① 内容来自邹城市融媒体中心。

② 内容来自滕州市融媒体中心。

③ 波兹曼.娱乐至死[M].章艳，译.北京：中信出版集团，2015：10.

塑、建筑等只能在现场进行感知，也不同于纸媒时代的漫画、图片等只能以静态的形式出现。影像以其跨越语言文字障碍、打破时空限制、极大降低认知门槛的优势，成为一种重要的传播手段。从"媒介即隐喻"出发，视频必将影响我们对社会现实的认知，以视频的形式对县域景观的再现对于观看者的地方认同、地方认知和县域意义的获得都将不同于文字产品。

各县级融媒体中心充分利用视频的方式展现县域文化、地理景观等。对于看到这些视频、直播的用户来说，县域对于他们有了新的意义、产生了新的认知。例如，滕州市融媒体中心的"上善传媒"客户端在视频版块推出"微山湖的前世今生"系列视频，截至 2022 年 2 月，该视频已更新 10 期，每期视频 1 分钟左右，对滕州市重要自然景观和地理标志微山湖进行了全方位报道和解读。对于滕州群众来说，尽管他们生活在微山湖旁边，但是他们对微山湖的了解可能仅仅停留于表面。系列视频的梳理和解读，对于滕州群众充分了解微山湖有积极作用。在视频中，微山湖不再仅仅是一个湖泊，而是一个与滕州百姓休戚与共的有生命的主体。地方景观的意义在此得到进一步凸显和更新。"上善传媒"客户端还上线"滕州博物馆精品文物展"系列视频。在这一系列视频里，四瓣目纹铜鼎、碧玉双耳杯、玉璧、玉璇玑等国宝级文物在视频里得到展示。对于一个没有去过滕州博物馆的滕州市民来说，这些文物的展示可以让他重新认识滕州丰富的历史文化资源，形成对滕州的新的认知。

"邹鲁融媒"开设的"慢直播"项目"岱南奇观 · 灵秀峄山"，对邹城重要历史文化景观峄山进行 24 小时不间断直播。无论是当地群众还是外地游客，只要打开手机，随时可以观看峄山的实时景观。另一个"慢直播"产品"今天你文明出行了吗"，则把邹城某重要道路十字路口的场景向用户展示。"爱章丘"的"慢直播""24 小时章丘：梅花泉、城子崖博物馆、眼明泉"，同样 24 小时不间断地将这三个标志性景点展现给客户端用户。其中，梅花泉五股水柱喷涌而出的壮观场景，给用户以强烈视觉体验。"慢直播"一般采取将固定摄像头与客户端系统相连接的方式，将类似于监控摄像的视角呈现给客户端用户。遍布各个角落的监控摄像头让我们的社会成为"全景监狱"①。固定摄像头在监视人类行为的同时，也成为忠实记录县域风景的工具。无论是普通网友还是记者，他们拍摄视频是以个人视角主动捕捉画面，其中掺杂着个人的主观因素。而监控摄像头则是守株待兔般将镜头定格在某个区域，能够最大限度地摒除拍摄者的主观偏向。经人类认识的世界都不是"自

① 福柯.规训与惩罚[M].刘北城，杨远婴，译.北京：三联书店，1999：224.

在世界”,都是同主体相关联的客体,是依赖于人的意识的“表象”。[①] 视频监控一定程度上排除作为认识主体的个人与作为认识对象的世界之间的主客二元关系,监控视频成为与现实本身距离最近的视觉影像。

凯文·林奇(Kevin Lynch)将道路、标志物作为两类重要的城市意象。[②] 县级融媒体中心的慢直播中出现了大量标志性意象。影像以其批量可复制性得以广泛传播、重复观看,观众不用到现场就可以获得有关县域的城市意象。这些产品左右着人们对县域意义的感知,成为意义网络的重要方面。

第六节　县级融媒体中心强化自身建设的部分案例

县级融媒体中心的内容生产,归根到底要落实到各采编人员上。山东省内的县级融媒体中心多在原县级电视台、县级报社的基础上组建而成。在单位性质上多为一类或二类事业单位,部分工作年限较长的工作人员往往具备事业编制;而那些新入职的工作人员由于编制限制,大部分只能以合同工的方式入职。调动员工的积极性从而生产出优质的内容产品,成为县级融媒体中心融入县域意义网络的重要抓手。调研过程中,笔者发现了一些体制机制、人才、薪酬等方面的先进案例[③],主要如下:

一、体制机制方面的探索

西海岸融媒体中心改革用人机制,破除事业编、编外人员身份界限,实行一个机制用人。中层公开竞聘,5 名编外人员担任部门主要负责人、17 人走上中层副职岗位,占中层干部总数的 55%。职工全员竞争上岗、双向选择,实行岗位动态管理。制片人和主管等重要业务岗位非在编人员达 46 人,占比 90.2%。

滕州市委、市政府制定了《滕州市融媒体中心建设实施方案》,整合原滕州日报社、原滕州市广播电视台的人员和资产,成立由市委直属的公益一类事业单位滕州市融媒体中心。推行“媒体+公司”运营新模式,以原报社、广电两家新闻机构经评估后的实物资产作为注册资本,由市政府授权市城市国有资产经营有限公司持股,组建国有企业滕州市上善传媒科技有限公司,

① 叔本华.作为意志和表象的世界[M].石冲白,译.北京:商务印书馆,2018:26.

② 林奇.城市意象[M].方益萍,何晓军,译.北京:华夏出版社,2001:35-36.

③ 内容来自西海岸、滕州、寿光、环翠、桓台融媒体中心。

与融媒体中心实行“两套机构、一个班子、集中管理、分别运行”。为确保新闻机构整合后的人心稳定、思想安定，滕州市委、市政府出台“四个不变、一个不减”，即人员身份不变、绩效考核分配方式不变、工资发放渠道不变、人员待遇不变，财政保障程度不减；融合完成后，继续坚持“老人老办法，新人新办法”，原事业编制人员身份不变、待遇不变，充分尊重职工意愿，保障职工合法权益。在采编流程上，按照“一体策划、一次采集、多元生成、分众编辑、全媒发布”的融媒体发展要求，建立完善新闻采编、技术保障、行政后勤、广告经营“四大中心”，设立了18个职能科室，明确了各部位的工作职能和岗位职责。新闻采编中心修订完善了新闻策划、选题采访、编辑发布、三审三校、稿件考评、新闻阅评等制度，打通了报纸、广播、电视、新媒体的稿件传输路径，分级编辑、分级审核、分级把关。

寿光日报社1993年创办，2004年改为股份制民营企业。2019年10月，由市财政出资3500万元一次性收购，由民营企业变为国有企业。寿光市融媒体中心根据《寿光市关于加快推进融媒体中心建设的意见》，落实用人自主权，对资源、服务、平台“合并同类项”，打破界限，组建全媒体采编团队。按照事业单位企业化运作的模式设置了组织、干部、薪酬、制度“四大体系”，实行中心党委领导下的编委会、经管会、管委会、技委会运行机制，理顺并细化制定各项管理办法。

环翠区融媒体中心调整组织结构，将传统的新闻、总编等部室调整为融采、融媒、融创、融发、融合、媒资等“七部”和办公“一室”，建设电视、微信、微博、学习强国、抖音、快手等10多个平台，明晰牵头运营部室、运营负责人，做到平台有人管、责任有人担、宣传有合力，将工作重心逐步从传统的话语方式向新媒体倾斜。中层岗位全部解聘，重新竞争上岗，公开选拔7名中层正职和13名中层副职，3名编外人员走上中层领导岗位，同步进行员工双向选择，全面形成人岗相适、人尽其才、能上能下、充满活力的用人机制。

二、薪酬分配方面的探索

寿光市融媒体中心出台《关于鼓励员工岗位成才的奖励办法》等管理制度，鼓励职工向一线、向融媒体岗位流动，对100多名中层干部全部竞聘上岗。重构薪酬体系，以岗定薪、岗变薪变、同工同酬、按劳取酬，所有人员依据岗位责任和工作业绩进行分配，实现由身份管理向岗位管理转变，并与年度考评和年终绩效考核挂钩，调动了员工工作积极性。

桓台县融媒体中心制定出台《桓台县融媒体中心内部机构任务指标及岗位考核工资系数配置》等30多个制度办法。打破身份、职务限制，推行全员竞聘上岗、双向选择，改革绩效考核和薪酬发放办法，在编人员和编外人员实行统一的岗位绩效考核办法。坚持向一线倾斜，从后勤部室到一线部室，确定了1.0～1.6阶梯系数。改革后，融媒体中心中层负责人中，“80后”“90后”占比超过50%，提升了员工工作积极性、主动性和创造性。2020年中心运营收入与上年相比不降反升，增长14.47%。2020年全员工资应发额与2019年相比增长了11%，编外人员工资应发额增长幅度达到15%。

环翠区融媒体中心创新考核机制，对41个工种定岗定责，科学设计41组考核指标，采编岗位的考核指标由传统的稿件及视频主观评价，全面向以点击量、转发量、用户量等为代表的客观指标过渡，通过软件对考核办法进行逐条固化，形成多劳多得、精准兑现的局面，驱动从业人员运用全媒体手段进行采编。

三、队伍建设方面的探索

滕州市融媒体中心创新考核机制，推行绩效考核，由各媒体平台依据内容、质量等不同情况进行考评。打破编与非编人员界限，不看身份看表现、不看学历看能力、不看资历看贡献，把一批想干、能干、会干的专业型、复合型人才推向一线，放到重要岗位。2020年以来，滕州市融媒体中心通过“优选人才计划”引进了1名新闻硕士研究生，破格招录了1名男播音员列入正式编制，先后选派2名新闻记者到省电视台实习培训，有30多人次分别参加了新闻专业知识、融媒体专业知识、采编播技术知识培训班，为融媒体中心发展奠定了坚实的人才基础。

桓台县融媒体中心制定《桓台融媒“蜕变·成长”职工岗位成才计划实施方案》，强化分类培训，提高全员素质。坚持请进来、走出去、强内功，全面提升全媒体全过程采编技能。

四、小结

总之，地理、信息、交往和意义，多重网络聚集在一起对县域产生了极为重要的影响，为县域从单纯的地理空间和行政区划演变为真正意义上的居民栖居的地方提供了可能。县域和网络相伴而生，交织而行。对于县域来说，传播“不再是社会结构中一个组成部分的功能，而是构成了整个社会形态的基本要素，传播编织的网络就是社会结构本身”①。

以上四重网络仅仅是县域网络的概貌，叠加于县域的网络远不止于此。

① 孙玮.传播：编织关系网络——基于城市研究的分析[J].新闻大学，2013(3)：1-12.

从不同视角进入，县域网络也会呈现出更加丰富多样的内涵。网络与节点相对，任何一重网络都是无数个节点的连接。

从网络的视角出发，县级融媒体中心要想充分发挥宣传和公共服务的功能，就要让自己成为县域网络的重要节点。这里主要包含两层含义：一是县域信息传播网络的节点，强调县级融媒体中心成为县域范围内各种信息流通的中枢；二是县域公共服务网络的节点，强调县级融媒体中心要与县级有关行政部门协同，将县级融媒体中心打造成县域公共服务输出的节点。两层节点对应服务群众、引导群众这两个县级融媒体中心功能定位。无论是信息传播节点还是公共服务节点，都连接三大类主体：一是信息宣传主体，即县级融媒体中心的各种信息传播媒介及其背后的工作人员，二是公共服务主体，即县级公共服务部门和机构，三是县域范围内的人民群众，人民群众是信息传播的对象和公共服务的对象。

第三章　县域小尺度地方认同的激发与营造

县级融媒体中心融入县域网络，有效引导群众并成为县域公共服务枢纽，能给区县带来什么呢？县级融媒体中心在有效引导群众、服务群众的基础上，带来的一个重要效能是能够激发群众针对县域的小尺度认同。有了县域小尺度认同，县域群众才能更加将自己视为某个县区的居民，才能和县区地方产生更加深刻的精神关联。

第一节　县域媒体与县域小尺度认同

学者普遍认为，认同是建构的产物，地方认同同样如此。在建构地方认同的过程中，媒介发挥了重要作用。相对于城市认同，人们对县区等的认同明显偏弱。城市在人们日常生活和行政管理中作用更加突出。例如，各地出台的各种教育、房地产调控等政策，多以城市为区分。不同城市的政策差异较大，而不同区县的政策差异微乎其微。因此，城市在人们的地方认同中具有较强的凸显性。然而，针对县区的地方认同同样具有重要意义。对地方产生认同，有助于人们更好地在这里生活，更加热爱这个地方。相对于城市，县域是更小范围的地理空间，因此，这里将针对县域的地方认同称为县域“小尺度认同”。①

一、被遮蔽的地方“小尺度认同”

“认同”译自英文 identity，首先是心理学概念。心理学家们从个人认同

① 学者孙玮、潘霁最早提出“小尺度认同”这一概念。见孙玮，潘霁.空间争夺战——中国大城并区的媒介话语分析[J].探索与争鸣，2016(10)：118-123.

的角度来回答“我是谁”的问题，强调认同是个体对自我的一种确认。其次，认同还是个社会学概念。如前文绪论中提到的，认同是个体归于特定社会群体的归属感以及个体作为某个群体成员(group membership)感受到的情感和价值。最后，认同还与地方密切相关，认同也是一个文化地理学上的概念。

城市是一个极为重要的地方，城市认同成为人们最重要的地方认同。“城市在建构日常生活方式和文化体验以及在其空间内建立和消解集体与个人的意义并形成身份认同方面，都发挥了关键作用。”①无论是行政管理、新闻报道还是居民个人的身份认同、日常生活，“某某城市”都成为显性话语渗透到社会的方方面面。“我是某某城市人”，也是陌生人相遇时做自我介绍时常见的话语。莱芜市和济南市合并后，山东的地级市数量由 17 个减少到 16 个。16 个城市，成为当地居民最重要的地方认同。城市之下，还有县域行政单位县、区、不设区的市等。相对于城市认同，县域认同长期以来是一个被忽视的领域。

人口规模大、密度高和异质，被路易·沃斯(Louis Wirth)看作是城市的三个基本特征。② 同时，人口的异质性也会被投射到城市空间中，形成不同群体的隔离。阶层、种族、性别、职业……具有某种共同社会范畴的个体往往与某个城市空间联系在一起。经济状况将不同收入的群体隔离在不同居住区域，性别上的差异让某些城市空间成为女性的禁地，遍布美国各大城市的“唐人街”以及“小意大利区”凸显了种族作为城市空间隔离的因素。人口的异质可以成为城市空间差异形成的原因。同样，空间上的隔离也会形成并强化个体对自身独特身份的认知。长期居住在“唐人街”或“小意大利区”，会不断提醒自己少数族裔的身份并形成与城市其他人口相比独特的地方认同。

城市空间的差异和分化在很大程度上是人口因素导致的无意识的聚集。除此以外，“城市规划已经成了另一种分割的力量”③。人为的规划和对城市的分割同样能够形成城市分区，且产生深远持久的影响。上海“上只角”和“下只角”的区分源于百年前的租界和华界，又分别延续为上海的核心

---

① 史蒂文森.城市与城市文化[M].李东航，译.北京：北京大学出版社，2015：67.

② 沃斯.作为一种生活方式的都市主义[M]//汪民安，陈永国，马海良，主编.城市文化读本.北京：北京大学出版社，2008：147-151.

③ 布里奇，沃森.城市差异[M]//布里奇，沃森，编.城市概论.陈剑锋，袁胜育等，译.桂林：漓江出版社，2015：272.

城区和边缘城区。同时,这种分区也作用于区域中的人,成为居民自我认同的一部分,住在“上只角”代表着身份和优越感。行政分区也会成为城市空间分化的因素,甚至当行政分区消失时,它依然成为居民深层次的地方认同,左右着居民对“我是谁”的判断。尽管上海市“南汇区”已于2009年划归浦东新区,“南汇”作为一个行政分区已经从地图上消失,但是,“南汇人”依然经常出现在网络论坛和微信文章中,成为当地居民深层次的身份认同。对于居住在原莱芜辖区内的居民,尽管行政区划的调整使得他们成为济南人,但对济南的地方认同不会随着行政区划的调整而立刻完成。作为一个县域,莱芜居民对莱芜的认同会明显强于济南其他县域居民对所在县域的认同。其原因就在于,莱芜曾经是一个城市,而城市作为一个地方认同的“强势空间”会带来持续性影响。

同一个城市的不同地方并不是均质的、同一的,城市内部充满着差异,是多样化地方的共存。“有必要在更广阔的领域争取差异权,争取与众不同的权利,以反抗均质化、分裂、等级制权力日趋强大的力量。”①而“无论在哪个城市,都存在一些有明显特征的地域,这些地域相互影响,在城市内部形成了一定的空间类型。于是,整个城市的社会经济形势和人们在城市空间内的日常生活相互纠葛,其结果就作为地域结构显现出来”②。对于某个城市来说,这种差异首先体现为县域的差异。不同区、县、不设区的市,由于历史文化、风俗习惯、经济传统等方面的不同,存在一定的差异。这种差异呈现在居民的理念中就是县域认同上的差异。相对于城市认同,县域认同在空间范围相对较小、覆盖人口相对较少、差异程度较轻微,不同县域居民地方认同方面的差异和体验往往也较不明显。因此,笔者这里将针对县域的地方认同称为县域“小尺度认同”。

“个人的认同和他的那些重要他者的认同都系着在某一个特定的地点(locale),一个物理的空间。”③城市内的异质空间意味着小尺度认同存在的可能。2019年,济南市和莱芜市正式合并前,就传出莱芜市将变成“济南市莱城区”的消息。这一消息一传出,瞬间在莱芜居民中炸开了锅。有不少网友认为,应当留下“莱芜”的名字。县域小尺度认同在合区这一行政举措中

---

① Edward W S. 第三空间——去往洛杉矶和其他真实和想象地方的旅程[M]. 陆扬等,译.上海:上海教育出版社,2005:43.

② 陈映芳,水内俊雄,邓永成,黄丽玲.直面当代城市:问题及方法[M].上海:上海古籍出版社,2011:147.

③ 费瑟斯通.消解文化——全球化、后现代主义与认同[M].杨渝东,译.北京:北京大学出版社,2009:150.

得到凸显。

城市中的地域差异早就引起学者的关注。早在20世纪上半叶，就有学者提出城市发展的“同心圆”模式，将城市划分为中心地带、贫民窟、过渡地带、工人住宅区等不同片区。[①] 城市内部不同空间之间的差异不仅限于此，除了中心与边缘、商业与居住、贫民区与高端住宅区这些看得见的差异外，还存在着深层次的历史文化差异。然而，这些差异因为城市自身巨大影响力的彰显而被湮没，居民对于城市内部不同地方的小尺度认同也被对于整个城市的认同遮蔽，长期以来被官方主流话语忽视。

地方认同不是固定的、单一的，而是多样化的，始终处在流变的、动态的重构过程中。针对地方的小尺度认同可能长期隐而不显，但是一个公共事件、一个行政举措可能将这种认同激发出来，发生由潜到显的转变过程。学者针对美国移民城镇“小瑞典”的研究发现，在瑞典成为统一的民族国家之前，这里的移民对小城镇的地方认同主要基于瑞典境内的不同区域。瑞典统一后，民族国家成为小镇居民建构地方认同的因素，从而重新形成了地方认同，确立了属于自身的文化身份。[②]

地方小尺度认同兼具前文的心理学、社会学和文化地理学上的认同含义，是个人认同、社会认同和地方认同的结合。首先小尺度认同意味着个体对自我的认知和确认。对于一个人来说，通过对自己生活环境的确认，从“我生活在什么地方”中获得“我是什么地方的人”以至于“我是谁”的认知。其次，小尺度认同还意味着一定地理边界范围内居民之间的“我们感”的获得，即“我和他们同属于某某地方的人”。认同不仅仅只有女性、有色人种、白领、同性恋者、素食主义者这些范畴，个人“同样也是某一特定地理空间和想象中的社群的占有者和参与者”[③]。生活在同一地理边界中的人获得了独特的身份，成为区别于他者的标签。此外，小尺度认同也是对生活环境的依恋和归属，是地方的主观方面，是个体与小尺度地方互动的产物，从而形成“某某地方是我的地方”“我的某某地方是什么样子的地方”的认知。个体将自己与生活的地方紧紧地联系在一起，离开这个地方或者这个地方从行政区划或地理命名中消失则会给居民带来极大的失落感。

---

① 帕克.城市发展：一项研究计划的导言[M]//帕克，伯吉斯，麦肯齐.城市社会学.宋俊岭，吴建华，王登斌，译.北京：华夏出版社，1987：56.

② SCHNELL S. Creating narratives of place and identity in “Little Swe-den, U.S.A”[J]. Geographical Review，2003(1)：1-29.

③ 史蒂文森.城市与城市文化[M].李东航，译.北京：北京大学出版社，2015：51.

二、县域媒体与县域小尺度认同

县级融媒体中心以县域为主要覆盖范围和新闻报道的地理边界。县/区/不设区的市等是中国一级重要的行政分区,县区人民政府是与居民息息相关的基层治理单位。然而,相对于城市来说,县区在居民心中往往成为一种被忽视的存在。尤其是在城市当中,当两个陌生人相遇后,谈及自己的年龄、职业等个人身份信息时,很少有人会称自己是某某区人,而更多的会说自己住在某某路、某某小区。因此,县域作为一个地理空间,往往存在地方认同缺乏的现象。

认同是建构的结果。“从社会学的观点来看,很容易同意所有的认同都是建构的这一事实。”①传媒在当代社会获得了越来越突出的影响力,在认同建构中发挥着越来越重要的作用。尽管全球化进程扮演了将人们的认同拉出一城一地的作用,让认同的边界越来越模糊,然而,地方性媒体对地方性新闻事件的关注扮演了激发地方认同的角色。

对于县域认同来说,媒介的作用同样重要。媒介不仅能够建构居民的县域认同,还能为这种认同建构具体的边界。县级融媒体中心作为一种县域媒体,报道县域新闻、传播县域范围内的相关政策、关注县域人和事,对于构建居民对县域的小尺度地方认同能够发挥积极作用。

第二节　信息传播:形成小尺度认同的认知基础和地理边界

“信息”一词代表着丰富的意涵,信息的范围十分广泛。广义的信息与物质和能量并列,构成人类社会的根本。信息是很多学科的研究对象,同样也是新闻传播学的重要研究话题。县级融媒体中心开展的各类信息传播活动在建构城市居民的县域地方小尺度认同上主要发挥两方面的作用:首先,以县域为新闻报道的主要地理空间覆盖范围,提高了县域的可见性,突出了县域作为小尺度认同的边界;其次,针对县域进行的报道让居民对所在县域产生充分的认知,进而产生熟悉感和亲切感。

---

① 卡斯特.认同的力量[M].夏铸九,黄丽玲等,译.北京:社会科学文献出版社,2003:4.

一、提升县域地方的可见性

段义孚强调可见性对地方的作用，并认为“地方是任何能够吸引我们注意力的稳定的物体”①。这种可见性有很多来源，政治权力的行使、视觉上的独特性、地图上的区划等都可以为地方提供可见性。“地方与认同之间互动关系的前提在于承认地方性的存在”②，较强的可见性能够让人们获得对地方的明确感知。

县域作为一级基层行政分区，能够提供有限的可见性。但是，县域的边界只存在于行政区划的地图上，居民在日常生活中极难感知县域这一地理空间的存在。因此，尽管县域在城市地图中有明确的边界，但是这个边界无法在居民心中形成明确的认知。让居民明晰县域的边界，明晰县域作为自己生活的一个地理空间单元，对于形成以县域为地方的小尺度认同就具有重要意义。县级融媒体中心以县域为新闻报道的主要覆盖范围，能够强化居民对县域的认知，从而让县域成为小尺度认同的地理边界。

县级融媒体中心报道的大量内容是本县域范围内发生的新闻，报道的新闻人物也是同一个县域的居民。“某某县”“某某区”等成为县级融媒体中心各媒介平台上最常出现的字眼。以潍坊市寿光市融媒体中心的新闻App“寿光云”为例，2021年11月12日，其App首页的要闻版块的新闻中，除中央、省市部分新闻外，大部分新闻都是寿光的人和事。如，“寿光市领导就今冬供暖工作进行现场调度”“@寿光人：2022年医保缴费开始啦”“寿光市成功入选全省农村和谐社区建设示范单位”“寿光城市亮化建设有限公司：一心为民办实事，城市亮化暖民心”“寿光市公交公司：载满幸福再出发”等。再如，2021年11月12日的淄博市张店区融媒体中心的新闻App“爱张店”的首页的新闻：“做好民生实事　建设幸福美丽张店”“张店：多彩墙绘亮相扮靓魅力城市”“张店：行道树涂白‘穿新衣’，呈现独特亮丽城市风景线”等。

段义孚强调经验对地方的重要性，“文学艺术能够引起人们对那些我们原本可能没有注意到的经验领域的关注”③。县级融媒体中心各媒介平台上大量以“县域”为报道主体的新闻让“县域”这一地方在居民心中不断“刷存

① 段义孚.空间与地方：经验的视角[M].王志标，译.中国人民大学出版社，2017：133.

② 朱竑，钱俊希，陈晓亮.地方与认同：欧美人文地理学对地方的再认识[J].人文地理，2010(6)：1-6.

③ 段义孚.空间与地方：经验的视角[M].王志标，译.中国人民大学出版社，2017：134.

在感”,“县域”作为地方获得了极大的可见性,成为人们“经验”到的地方,进而成为小尺度认同的边界。“指示出某一空间的各种边界既有空间形式的,也有叙事形式的。”①居民通过县级融媒体中心强化了“自己是某某县域居民”这一身份,产生“自己属于某某县域”这一身份归属感,进而激发出较强的针对县域的小尺度地方认同。

二、强化居民对县域生活环境的认知

从符号学的角度来看待城市,突出城市的意指性,把城市作为能指符号体系,便有了“城市符号学”这一说法。凯文·林奇(Kevin Lynch)提出“城市意象”的概念,指“个体头脑对外部环境归纳出的图像,是直接感受与过去经验记忆的共同产物”②。这些概念都以城市作为文本,强调居民对城市的阅读和体验。阅读地方首先要感受地方。对城市的感官体验也来源于城市中的漫步和游走。“他们行走——一种城市经历的基本形式;他们是步行者,是行人,他们的身体在自己书写的却又读不到的城市‘文本’的拥挤或空旷处流动。”③在这里,城市作为文本,居民感知它的存在,形成对城市的认知乃至认同。

此外,文本中的城市,也是居民体验城市的另一种方式。“由活生生的个人体验构成的‘真实的’城市与由再现和幻象组成的‘想象中的’城市是相互影响的。一个是可感知的表面的城市——由步行道、建筑物和车行道等组成,另一个则是文学、流行文化、轶闻和回忆依存的场所。”④文字、图片、影像,城市通过再现作用于居民的感知,是城市居民心中建构的城市意象的重要来源。

地方认同是人地互动的产物,对地方的认知是认同形成的前提。只有对自己生活的地方形成充分的认知和一定的熟悉感、亲切感,明确“我生活的地方是什么样子的”,才能在此基础上获得较高程度的认同。对于县域的小尺度认同来说,居民获得不了关于区县的足够信息,小尺度认同就失去了形成的凭借。媒体的报道能让居民对生活环境产生认知并逐渐熟悉。县级融媒体中心以其信息传播活动成为居民心中“文本中的区县”,从而为小尺

① 史蒂文森.城市与城市文化[M].李东航,译.北京:北京大学出版社,2015:86.

② 林奇.城市意象[M].方益萍,何晓军,译.华夏出版社,2001:5.

③ 塞都.城中漫步[M]//汪民安,陈永国,马海良,主编.城市文化读本.北京:北京大学出版社,2008:165.

④ 史蒂文森.城市与城市文化[M].李东航,译.北京:北京大学出版社,2015:142.

度认同的建构提供支撑。

县级融媒体中心大量内容是对县域物理景观的再现和阐释，这些内容多以视频的方式呈现。如“爱张店”App于2021年11月11日发布的短视频“张店：多彩墙绘齐亮相”，11月8日发布的“张店雪景来袭 全域公园建设为市民增添雪趣”，10月26日发布的短视频“家乡美不美，TA们最有发言权”等。展现本县域美好的物质生活环境成为县级融媒体中心报道的重要内容，除了这些视频作品外，在日常新闻报道中，县域的物质景观也经常以照片的形式展现。又如，昌乐县融媒体中心开设的新闻App“爱昌乐”，有“图说昌乐”“昌乐景点”等专栏，记者以昌乐的各种风光、景点等增强居民对昌乐自然环境和人文风光的体验。

此外，县级融媒体中心上报道的内容大都是有关本县域的人和事，都属于县域信息。县级融媒体中心对于信息的传播增强居民对自身生活环境的了解，成为居民县域认知的来源，在此基础上形成针对县域的小尺度地方认同。

例如，“最威海 是环翠”于2021年11月11日发布的短视频“这样种植的苹果你见过吗”，以环翠区新元果业的矮化密植技术为报道对象，向居民展示了一种独具特色的苹果种植技术。11月6日发布的报道“让‘四点半’难题不再成为困扰”报道了魏桥社区为解决双职工家庭子女放学照管问题而开设的“四点半课堂”。临淄区融媒体中心的手机App“爱临淄”2021年11月9日发布的短视频“边河的大姜丰收了”等。这些内容，对本区县的农业生产、社会民生等方面进行了全方位报道，有助于强化县域居民对于本县区的认知。对于临淄青年一代来说，他们或许根本不知道临淄区金山镇边河村还有大姜这一农业种植项目。类似的例子比比皆是，媒介代替了现实，帮助县区居民感知自己生活于其中的区县。这种感知对于形成对县区的认知乃至认同，能发挥重要作用。

第三节 交往关系：通过交往获得小尺度认同的“我们感”

“认同”一词的一个重要含义就是同一性，社会认同是具有共同点的个体发现彼此间的同一性并且确认“我们是谁”的过程。社会认同和社会群体在很大程度上可以互相定义。认同与人际关系密不可分，认同在很大程度上是在人际交往的基础上形成的关于“我们”和“他们”的区分。将自己和其他人表述为“我们”是个体归属于某个群体的重要表现。地方小尺度认同的形成离不开居民间频繁的交往和沟通。县级融媒体中心为居民提供了新的交往方式,让他们视彼此为基于地方而形成的人群的成员,从而促进小尺度认同的实现。这种交往网络的形成主要表现在以下几个方面。

一、以公共活动促进公共交往

在施坚雅调查的四川基层市场中,50 岁的成年男性至少有 1000 次和其他男户主拥挤在一条街的小市场中,这种集市活动“使一个人的熟人圈子扩大,并使他加深对于社区其他部分的了解”①。基层市场延伸出来的社会体系,甚至影响到当地的通婚和宗族关系。“当人们为了共同的目的聚集在同一个空间或场所时,成员之间具备了一定程度上共同的背景理解和社会想象,对这个空间和在期间的联合就有了共同的认同。”②公共空间是居民进行交往、参与公共活动的重要场所,在公共空间中活动能够让居民相互熟识,拉近彼此间的距离,从而强化居民对彼此关联的认知,进而感知到彼此属于同一个人群,产生一种“我们感”。

亨利·列斐伏尔(Henri Lefebvre)对空间的诠释对我们有非常好的启发。他认为,空间不是空洞的容器,“空间不仅被社会关系支持,也生产社会关系和被社会关系生产”③。处于同一空间中的人们会不由自主地发生各种交往行为,哪怕是一次眼神的对视、一次侧身相让都充满丰富的意涵。

公共空间建立的交往关系,是居民认同感形成的重要凭借。在这方面,县级融媒体中心通过对实体空间的“征用”和“生产”以及对实体空间中开展的活动的报道和促进,能够让本来毫无生机的空间充满活力,进而延伸出各种各样的社会交往关系。这些参加活动的居民不但共处于同一空间,还参加同样的活动,形成了共同的目标,其中的一些活动还需要居民间的密切合作。由于这些活动是县级融媒体中心发起的,而县级融媒体中心又与所属县域密不可分,居民通过交往形成的“我们感”很大程度上能够投射到所在县域,产生我们都是“某某区县人”这一认同。

例如,区县、街道办举办的各种文化惠民活动是县级融媒体中心报道的重要内容。过去文化惠民的“酒”因“巷子”深,导致老百姓闻不到活动的

---

① 施坚雅.中国农村的市场和社会结构[M].史建云,徐秀丽,译.北京:中国社会科学出版社,1998:45.

② 王新生,宁乐锋.现代公共领域及其特性——查尔斯·泰勒的公共领域概念评析[J].江海学刊,2008(4):33-39.

③ 列斐伏尔.空间:社会产物与使用价值[M]//包亚明,主编.现代性与空间的生产.上海:上海教育出版社,2003:48.

“香”。而县级融媒体中心能利用各种媒介平台对惠民文化活动进行报道和宣传，让辖区居民了解到相关的活动并积极参与进去。例如，青岛市市北区融媒体中心的社区报《市北新声》通过对各种活动的报道，发挥了很好的宣传动员作用。而这些活动有的是在社区广场等公共空间举办，参与的居民充斥其间，交往、沟通和互动会自然而然地发生。类似的报道如，2021 年 10 月 8 日的《“文化之夜”连续 5 载送来欢乐》《图书室、舞蹈室……家门口的文化空间在哪里？22 个“宝藏”文化站让生活有声有色》《千节公益课，文旅局喊您来》等。

此外，县级融媒体中心还经常举办、承办相关活动，引发居民间的参与沟通和交往。其中比较又代表性的如，威海市环翠区融媒体中心举办的以“半月湾国际沙滩音乐节”为代表的户外大型综艺活动，以社区文化节为代表的系列基层文艺活动，以“星垂石窝”轻户外运动小镇系列活动为代表的产业推广活动等。

二、居民间的“精神交往”

本尼迪克特・安德森(Benedict Anderson)把消费报纸的同时性看作是读者想象共同体的重要方面。报纸的特性“创造了一个超乎寻常的群众仪式：对于作为小说的报纸几乎分秒不差地同时消费(‘想象’)”[①]。除了同时性，县级融媒体中心还为读者提供了一种“同地性”：针对县域这一范围，受众是与自己同处一个县域的居民。受众阅听县级融媒体中心的媒介产品时，同样会产生一种共同体的想象。不同的受众使用同一个 App、阅读同一份报纸，在手机 App 的留言区看到其他用户的留言，想象其他受众的存在。一种共同的身份感就此产生。

不仅如此，区县范围内的居民是县级融媒体中心报道的重点。那些没有突出“好”事、也不算掌握特殊本领的“达”人，也登上了县级融媒体中心。这些“新闻人物”几乎不具备传统新闻媒体所认可的任何新闻价值，也永远不可能成为传统新闻媒体的报道对象。但是，他们成了县级融媒体中心各个媒介平台的常客。

通过县级融媒体中心的报道，居民心中的邻居形象真实可见、亲切生动。居民们通过对文本的阅听，感受那些和他从未谋面或者有过见面却无甚交流的人们与自己的关联。不同的人在县级融媒体中心的平台上被报

---

① 安德森.想象的共同体：民族主义的起源与散布[M].吴叡人，译.上海：上海人民出版社，2005：31.

道，他们通过媒介的阅读熟知彼此的存在，甚至开始关注某个人物的"新闻"。尽管彼此素未谋面，这种关联构成了一道虚拟的网络，形成了一种"精神"的交往。被县级融媒体中心报道的居民，在其他居民心中，不再是一个个与自己毫不熟识的陌生人，而是将他们看成是"我们"中的一员，进而建立起交往关系。

市南区融媒体中心的《市南社区报》已连续开设多年。在《市南社区报》中，市南区的每个街道都有专属的报纸版面。该报经常以社区居民为报道对象。例如，2021 年 10 月 29 日的《创城路上，他们是乘风破浪的 C 位担当！——湛山街道辖区志愿者在行动》一文，报道了湛山街道的"橙马甲"志愿者队伍。2020 年 9 月 28 日的《风里雨里　社区报准时送到您手里》，报道了王云霞、郝顺华等 5 位社区报投递志愿者。这些报道让居民更加熟知身边的志愿者们，从而建立邻里间的交往和联系。

"人们主要是从他们所归属的社会范畴那里获得他们的认同(他们的自我感知和自我概念)。"[①]范畴化被看作是社会认同形成的路径，社会范畴能够转化为群体，从而让个体获得社会认同。社会范畴是人群划分的一个维度，国家、地域、性别、种族、阶级、宗教、职业，都是划分社会范畴的不同维度。"范畴化过程，会产生刻板化的感知，即某一社会范畴或群体的所有成员均被感知或判断为拥有某些共同的特征，正是这些特征将他们与其他社会群体区别开来。"[②]县级融媒体中心以县域作为主要报道和传播的地理范围，读者之间通过精神的交往将自己卷入同一个范畴化的过程，居住于同一县域成为大家共享的特征。这个过程让读者们产生"我们都是某某县/区/市人"这一感受，让读者清晰地感受到彼此属于同一个群体，从而形成一致的社会认同。

第四节　意义生成：县域成为"地方"而获得小尺度认同

认同与意义密切相关，吉登斯(Anthony Giddens)认为认同"与人们对他们是谁以及什么对他们有意义的理解有关。这些理解的形成与其他意义来源的某些属性有关"[③]。对居住环境的认可接纳、归属感和身份感的产生

---

① 豪格，阿布拉姆斯.社会认同过程[M]. 高明华，译.北京：中国人民大学出版社，2011：24.

② 豪格，阿布拉姆斯.社会认同过程[M]. 高明华，译.北京：中国人民大学出版社，2011：25.

③ 吉登斯.社会学[M].赵旭东等，译.北京：北京大学出版社，2003：38.

都离不开意义的建构。“县/区/市”原本只是中国社会的基层分区。随着“单位制”的解体，县区、街道、社区等在城市居民的日常生活中获得了越来越重要的地位，从而超脱单纯的行政区划和物理空间，成为一个有意义的地方。

意义也是空间和地方的区别，“一旦空间获得了界定和意义，它就变成了地方”①。因此，“地方经由人类主观性(Subjectivity)的重新建构与定义，超越了空间实体单纯的物质性，进而成为一个充满意义、且处在不断动态变化中的社会与文化实体”②。这种主观性首先来自于人们在地方上的生活体验、日常行走。此外，大众传媒也可以成为人们感受地方意义的凭借。县级融媒体中心以县域为对象所进行的内容生产，为居民提供了“地方的主观方面”，唤醒居民对县域的意义感知，让县区成为一个地方。县区凝聚了意义、成为了地方，则小尺度认同成为了可能。

一、唤醒小尺度认同的集体记忆

哈布瓦赫(Maurice Halbwachs)对“集体记忆”的概念进行了阐释和界定。集体记忆承载着过去和历史，是共同体成员共同经历的见证。同时，集体记忆“需要得到具有一定时空边界的群体的支持”③。县域同样可以成为集体记忆的边界，唤醒和传承县域的集体记忆对于增强居民的认同有重要价值。夏铸九教授在《都会区域中都市传播的空间媒体与意义竞争》一文中举了上海城隍庙的例子。2006年，上海张江公共艺术节“城市进行时”的创作活动中，在上海定居的建筑设计者王惠民运用当时张江老城区中已经被封闭的城隍庙墙壁，以彩绘在外部空白墙壁上重现了城隍庙内部的、居民所熟悉的空间场景，竟然召唤了张江市民深层的城市认同。④

哈布瓦赫同时认为，“集体记忆不是一个既定的概念，而是一个社会建构的过程”⑤。人际交流是集体记忆传承的重要渠道，比如农村里老人对儿孙辈讲述村庄的过往、家族的历史。然而，这种人际交流无论是规模、频次等都是有限的。尤其是城市社区中稀疏的交往网络对于集体记忆的唤醒和

---

① 段义孚.空间与地方：经验的视角[M].王志标，译.中国人民大学出版社，2017：110.

② 朱竑，钱俊希，陈晓亮.地方与认同：欧美人文地理学对地方的再认识[J].人文地理，2010(6)：1-6.

③ 哈布瓦赫.论集体记忆[M].毕然，郭金华，译.上海人民出版社，2002：40.

④ 夏铸九.都会区域中都市传播的空间媒体与意义竞争[M]//孙玮，主编.中国传播学评论(第四辑).上海：复旦大学出版社，2009：15.

⑤ 哈布瓦赫.论集体记忆[M].毕然，郭金华，译.上海人民出版社，2002：39.

传承十分不利。正如有学者所说:“城市邻里似乎是一个没有记忆的空白地带,除了个别影响到许多居民利益的大事情,其他的基本上都在时间的长河中静悄悄地流过去,不留下什么痕迹。”①因此,唤醒和传承集体记忆就离不开媒介的介入,县级融媒体中心作为针对特定地理范围居民的媒介平台,在这方面能够发挥独特的作用。

县级融媒体中心发布的内容中,有不少涉及地方记忆的内容。例如,青岛市城阳区融媒体中心开设的新闻 App“爱城阳”设《文化汇客厅》专栏。在这里,明代著名音乐家王邦直、城阳独具特色的手工品“上马老林家盘扣”“流亭大馒头”等都得到展示。此外,市南区融媒体中心的《市南社区报》此前开设过为数不少的地方记忆类专栏,如“八大峡新闻”的“西镇记忆”、“云南路新闻”的“后海故事”、“洛阳路新闻”的“历史印记”、“兴隆路新闻”的“兴隆记忆”、“湛山新闻”的“湛山记忆”、“江苏路新闻”的“老城印象”等。这些专栏文章既有县级融媒体中心记者自己采写的,也有来自居民自由投稿。内容多涉及县域的河流、楼院、公园、村庄、广场、建筑、典故、人物等。这些要素凝聚着居民的回忆与留恋,成为集体记忆的重要载体。

昌乐县融媒体中心的新闻 App“爱昌乐”有“昌乐文化”专栏,这里面除了辖区居民的散文、诗歌作品外,还有很多内容涉及集体记忆。例如 2020 年 4 月发布的《锚抓官庄的传说》、8 月发布的《瓦罐寺的传说》、12 月发布的《古村记忆——岳辛庄见闻》等。蓬莱区融媒体中心手机客户端“仙境蓬莱”有“生活”版块,其中有大量对蓬莱民俗的介绍,截至 2022 年 2 月已累计更新了 99 期。诸如,“正月十六搬闺女、逛阁”“腊月三十撒马草”之类的传统习俗,通过融媒体中心的报道得以向更多蓬莱区的居民传播。部分传统习俗或许已经在社会的变迁中消失,融媒体中心的报道能够让年轻人了解这些习俗的存在,实现对文化的认同和传承。

有学者感叹现代世界地方性的悄然消失,无地方性(placeless)迅速蔓延。公路、铁路、机场、旅行、搬家等带来的移动性被其视为地方性丧失的元凶。不仅如此,互联网将人们纳入全球互联互通的网络中,进一步降低了人们对地方的感知和体验,强化了无地方性。而根植于特定地方的集体记忆能够成为抵抗地方性丧失的力量。

对县域历史过往的呈现和居民集体记忆的唤醒,突出了县域作为一个地方的历史文化价值,成为全球化背景下“无地方性”的抵制力量。同时,

① 桂勇.城市“社区”是否可能?——关于农村邻里空间与城市邻里空间的比较分析[J].贵州师范大学学报(社会科学版),2005(6):12-18.

"人们回顾过去有各种原因，但是其共同之处是获得自我意识和身份意识"①。县级融媒体中心有关地方历史记忆的专栏通过对集体记忆的唤醒突出了地方的意义和价值，进而让读者获得了属于某一县域这一身份意识，从而强化地方认同。

二、形成小尺度认同的情感依附

段义孚在其早年著作《恋地情结：环境感知、态度与价值的研究》中用"恋地情结"(Topophilia)来形容人对地方或环境的感情，指"人与地方或环境之间的情感联结"②。这种依恋首先表现在对家乡的热爱，对背井离乡的失落和对故乡的思念。此外，还表现在对父老乡亲的熟识、信任，彼此建立起亲密关系，形成守望相助的生活状态。对地方的情感是地方认同的重要纽带，居民对自己的生活环境缺乏情感依附，很难形成有效的认同。

对地方的情感依附的一个重要来源是长期的生活。这一点对于城市居民社区来说尤其不利。城市居民与农村居民不同，农村居民受土地的牵绊流动性相对较弱。而城市居民有较强的流动性，在不同小区之间搬进搬出相对来说十分平常。此外，城市居民缺乏世代传承性。农村居民祖孙数代生活在同一个村庄，城市居民长大成家后往往要到其他小区定居。这意味着城市居民要想形成对生活环境的依恋，存在着较大的障碍。不仅如此，城市是"陌生人"相遇的场所，互不相干的人们居住在同一个物理空间内却鲜有来往，居民间的熟识、信任、亲密无从谈起。

"如果需要花费时间来形成对地方的依恋，那么经验的性质和强度的重要性就不只在于简单的时间持续。"③时间以外的因素也影响着人们地方依恋的形成。县级融媒体中心有大量内容是对居民之间和谐友谊的正面宣传，居民看到类似报道能增强对社区的情感依附与认同。这些稿件讲述居民们友爱互助的故事。类似的报道能让社区居民感受到社区浓浓的情谊，对自己的生活环境产生情感依恋，进而形成较强的认同。例如市南区融媒体中心的社区报刊发的《楼长得了病，邻居凑上手术钱》一稿，将邻里之间守望相助的一面展现在社区居民面前。

县级融媒体中心通过对集体记忆和情感依附的唤醒和激发，让县区不

---

① 段义孚.空间与地方：经验的视角[M].王志标，译.中国人民大学出版社，2017：154.

② TUAN Y F.Topophilia：A Study of Environmental Perception，Attitude，and Values[M].Englewood Cliffs，New Jersey：Prentice-hall，Inc.，1974：4.

③ 段义孚.空间与地方：经验的视角[M].王志标，译.中国人民大学出版社，2017：163.

再仅仅是城市行政规划地图上的一个物理空间。“县域”这一特定的边界范围附加了更多的意义。意义是空间与地方的重要区别,意义的赋予意味着空间到地方的转变。县级融媒体中心通过对意义的生产,让县域成为有意义的地方,从而激发居民的小尺度认同。

第四章 理论反思:联结——作为媒介的一种功能

一方面,将县级融媒体中心视为县域公共服务枢纽,强调的是县级融媒体中心密切连接县域民众,县级融媒体中心的每个平台都成为县域网络的一个节点。平台本身成为网络的中心节点,而万千县域用户通过对 App 的注册下载,对微信公众号、微博等的关注,对报纸、广播、电视等平台的阅读收看和收听,围绕在县级融媒体中心这一节点周边。另一方面,将县级融媒体中心视为县域公共服务枢纽,也强调县级融媒体中心成为县域公共服务输出的重要节点。县级融媒体中心通过信息发布、民意收集、在线办事和内容提供等,成为众多县域公共服务项目的承载者,真正发挥"服务群众"这一县级融媒体中心功能定位。

节点也是一种中介、一种联结方式。在《关键概念:传播与文化研究辞典》中,约翰·费斯克(John Fiske)等将 mediation 界定为"在双方之间进行调停以影响彼此关系的行为,通过一个制度性公共机构(agency)向受众传输社会知识与文化价值的行为"①。在《关键词:文化与社会的词汇》中,雷蒙·威廉斯(Raymond Williams)指出,mediation 词源为拉丁文 mediacion,意指分成两半、占据中介位置、作为一个中介。英文 mediation 早期的意思主要有两个:在两个对手之间做调解,一种传递的方式或是作为中间的媒介。第二个含义中强调没有这个中间的物,就无法实现接触。在使用过程中,mediation 出现越来越多的意涵,从"和解"到"中间的"再到"间接的"。②

2008 年,索尼亚·利文斯通(Sonia Livingstone)当选为国际传播学年会主席并发表了就职演说。利文斯通认为,中介指的是两个相区分的元素、成

① 费斯克等.关键概念:传播与文化研究辞典[M].李彬,译.北京:新华出版社,2004:161.

② 威廉斯.关键词:文化与社会的词汇[M].刘建基,译.北京:三联书店,2005:301-305.

分或过程之间的联结,其本意为第三方调解两方的争议并使得他们形成相互理解的过程。① 也就是说,由于中介物的介入,双方产生了联结的可能。对此,潘忠党教授表示:“作为中介的物和力量具有相对的独立性,包括其运作的逻辑和所发挥的作用,也因此被连接的双方对中介也产生了相应的依赖。”②

19世纪中期后,普及化的多种电传媒介,如电报、电话、电影、广播等,都涉及新的社会行动与互动方式、新的社群关系及新的与他者或自我联结的方式。③ 联结成为媒介的重要功能之一,不同的媒介能够产生人与人不同的联结方式。如电视等大众传播的电子渠道能够实现不同空间的人在同一时间内对信息的共享,这些人群通过信息共享的方式实现了联结。这种联结比安德森所谓的报纸在“地铁、理发厅、邻居处被消费”具有更强的同时性。推特(Twitter)等社交软件更使媒介联结功能得到极大彰显。根据“六度分割理论”,在前社交媒体时代,世界上的任何两个人只要经过六次联结就能产生联系,而社交媒体的出现,让陌生人的联结由“六度”变为“一度”。只要你注册了推特账号,甚至能和美国总统直接对话。

德国传播学者安德斯·夏普(Andreas Hepp)运用拉图的行动者网络理论(actor network theory)分析,媒介作为技术物,如何成为建构特定社会关系的“节点”。他将“媒介”立基在不同技术所容许的传播或沟通网络上。报纸或电视的传播行动立基于“生产的媒介传播”(produced media communication)网络,其特性是由高度集中化的组织提供特定内容成品,并在流通的过程中串联起一个群体或个人。电话或手机的沟通则是基于“交互的媒介沟通”(reciprocal media communication),其特性是强调一对一、互动且超越地理限制的人际关系联结或维系。④ 其关键在于,不同的媒介所建立的联结关系不同,不同的联结关系还可能产生进一步的社会和文化后果。

因此,中介强调联结,强调中介物在被联结双方发生关系上所发挥的作用。如果没有中介物,那么彼此之间就无法实现联结,也就无法发生各种各样的关系,无法建立多样的社会关系网络。“由不同媒介提供的联结性所构

① LIVINGSTONE S. On the mediation of everything: ICA presidential address 2008[J]. Journal of communication, 2009,59(1):1-18.

② 潘忠党.“玩转我的iPhone,搞掂我的世界!”——探讨新传媒技术应用中的“中介化”和“驯化”[J].苏州大学学报(哲学社会科学版),2014(4):153-162.

③ THOMPSON J B.The media and modernity: A social theory of the media[M]. Stanford, CA: Stanford University Press,1995:4.

④ HEPP A. Cultures of mediatization[M]. Cambridge,UK: Polity Press,2013:64.

成的传播或沟通网络以及其巩固的联结关系，在日积月累的实践下可以被物化(reified)为特定的社会关系网络。”[①]

从中介这一视角出发，我们可以重新对“什么是媒介”进行审视。除了传递信息外，进行联结也可以被看作是媒介的功能之一。这种联结让原本孤立的各方产生了关系，哪怕联结过程中没有显见的信息传递痕迹。尼克·库尔德里(Nick Couldry)将这种与媒介有关连性，但未必属于媒介讯息传递的核心行为，统以“媒介实践”称之。[②] 从中介的视角出发审视县级融媒体中心，则可将其看作是将不同的人联结在一起，并使之发生各种各样的交往、形成各种关系网络的机制。

---

① HEPP A. Cultures of mediatization[M]. Cambridge, UK: Polity Press, 2013: 58-59.

② COULDRY N. Listening beyond echoes: Media, ethics, agency in an uncertain world[M]. CO: Paradigm Publishers, 2006: 33-34.

结　语

本篇从网络的视角出发，将县级融媒体中心视为县域网络的重要节点。县级融媒体中心通过融入县域网络连接县域居民，从而更好地发挥公共服务功能，使自身成为县域公共服务网络上的节点。网络，是本篇分析县级融媒体中心的一种视角。正如曼纽尔·卡斯特(Manuel Castells)所言："信息时代的支配性功能与过程日益以网络组织起来。"[①]将县级融媒体中心视为县域公共服务枢纽，强调的是县级融媒体中心密切连接县域民众，平台本身成为网络的中心节点，而万千县域用户围绕在县级融媒体中心这一节点周边。

那么，县级融媒体中心在发挥公共服务职能方面能够承担哪些节点性职能呢？首先是信息发布节点，县级融媒体中心利用其媒介矩阵发布各种与公共服务有关的信息。县级融媒体中心充分发挥其媒体属性，使得公共服务信息能有效触达公众，充分满足公众对公共服务的知情权和享有权。使其充分获知公共服务信息，进而有效享受县域公共服务。其次是民意收集节点，民意的表达与收集对于提升公共服务水平具有重要意义。民意收集对于公共服务水平提升的价值表现在两个方面：一方面是明确公民对公共服务的需求，另一方面是反馈公共服务输出的效果并及时调整。再次是在线办事节点，县级融媒体中心直接承载部分公共服务职能。这一点在部分县级融媒体中心的微信公众号、新闻客户端等已经实现。最后是内容提供节点，县级融媒体中心成为县域文化公共服务供给者，成为县域公共文化服务体系的组成部分。

通过实际调研发现，山东各县级融媒体中心在承担县域公共服务职能方面差距较大，个别县级融媒体中心较好地承担了部分县域公共服务职能，

---

① 卡斯特.网络社会的崛起[M].夏铸九，王志弘，译.北京：社会科学文献出版社，2001：569.

大部分县级融媒体中心在承担公共服务职能方面有所欠缺，存在诸多问题。主要表现在承担事项较少、服务效果一般、融合程度有待加强。其背后的原因主要有以下几点。一是自身建设方面，传播力有限、影响力不足。大部分县级融媒体中心的媒介平台，如客户端、微信公众号、抖音账号等的传播数据非常一般。新闻客户端的下载量仅数万次，日活跃量、月活跃量数更是寥寥。二是体制机制方面。县级融媒体中心作为一个新组建的事物，还需要进一步理顺体制机制。三是经费方面。县级融媒体中心需要大量经费投入，对于部分财政状况一般的县域，其经费投入受到一定限制。四是人员方面。工作人员的观念、技能和工作积极性等都可能给县级融媒体中心公共服务职能的发挥带来负面影响。

为应对以上问题，充分发挥县级融媒体中心作为县域公共服务节点的职能，本篇从融入县域网络的角度提出对策。县级融媒体中心通过其信息传播和相应的服务融入县域信息网络、意义网络和交往网络，通过对网络的融入实现公共服务功能的提升。

县级融媒体中心充分发挥公共服务职能，真正实现“引导群众、服务群众”，其给县域能够带来哪些影响呢？最重要的一个影响就是能够激发县区居民的县域“小尺度认同”。县域“小尺度认同”是一种地方认同，是县域居民针对县区这一较小的地理空间所产生的认同。获得了对县域地方的认同，县域群众才能更加将自己视为某个县区的居民，才能和县区地方产生更加深刻的精神关联。

作为中央政策的产物，县级融媒体中心在不同县区的建设情况不尽相同。这固然与各县区的实际状况，如财政经济状况、原有县级媒体发展情况等密切相关，但区县领导的重视程度也有重要影响。在调研中，有县级融媒体中心工作人员表示，县级融媒体中心是“一把手工程”。所谓“一把手工程”，即强调县区市的党委书记的重视程度对县级融媒体中心建设的影响。如何破解“一把手工程”，以制度和政策本身推动县级融媒体中心良性发展，是未来需要进一步研究的话题。

参考文献

一、图书

[1]鲍尔德温，等.文化研究导论[M].陶东风等，译.北京：高等教育出版社，2004.

[2]吉登斯.社会学(第五版)[M].李康，译.北京：北京大学出版社，2009.

[3]奥罗姆，陈向明.城市的世界：对地点的比较分析和历史分析[M].曾茂娟，任远，译.上海：上海世纪出版集团，上海人民出版社，2005.

[3]包亚明.现代性与空间的生产.上海：上海教育出版社，2003.

[4]安德森.想象的共同体：民族主义的起源与散布[M].吴叡人，译.上海：上海人民出版社，2005.

[5]陈映芳，水内俊雄，邓永成，黄丽玲.直面当代城市：问题及方法[M].上海：上海古籍出版社，2011.

[6]史蒂文森.城市与城市文化[M].李东航，译.北京：北京大学出版社，2015.

[7]段义孚.空间与地方：经验的视角[M].王志标，译.中国人民大学出版社，2017.

[8]EDWARD W S. 第三空间——去往洛杉矶和其他真实和想象地方的旅程[M]. 陆扬等，译.上海：上海教育出版社，2005.

[9]詹金斯.融合文化——新媒体和旧媒体的冲突地带[M].杜永明，译.北京：商务印书馆，2012.

[10]布里奇，沃森.城市概论.陈剑锋，袁胜育等，译.桂林：漓江出版社，2015.

[11]林奇.城市意象[M].方益萍，何晓军，译.北京：华夏出版社，2001.

[12]格尔茨.文化的解释[M].韩莉，译.南京：译林出版社，1999.

[13]延森.媒介融合:网络传播、大众传播和人际传播的三重维度[M].刘君,译.上海:复旦大学出版社,2012.

[14]格罗斯伯格等.媒介建构:流行文化中的大众媒介[M].祁林,译.南京:南京大学出版社,2014.

[15]柯林斯.互动仪式链[M].林聚任等,译.北京:商务印书馆,2009.

[16]威廉斯.关键词:文化与社会的词汇[M].刘建基,译.北京:生活·读书·新知三联书店,2005.

[17]芒福德.城市发展史——起源、演变和前景[M].宋俊岭,倪文彦,译.北京:中国建筑工业出版社,2005.

[18]麦克卢汉.理解媒介——论人的延伸[M].何道宽,译.北京:商务印书馆,2000.

[19]豪格,阿布拉姆斯.社会认同过程[M].高明华,译.北京:中国人民大学出版社,2011.

[20]费瑟斯通.消解文化——全球化、后现代主义与认同[M].杨渝东,译.北京:北京大学出版社,2009.

[21]卡斯特.认同的力量[M].夏铸九,黄丽玲等,译.北京:社会科学文献出版社,2003.

[22]卡斯特.网络社会的崛起[M].夏铸九,王志弘,译.北京:社会科学文献出版社,2001.

[23]哈布瓦赫.论集体记忆[M].毕然,郭金华,译.上海:上海人民出版社,2002.

[24]福柯.规训与惩罚[M].刘北城,杨远婴,译.北京:生活·读书·新知三联书店,1999.

[25]波兹曼.娱乐至死[M].章艳,译.北京:中信出版集团,2015.

[26]帕克,伯吉斯,麦肯齐.城市社会学[M].宋俊岭,吴建华,王登斌,译.北京:华夏出版社,1987.

[27]亨廷顿.我们是谁?美国国家特性面临的挑战[M].程克雄,译.北京:新华出版社,2005.

[28]麦奎尔.媒体城市:媒体、建筑与都市空间史[M].邵文实,译.南京:江苏教育出版社,2013.

[29]孙玮.中国传播学评论(第四辑)[M].上海:复旦大学出版社,2009.

[30]叔本华.作为意志和表象的世界[M].石冲白,译.北京:商务印书馆,1982.

[31]童兵.理论新闻学导论[M].北京:中国人民大学出版社,2000.

[32]CRESSWELL T.地方:记忆、想象与认同[M].王志弘,徐苔玲,译.台北:群学出版有限公司,2006.

[33]汪民安,陈永国,马海良.城市文化读本[M].北京:北京大学出版社,2008.

[34]米歇尔.图像理论[M].陈永国,胡文征,译.北京:北京大学出版社,2006:3,7.

[35]杜威.民主主义与教育[M].王承绪,译.北京:人民教育出版社,1990.

[36]盖尔.交往与空间[M].何人可,译,北京:中国建筑工业出版社,1992.

[37]约翰·R.麦克尼尔,威廉·H.麦克尼尔.人类之网——鸟瞰世界历史[M].王晋新,宋保军等,译.北京:北京大学出版社,2011.

[38]菲斯克.关键概念:传播与文化研究辞典[M].李彬,译.北京:新华出版社,2004.

[39]张鸿雁.城市形象与城市文化资本论[M].南京:东南大学出版社,2002.

[40]张汝伦.意义的探究——当代西方释义学[M].大连:辽宁人民出版社,1986.

[41]COULDRY N. Listening beyond the echoes: media,ethics,agency in an uncertain world[M]. New York, CO: Paradigm Publishers,2006.

[42] HEPP A. Cultures of mediatization[M]. Cambridge, UK: Polity Press,2013.

[43]JANOWITZ M. The community press in urban setting: the Social Elements of Urbanism[M]. Chicago: University of Chicago Press,1967.

[44] LEFEBVRE H. The production of space[M]. Trans. Donald Nicholson-Smith.Oxford:Blackwell,1991.

[45]TUAN Y F.Topophilia:a study of environmental perception,attitude, and values [M]. Englewood Cliffs, New Jersey: Prentice-hall, Inc.,1974.

[46]THOMPSON J B.The media and modernity: a social theory of the media[M]. Stanford,CA: Stanford University Press,1995.

二、论文

[1]安文龙.当前我国部分县级融媒体中心建设问题与对策探究——以

陕西省旬邑县为例[J].新闻研究导刊,2019(13):5-6,8.

[2]蔡雯.新闻传播的变化融合了什么——从美国新闻传播的变化谈起[J].中国记者,2005(9):70-73.

[3]蔡雯.媒介融合前景下的新闻传播变革——试论“融合新闻”及其挑战[J].国际新闻界,2006(5):31-35.

[4]陈力丹,付玉辉.论电信业和传媒业的产业融合[J].现代传播,2006(3):28-31.

[5]陈建才.统管新闻阵地　统战新闻媒体　统领新闻舆论——万载县建设融媒体中心　全面掌控舆论导向的实践之路[J].声屏世界,2018(8):49-51.

[6]陈伟军.媒介融合趋势下的知识生产[J].国际新闻界,2011(5):57-62.

[7]崔保国.技术创新与媒介变革[J].当代传播,1999(12):23-25,33.

[8]邓建国.媒介融合:受众注意力分化的解决之道——兼与“反媒介融合论”商榷[J].新闻记者,2010(9):56-60.

[9]复旦大学信息与传播研究中心课题组.可沟通城市:网络社会的新城市主张[J].新闻与传播研究,2015(7):16-24.

[10]复旦大学信息与传播研究中心课题组.可沟通城市评价体系[J].新闻与传播研究,2015(7):25-34.

[11]复旦大学信息与传播研究中心课题组.城市意义网络的可沟通性——从空间与文化视角考察上海地方认同[J].新闻与传播研究,2015(8):40-50.

[12]黄旦,李暄.从业态转向社会形态:媒介融合再理解[J].现代传播,2016(1):13-20.

[13]黄旦.报刊是一种交往关系——再谈报纸的“迷思”[J].安徽大学学报(哲学社会科学版),2012(11):96-100.

[14]黄雪娇.中部地区县级融媒体发展的创新路径研究——以2018年中部六省经济十强县为样本[J].出版发行研究,2019(4):39-42.

[15]黄思学.何谓融合:媒介融合的概念界定、流变与论争[J].东南传播,2016(1):15-19.

[16]吉保邦,李德泉,许翠兰.山东广播电视改革发展的历史思考.现代视听,2009(11):6-12.

[17]刘旭涛.行政改革新理论:公共服务市场化[J].中国改革,1999(3):9-11.

[18]刘颖悟,汪丽.媒介融合的概念界定与内涵解析[J].传媒,2012(1):73-75.

[19]孟建,赵元珂.媒介融合:作为一种媒介社会发展理论的阐释[J].新闻传播,2007(2):14-17.

[20]孟建,赵元珂.媒介融合:粘聚并造就新型的媒介化社会[J].国际新闻界,2006(7):24-27,54.

[21]潘忠党."玩转我的iPhone,搞掂我的世界!"——探讨新传媒技术应用中的"中介化"和"驯化"[J].苏州大学学报(哲学社会科学版),2014(4):153-162.

[22]任天阳,虞伟.构建采编指挥中心,实现融合传播——南方都市报报系采编架构改革探索[J].青年记者,2015(7):12.

[23]孙玮.作为媒介的城市:传播意义再阐释[J].新闻大学,2012(2):41-47.

[24]孙玮.微信:中国人的"在世存有"[J].学术月刊,2015(12):5-18.

[25]孙玮,潘霁.空间争夺战——中国大城并区的媒介话语分析[J].探索与争鸣,2016(10):118-123.

[26]史建华.大数据驱动下的媒介融合4.0时代[J].传媒,2015(5):18-19.

[27]宋昭勋.新闻传播学中的Convergence一词溯源及内涵[J].现代传播,2006(1):51-53.

[28]田丽,石林,朱垚颖.县级融媒体中心"全省部署"和"县级探索"建设模式对比——以A省Q县和B省Y县为例[J].出版发行研究,2018(12):12-17.

[29]童伟.基于农民需求的农村民生服务问题研究[J].中央财经大学学报,2009(10):79-84.

[30]王鹏,魏必.运用信息技术提升我国公共服务水平的策略分析[J].中国领导科学,2020(3):76-121.

[31]王新生,宁乐锋.现代公共领域及其特性——查尔斯·泰勒的公共领域概念评析[J].江海学刊,2008(4):33-39.

[32]魏然,黄冠雄.美英媒体融合现状与评析[J].华中师范大学学报(人文社会科学版),2015(11):11-123.

[33]韦路,鲍立泉,吴廷俊.媒介技术演化与传播理论的范式转移[J].当代传播,2010(1):18-21.

[34]谢新洲,石林."上下夹击"与"中部突围":我国地市级融媒体发展研

究——基于四市媒体融合发展的实地调研[J].现代传播(中国传媒大学学报),2019(12):1-8.

[35]喻国明.中国传媒产业的融合与发展[J].新闻前哨,2010(2):9-10.

[36]杨嵘均."技术索权"视角下信息弱势体公共服务供给的偏狭性及其治理[J].中国地质大学学报(社会科学版),2018(6):123-130.

[37]张诚,朱天,齐向楠.作为县域治理枢纽的县级融媒体中心建设刍议——基于对A市的实地研究[J].新闻界,2018(12):27-32.

[38]朱竑,钱俊希,陈晓亮.地方与认同:欧美人文地理学对地方的再认识[J].人文地理,2010(6):1-6.

[39]赵洪松,苏争.用自我设问推进转型发展——楚天都市报的融合转型探索[J].新闻战线,2018(2):69-72.

[40]张序.公共服务供给信息披露:体系与路径——基于不对称信息理论的研究[J].四川大学学报(哲学社会科学版),2017(6):131-140.

[41]孔进.公共文化服务供给:政府的作用[D].山东大学博士学位论文,2020:18.

[42]邢志广.中国县域经济发展模式研究[D].哈尔滨工程大学博士学位论文,2007:47.

[43]赵曼丽.我国县域农村公共服务协同供给研究——以共生理论为分析框架[D].华中师范大学博士学位论文,2013:13.

[44]DEUME M.Ethnic media,community media and participatory culture[J].Journalism,2006,7(3):262-280.

[45]GLEASON P.Identifying identity: a semantic history[J].Journal of American History,1993(4):910-931.

[46]LIVINGSTONE S. On the mediation of everything: ICA presidential address 2008[J]. Journal of communication, 2009:59(1), 1-18.

[47]NAJAFI M, SHARIFF M K B M.The concept of place and sense of place In architectural studies[J].International Journal of Human and Social Sciences,2011(3):1100-1106.

[48]PROSHANSKY H M.The city and self-identity[J].Environment and Behavior,1978(2):147-169.

[49]TAJFWL H.Social psychology of intergroup relations[J].Annual Review of Psychology,1982(33):1-39.

[50]SCHNELL S. Creating narratives of place and identity in "Little Sweden, U.S.A"[J]. Geographical Review,2003(1):1-29.

[51] TAJFEL H. Social identity and intergroup behaviour[J]. Social Science Information,1974(2):65-93.

[52]TAJFEL H. Social psychology of intergroup relations[J]. Annual Review of Psychology,1982(33):1-39.

三、调研材料

[1]昌乐县融媒体中心.“爱昌乐”移动客户端推广使用情况汇报.

[2]环翠区融媒体中心.开拓创新　构建特色化基层全媒体传播体系.

[3]桓台县融媒体中心.桓台县融媒体中心基本情况.

[4]莒南县融媒体中心.莒南县融媒体中心探索助企扶农新模式——融媒体电商平台助力乡村振兴.

[5]兰陵县融媒体中心.依托“兰陵首发”探索融媒体中心参与基层社会治理新路径.

[6]历下区融媒体中心.“融媒赋能＋志愿反哺”推动宣传思想工作迈入“融时代”.

[7]临淄区融媒体中心.“三个突出”推动媒体融合走深走实.

[8]宁津县融媒体中心.推进“智屏融合”全媒体生态体系建设.

[9]蓬莱区融媒体中心.构建融合传播格局　打造新型主流媒体舆论阵地.

[10]青州市融媒体中心.创新赋能　全媒深融.

[11]寿光市融媒体中心.融心聚智　合力致远——“一合两改三体系”的寿光实践.

[12]滕州市融媒体中心.坚持守正创新　推进深度融合　努力打造融媒体中心建设“滕州样板”.

[13]青岛西海岸新区融媒体中心.关于融媒体中心建设运营情况的汇报.

[14]张店区融媒体中心.平台思维拓展媒体融合新路径.

[15]章丘区融媒体中心.倾力打造县级融媒体中心建设样板.

[16]邹城市融媒体中心.四融三创　行稳致远　打造媒体深度融合的“邹城路径”.

博士后期间的学术成果

一、科研项目

[1]2021 年 2 月，青岛市哲学社会科学规划项目“青岛市县级融媒体中心传播力提升策略研究”(项目审批号:QDSKL2101082)。

[2]2021 年 4 月，山东省社会科学规划研究项目“乡村振兴背景下山东乡村新传播格局与‘可沟通乡村’研究”(项目审批号:21DXWJ03)。

二、学术论文

[1]高存玲，赵星耀.海洋科学类期刊融合出版现状、问题与对策研究[J].中国科技期刊研究，2019，30(12):1316-1323.

[2]高存玲，杨清壹.可见的灾难:短视频自然灾害信息传播研究[J].中国地质大学学报(社会科学版)，2020，20(3):147-156.

[3]高存玲，庞峰伟，苏静怡.移动互联网背景下科技期刊传播力提升策略:基于 5W 模式的研究[J].中国科技期刊研究，2020，31(5):506-512.